[Wissen für die Praxis]

Weiterführend empfehlen wir:

Das gesamte Sozialgesetzbuch SGB I bis SGB XII
ISBN 978-3-8029-2035-6

Ihre Rechte gegenüber Ärzten, Kliniken, Apotheken und Krankenkassen
ISBN 978-3-8029-7551-6

Kassenleistungen voll ausschöpfen
ISBN 978-3-8029-4069-9

Das richtige Hilfsmittel für mich
ISBN 978-3-8029-7322-2

Weitere Titel unter: www.WALHALLA.de

Wir freuen uns über Ihr Interesse an diesem Buch. Gerne stellen wir Ihnen zusätzliche Informationen zu diesem Programmsegment zur Verfügung.

Bitte sprechen Sie uns an:

E-Mail: WALHALLA@WALHALLA.de
http://www.WALHALLA.de

Walhalla Fachverlag · Haus an der Eisernen Brücke · 93042 Regensburg
Telefon 0941 5684-0 · Telefax 0941 5684-111

Schnellübersicht

Hinweise zur Nutzung des Buches	7
Wie funktioniert die Pflegeversicherung?	11
Feststellung der Pflegebedürftigkeit in drei Schritten	27
Begutachtung durch den MDK oder einen beauftragten Gutachter	113
Die Leistungen der Pflegeversicherung	131
Welche Leistungen gibt es für Pflegepersonen?	205
Was kann man tun, wenn ein Antrag abgelehnt wurde?	223
Abkürzungen	239
Stichwortverzeichnis	242

Hinweise zur Nutzung des Buches

Pflegebedürftigkeit ist in weiten Teilen der Bevölkerung immer noch ein Tabuthema. Häufig reden Betroffene oder Angehörige von Pflegebedürftigen nicht gern über die Notwendigkeit einer Pflege. Der Hilfebedarf der betroffenen Person wird meist mit dem Eingeständnis der Schwäche und der Verwundbarkeit nach dem Motto „Was sollen die Leute von mir bzw. von meinem Kind denken?" gleichgesetzt. Es wird deshalb versucht, den Hilfebedarf durch eigene Kräfte oder die von Familienangehörigen und Nachbarn so gut wie möglich auszugleichen. Dieser Umstand macht es schwierig mit einem Thema umzugehen, das so viele Menschen betrifft. In Deutschland gibt es derzeit ca. 2,8 Millionen Menschen, die von Pflegebedürftigkeit betroffen sind. Die Tendenz ist steigend und soll bis zum Jahr 2030 geschätzte 3,5 Millionen Personen betreffen. Pflegebedürftigkeit betrifft alle Bevölkerungsgruppen vom Baby bis hin zum Erwachsenen. Sie kann plötzlich, etwa durch einen Unfall, oder nach und nach, zum Beispiel als Krankheitsfolge, eintreten. Auch Menschen, die mit einer Behinderung auf die Welt kommen, haben oft Anspruch auf Leistungen aufgrund von Pflegebedürftigkeit.

Außerdem dürfen neben den Pflegebedürftigen die Angehörigen und sonstigen Helfer sowie die im Sozial- und Gesundheitsbereich tätigen Menschen, wie Mitarbeiter in kommunalen Pflegestützpunkten oder sonstigen Beratungsstellen oder Mitarbeiter der Pflegedienste und Pflegeheime, nicht vergessen werden. Sie alle sind vielfach in die Pflege und Betreuung involviert oder stehen mit Rat und Tat zur Seite.

Im Vorfeld und zu Beginn der Pflegebedürftigkeit wissen die Pflegebedürftigen und deren Angehörige oft nicht, wie sie mit der neuen Situation umgehen sollen und welche Pflegeleistungen überhaupt in Betracht kommen. Später kommt es darauf an, die Leistungen der Pflegeversicherung der veränderten Pflegesituation anzupassen, um so die optimale Pflege zu gewährleisten. Meist fehlen aber die nötigen Informationen und das Wissen zur Pflegeversicherung und ihren Leistungen. Für Betroffene, Eltern von pflegebedürftigen Babys, Kindern und Jugendlichen sowie Angehörige von Pflegebedürftigen kann fehlendes praktisches

Hinweise zur Nutzung des Buches

Wissen vor allem finanzielle Folgen für die Pflege und die Pflegeplanung haben. Denn Pflege kostet nicht nur Zeit, sondern auch Geld.

Dieser Praxisratgeber soll das nötige Know-how zur Pflegeversicherung vermitteln, damit selber gehandelt und bestimmt werden kann. Er ist als Nachschlagewerk aufgebaut, sodass man die für sich relevanten Themen – je nach Lebensumständen und Hilfebedarf – unabhängig voneinander lesen kann:

- **Kapitel 1** informiert über den Hintergrund der Pflegeversicherung. Vielen ist nicht bewusst, dass es rechtliche Formalien gibt, die bereits über eine Leistung mitentscheiden. Deshalb erweist es sich auch für den Laien als günstig, über ein fundiertes Hintergrundwissen zu verfügen.

- **Kapitel 2** erklärt die Voraussetzungen des ab dem 01.01.2017 geltenden neuen Pflegebedürftigkeitsbegriffs. Im Vordergrund stehen die neuen sechs Module zur Bestimmung der Schwere der Beeinträchtigungen der Selbstständigkeit oder der Fähigkeiten sowie die Besonderheiten bei Babys und Kindern bis unter 11 Jahren und die anschließende Einordnung in den Pflegegrad 1 bis 5. In drei Schritten kann die Pflegebedürftigkeit geprüft und dem jeweiligen Pflegegrad zugeordnet werden. Die einzelnen Module wurden dazu mit ihren Inhalten in Tabellen dargestellt. Die Tabellen sind zusätzlich mit einer Spalte zum Ankreuzen der Punkte bzw. mit Spalten zum Ausfüllen versehen. Dies ermöglicht im Schritt 1 die Zuordnung von Einzelpunkten in den Modulen 1 bis 6. Sie werden im Schritt 2 zusammengerechnet und zur Berechnung eines Gesamtpunktwertes gewichtet. Der Gesamtpunktwert wird im Schritt 3 dem jeweiligen Pflegegrad zugeordnet.

- **Kapitel 3** beschäftigt sich mit der Begutachtung durch den Medizinischen Dienst der Krankenkassen oder dem gesondert von der Pflegekasse beauftragten Gutachter. Diese führen unter anderem die Prüfung der Pflegebedürftigkeit durch und empfehlen den Pflegegrad. Viele Pflegebedürftige und Angehörige haben ein mulmiges Gefühl, wenn sie auch nur an den Begutachtungstermin denken. Diese Angst ist meist unbegründet und kann mit einer guten Vorbereitung gemindert bzw. überwunden werden.

Hinweise zur Nutzung des Buches

- **Kapitel 4** stellt die möglichen Leistungen der Pflegeversicherung vor, wie zum Beispiel die Pflegesachleistungen, das Pflegegeld, die Verhinderungspflege oder den zusätzlichen Entlastungsbetrag. Diese Leistungen kommen nicht nur den Pflegebedürftigen zu Gute, sondern teilweise auch den pflegenden Angehörigen. Sie werden durch die Leistungen der Pflegeversicherung von der meist anstrengenden und zeitintensiven Pflege etwas entlastet oder bekommen eine Anerkennung für ihre Tätigkeit, wie etwa beim Pflegegeld. In diesem Kapitel wird auch auf die Hilfsmittelversorgung eingegangen – ein Thema, das immer wieder zu Ärger mit den Kranken- und/oder Pflegekassen führen kann. Ausführlich behandelt werden weiterhin Möglichkeiten von alternativen Wohnformen, die in den letzten Jahren verstärkt im Rahmen der Pflegeversicherung gefördert werden und die anstelle der oft gewünschten – und manchmal nicht mehr zu realisierenden – Pflege in der eigenen Häuslichkeit eine Perspektive bieten können. Um einzuschätzen, welche möglichen Leistungen am besten zur individuellen Lebenssituation passen bzw. welcher Pflegebedarf vorliegt, ist den einzelnen Leistungsbeschreibungen eine Checkliste vorangestellt.

- **Kapitel 5** beschreibt die Leistungen zur sozialen Absicherung für die Pflegepersonen. Ferner werden Möglichkeiten zur Auszeit von der Arbeit durch das Pflegezeitgesetz und das Familienpflegezeitgesetz dargestellt. Diese Gesetze ermöglichen den Angehörigen zeitweise ihre Anstellung ruhen zu lassen bzw. in Teilzeit zu arbeiten, um die Pflege zu übernehmen oder zu organisieren.

- **Kapitel 6** widmet sich den rechtlichen Möglichkeiten, wenn die Pflegekasse die beantragten Leistungen ablehnt. Ausführlich wird auf das Widerspruchsverfahren eingegangen. Muster und Checklisten sollen helfen, den Widerspruch so zu formulieren, dass es die Chancen einer Bewilligung steigen.

Bei unseren Ausführungen haben wir Wert darauf gelegt, diese übersichtlich und verständlich zu gestalten. Dafür wurden Beispiele, Erfahrungen aus der Praxis, Musterformulierungen, Checklisten und Tabellen eingefügt. Außerdem fanden wir es wichtig,

Hinweise zur Nutzung des Buches

die Erläuterungen mit den entsprechenden – ab 01.01.2017 geltenden – Paragraphen zu unterlegen. Leider ist häufig festzustellen, dass einem nicht geglaubt wird, wenn man nicht weiß, wo es steht. Zudem ist die eigene Position durch den gesetzlichen Beweis gegenüber den Mitarbeitern der Pflegekasse und teilweise der Krankenkasse besser und man lässt sich nicht so leicht verunsichern.

Wir hoffen, dass wir Ihnen so das Thema Pflegeversicherung nahe bringen können. Es ist kein einfaches Thema, viele Aspekte sind sehr emotionsgeladen. Zudem ist es nicht immer einfach, die richtigen Ansprüche zu finden, zu kombinieren und sie geltend zu machen. Umso wichtiger ist es, sich damit auseinanderzusetzen und zu schauen, wie man die beste Pflegesituation für sich bzw. für den Pflegebedürftigen schafft. Denn Pflegebedürftigkeit heißt nicht, dass das Leben des Betroffenen oder seiner Angehörigen vorbei ist. Sicherlich wird es Einschränkungen geben. Die Pflegesituation bedeutet auch eine große Herausforderung für alle Beteiligten. Gute Organisation, Hilfe bei der Pflege, das (Hintergrund-)Wissen über die Pflegeversicherung und deren Leistungen können aber helfen, den Alltag so normal wie möglich zu gestalten. Dazu möchten wir mit diesem Ratgeber beitragen.

Dresden, im November 2016
Annett Wieprecht-Kotzsch und Dr. André Wieprecht

Wie funktioniert die Pflegeversicherung?

Teilleistungssystem der Pflegeversicherung 12

Beispiele von Pflichtversicherten 12

Mindestmitgliedschaftszeit 13

Antragspflicht ist zu beachten! 14

Krankenkasse oder Pflegekasse? 15

Information und Beratung über die Leistungen 16

Zusätzliche Leistungen und verdeckte Kosten 19

Sozialrechtliches Dreiecksverhältnis 19

In welchem Rechtsverhältnis befinde ich mich? 20

Vertragsschluss zwischen Pflegebedürftigen
und Leistungserbringer beachten! 21

Mitwirkungspflichten des Pflegebedürftigen 22

Teilleistungssystem der Pflegeversicherung

Die Pflegebedürftigkeit von Menschen jeden Alters, egal ob Baby, Kind oder Erwachsener, wird immer mehr zur Herausforderung in Deutschland. Deshalb trat Anfang 1995 die gesetzliche Pflegeversicherung in Kraft. Sie wird als fünfte Säule der Sozialversicherung bezeichnet. Ihr Ziel ist es, dem Pflegebedürftigen die Führung eines selbstbestimmten menschenwürdigen Lebens vorrangig in seinem häuslichen Umfeld zu ermöglichen. Dabei existiert zwar ein Wunsch- und Wahlrecht hinsichtlich der einzelnen Leistungen der Pflegeversicherung, das System der Pflegeversicherung ist aber nicht darauf ausgelegt, dass das gesamte Pflegerisiko des Pflegebedürftigen abgedeckt wird. Es herrscht ein sogenanntes Teilleistungssystem, das zur Begrenzung der Versicherungsleistungen auf gesetzlich festgesetzte Höchstbeträge führt. Ein darüber hinausgehender Bedarf an Pflegeleistungen muss privat finanziert werden oder wird durch die Sozialhilfe im Rahmen der Hilfe zur Pflege nach den §§ 61 ff. SGB XII sichergestellt. Diese Hilfe zur Pflege setzt aber die finanzielle Bedürftigkeit des Pflegebedürftigen voraus. Außerdem werden die Kosten für Unterkunft und Verpflegung – etwa in einem Pflegeheim – nicht vom Leistungskatalog der Pflegeversicherung erfasst (vgl. z. B. § 4 Abs. 2 Satz 2 SGB XI). Ein Ausgleich der Kosten kann daher grundsätzlich auch hier nur von den Trägern der Sozialhilfe beim Vorliegen einer Bedürftigkeit des Pflegebedürftigen erfolgen.

Beispiele von Pflichtversicherten

Der Träger der Pflegeversicherung sind die Pflegekassen, die bei allen Krankenkassen bestehen. Dies ist dadurch begründet, dass nach § 1 Abs. 2 Satz 1 SGB XI alle Menschen in den Schutz der sozialen Pflegeversicherung kraft Gesetzes einbezogen werden, die in der gesetzlichen Krankenversicherung versichert sind. Somit erfasst die Pflegeversicherung grundsätzlich alle pflichtweise oder freiwillig in der gesetzlichen Krankenversicherung Versicherten. Sie sind automatisch Pflichtversicherte in der sozialen Pflegeversicherung. Ein Vertragsschluss ist nicht notwendig. Die Pflegeversicherung folgt damit sinnbildlich der Krankenversicherung.

Das führt meist zu dem Gedanken, dass die beiden Versicherungszweige vollständig zusammen gehören. Man sollte sie jedoch aus der Sicht des Pflegebedürftigen eher als sinnvolle Ergänzung sehen, um das volle Spektrum an notwendigen Leistungen zu erhalten.

Zu den Pflichtversicherten in der Pflegeversicherung gehören nach §§ 20 Abs. 1, 25 SGB XI zum Beispiel:

- Arbeiter, Angestellte und zu ihrer Berufsausbildung Beschäftigte (vgl. § 7 SGB IV)
- Personen in der Zeit, für die sie Arbeitslosengeld nach SGB III erhalten
- grundsätzlich Personen, die Arbeitslosengeld II nach SGB II erhalten
- behinderte Menschen in anerkannten Werkstätten für behinderte Menschen oder in Blindenwerkstätten im Sinne des § 143 SGB IX
- Personen, die die Voraussetzungen für den Anspruch auf eine Rente aus der gesetzlichen Rentenversicherung erfüllen und diese beantragt haben, soweit sie der gesetzlichen Krankenversicherungspflicht unterliegen
- beitragsfreie Familienversicherte im Sinne des § 25 SGB XI, wie Ehegatte, Lebenspartner, Babys und Kinder von Mitgliedern und deren familienversicherten Kinder bis grundsätzlich zur Vollendung des 18. Lebensjahres

Mindestmitgliedschaftszeit

Ein Anspruch des Pflegebedürftigen besteht nach § 33 Abs. 2 Satz 1 SGB XI nur, wenn der Versicherte in den letzten zehn Jahren vor der Antragstellung von Versicherungsleistungen mindestens zwei Jahre als Mitglied versichert oder nach § 25 SGB XI familienversichert war. Für familienversicherte Babys und Kinder gilt die zwei Jahre Vorversicherungszeit als erfüllt, wenn ein Elternteil sie erfüllt hat (vgl. § 33 Abs. 2 Satz 3 SGB XI). Es sollte daher vorher überprüft werden, wie lange der Pflegebedürftige in einem Versicherungsverhältnis bei der Pflegekasse gestanden hat. In den meisten Fällen wird es bei diesem Punkt aber keine Probleme geben.

Wie funktioniert die Pflegeversicherung?

Antragspflicht ist zu beachten!

Für den Pflegebedürftigen, die Eltern und die Angehörigen des Pflegebedürftigen ist es wichtig zu verinnerlichen, dass die Leistungen der Pflegeversicherung nur auf Antrag gewährt werden (sogenanntes Antragsprinzip). Der Antrag ist in Deutsch zu stellen, dies kann schriftlich, telefonisch oder mündlich vor Ort geschehen. Somit hat die fehlende formularmäßige Antragstellung keinen Einfluss auf die Wirksamkeit des Verfahrens (vgl. § 60 Abs. 2 SGB I). Es muss sich daher keine Sorgen gemacht werden, dass die falsche Form gewählt wurde. Vielmehr reicht es aus, wenn der Pflegekasse formlos das Gewollte mitgeteilt wird. Die Pflegekasse wird das Anliegen als Antrag werten und ggf. mit dem Pflegebedürftigen oder dessen Eltern bzw. Bevollmächtigten Kontakt aufnehmen. Mit dem Antrag werden die möglichen Fristen gewahrt und der Beginn des Verfahrens bestimmt. Ferner kann bei Geldleistungen bereits ab dem Zeitpunkt der Antragstellung und dem Vorliegen der übrigen Voraussetzungen eine Zahlung verlangt werden.

Muster eines Antrags

Name und Adresse des Pflegebedürftigen

Adresse der eigenen Pflegekasse

Betreff: Antrag auf ..., Versicherungsnummer/Aktenzeichen:

                                                            Ort, Datum

Sehr geehrte Damen und Herren,

ich beantrage ...

(zum Beispiel: Leistungen der Pflegeversicherung bzw. die Höherstufung von Pflegegrad 1 auf Pflegegrad 2)

Mit freundlichen Grüßen

Unterschrift des Pflegebedürftigen/Eltern/Bevollmächtigter

Wenn man sich dennoch unsicher ist, ob der Antrag richtig formuliert wurde, aber genau weiß, welche Leistung beansprucht werden soll, bieten viele Pflegekassen die Möglichkeit, sich über das Internet einen entsprechenden Antrag herunterzuladen. Ansonsten kann bei der zuständigen Pflegekasse nachgefragt und das richtige Antragsformular angefordert werden.

> **Praxis-Tipp: Nachweis nicht vergessen**
>
> Man sollte den Antrag grundsätzlich schriftlich stellen. Im Verhältnis zur Pflegekasse kann es immer wieder zu Unstimmigkeiten kommen. Dazu gehört auch der Zeitpunkt der Antragstellung. Ein Nachweis fällt aber meist schwer, wenn der Antrag nur telefonisch erfolgt ist. Siehe zur Zustellung per Brief näher unter „Antrag und Bearbeitungsfristen von Hilfsmitteln nach der Krankenversicherung" (Seite 169).

Krankenkasse oder Pflegekasse?

Für viele Betroffene, Eltern und Angehörige von Pflegebedürftigen wird es häufig schwierig sein, die verschiedenen Leistungen und den dazugehörigen Ansprechpartner, die Kranken- oder Pflegekasse, auseinanderzuhalten. So gibt es Hilfsmittel nach der gesetzlichen Krankenversicherung, wie etwa

- Seh- und Hörhilfen, Rollstühle, orthopädische Anfertigungen

und Pflegehilfsmittel nach der Pflegeversicherung, die zur häuslichen Pflege notwendig sind und von der Pflegekasse finanziert werden, wie zum Beispiel

- das Pflegebett oder das Hausnotrufsystem/-gerät.

Es stellt sich daher vielfach die Frage nach dem zuständigen Ansprechpartner. Das Gesetz hilft damit weiter, dass der Antrag bei der unzuständigen Kasse gestellt werden kann. Nach § 16 SGB I muss der Antrag dann an die zuständige Kasse weitergeleitet werden. Es schadet also nicht, wenn man den Antrag anstatt zur Pflegekasse an die Krankenkasse schickt. Die Krankenkasse wird nach Prüfung ihrer Unzuständigkeit den Antrag an die Pflegekasse weiterleiten. Der Eingang des Antrags bei der unzuständigen Kasse gilt in diesem Fall gleichzeitig als Zeitpunkt der Antragstellung bei der zuständigen Kasse. Zu beachten ist aber, dass das Anschreiben der unzuständigen Kasse einen Zeitverlust bei der Bearbeitung des Antrags mit sich bringt. Es wird daher immer besser sein, wenn man sich vorher informiert und klärt, welche Versicherungsleistung überhaupt in Betracht kommt und wer zuständig ist.

Information und Beratung über die Leistungen

Die Pflegekassen sind dazu verpflichtet, den Pflegebedürftigen unverzüglich nach Eingang eines Antrags auf Leistungen insbesondere über

- die unentgeltliche Pflegeberatung (§ 7a SGB XI),
- die nächstgelegenen Pflegestützpunkte, sofern sie von den Pflegekassen und Krankenkassen errichtet wurden (vgl. § 7c SGB XI),
- die Leistungs- und Preisvergleichslisten, die unter anderem Leistungen und Vergütungen der zugelassenen Pflegeeinrichtungen und Angebote für niedrigschwellige Betreuungs- und Entlastungsleistungen enthalten,

kostenlos zu informieren (vgl. §§ 7 ff. SGB XI). Die Leistungs- und Preisvergleichslisten sind auf der Internetseite der Landesverbände der Pflegekassen veröffentlicht und werden nur auf Aufforderung des Pflegebedürftigen per E-Mail oder auf dem Postweg zugesandt oder persönlich ausgehändigt.

Eine richtige Pflegeberatung findet dagegen nur durch den zuständigen Pflegeberater oder eine sonstige Beratungsstelle, die Pflegeberatungen durchführt, statt. Die Pflegekasse hat aber die Pflicht

- bei Erstanträgen,
- aber auch bei späteren Folgeanträgen, wie zum Beispiel Neueinstufungsverfahren zur Pflegebedürftigkeit, den Wechsel von Pflegesachleistungen zu Pflegegeld, der Ergänzung durch Tages- und Nachtpflege oder Kurzzeitpflege (Ausnahme: einmalige oder monatliche Ansprüche auf Kostenerstattung), Wohngruppenzuschlag, Pflegezeit, Inanspruchnahme von Pflegekursen

dem Pflegebedürftigen ein Angebot auf eine Beratung innerhalb von zwei Wochen nach Antragstellung zu machen. Dazu

Information und Beratung über die Leistungen

kann sie einen konkreten Beratungstermin und eine Kontaktperson benennen (vgl. § 7b Abs. 1 Satz 1 Nr. 1 SGB XI) oder einen Beratungsgutschein für eine Beratungsstelle (vgl. § 7b Abs. 1 Satz 1 Nr. 2 SGB XI) ausstellen. Auf Wunsch des Pflegebedürftigen darf der Termin zur Beratung auch außerhalb der zwei Wochenfrist liegen. Die Pflegekasse muss über diese Möglichkeit informieren.

> **Praxis-Tipp: Pflegeberater**
> Nach dem Gesetz soll jeder Pflegebedürftige eine zuständige Beratungsperson haben. An diese kann er sich bei Erst- und Folgeanträgen wenden. Ist der zuständige Pflegeberater nicht da, muss die Pflegekasse für eine Vertretung sorgen oder es ist eine sonstige Beratungsstelle zu benennen, um die 2-Wochen-Frist für die Einräumung eines Beratungstermins zu gewährleisten.

Die Pflegeberatung soll dem Pflegebedürftigen eine individuelle Beratung und Hilfestellung für seine besonderen Lebensumstände ermöglichen. Da die Pflege meist – zumindest am Anfang oder vorübergehend – durch pflegende Angehörige, Lebenspartner oder weitere Personen, wie zum Beispiel Nachbarn, sichergestellt wird, kann bei Zustimmung des Pflegebedürftigen auch gegenüber diesen Personen eine Pflegeberatung erfolgen. Die Pflegeberatung geht damit über die allgemeine Information der Pflegekasse nach § 7 SGB XI hinaus.

Eine individuelle Pflegeberatung umfasst nach § 7a SGB XI zum Beispiel:

- die Ermittlung des individuellen Hilfebedarfs vor allem auf der Grundlage der Ergebnisse des Gutachtens des Medizinischen Dienstes der Krankenkassen

- die Klärung der Ansprüche gegenüber der Pflegekasse und anderen Leistungsträgern, wie zum Beispiel von Leistungen nach der Krankenversicherung für Heil- und Hilfsmittel oder die Möglichkeit von komplexen Leistungen, wie etwa Besuchs- oder Fahrdienste und das sogenannte Essen auf Rädern

Wie funktioniert die Pflegeversicherung?

- die Erstellung und Überwachung eines individuellen Versorgungsplans, der zum Beispiel gesundheitsfördernde, präventive, pflegerische und soziale Hilfen enthält
- die Aufnahme von Veränderungen des Hilfebedarfs und deren Anpassung sowie
- die Hinwirkung auf notwendige Genehmigungen
- die Information über Leistungen zur Entlastung der Pflegepersonen

Der Pflegeberater kommt auf Wunsch des Pflegebedürftigen nach Hause oder in die Pflegeeinrichtung. Damit bietet sich die Möglichkeit, in einem vertrauten Umfeld die Wünsche besser darzustellen. Der Pflegebedürftige kann zum Beispiel konkret in der Wohnung zeigen, was fehlt und was er sich deshalb für die Pflege wünscht. Dabei ist es nicht erforderlich, dass der Pflegebedürftige konkret die Leistungen gegenüber dem Pflegeberater benennt. Vielmehr ist es gerade die Aufgabe des Pflegeberaters, dem Pflegebedürftigen bei der Formulierung seiner Wünsche gegenüber der Pflegekasse zu helfen. Sollte auf diesem Weg eine Leistung in Betracht kommen, kann der Pflegebedürftige gegenüber dem zuständigen Pflegeberater mündlich einen Antrag auf Leistungen der sozialen Pflegeversicherung oder der gesetzlichen Krankenversicherung stellen. Der Antrag wird dann an die zuständige Kasse weitergeleitet.

> **Praxis-Tipp: Fordern Sie Beratung ein**
>
> Sprechen Sie Ihre Pflegekasse bei Bedarf direkt auf einen Pflegeberater an. Es wird allzu gern vergessen, darüber zu informieren, obwohl eine Pflicht dazu besteht. Der Pflegeberater bietet die Möglichkeit, in der häuslichen Umgebung die Pflegesituation zu analysieren, um dann richtig zu entscheiden, welche konkrete Leistung in Frage kommt. So kann sich zum Beispiel bei der Wohnungsbesichtigung mit dem Pflegeberater herausstellen, dass die Wohnung für die Pflegesituation ungünstig ist (zum Beispiel Türschwellen) und umgebaut werden muss. Solche Dinge ergeben sich aber häufig erst bei einer Beratung zu Hause.

Zusätzliche Leistungen und verdeckte Kosten

Hat sich der Pflegebedürftige nach einer Beratung entschlossen, eine Versicherungsleistung in Anspruch zu nehmen, sollte er sich die Frage nach zusätzlichen Kosten stellen. Manchen ist nicht bewusst, dass die Pflegeversicherung nicht alle Kosten deckt. Die meisten Broschüren zum Beispiel der Pflegedienste oder der Pflegeheime als Leistungserbringer vermitteln den Eindruck, alles sei von der Pflegeversicherung gedeckt. So enthalten sie häufig alle nur erdenklichen Leistungen rund um die Pflege. Nur wer genau hinschaut, bemerkt, dass sich seitens des jeweiligen Leistungserbringers vorbehalten wird, dass im Zweifelsfall der Pflegebedürftige zu zahlen hat. Dies kann etwa der Fall sein, wenn die Leistungen von der Pflegeversicherung nicht oder nur teilweise erfasst sind. Über den nicht versicherten Leistungsteil schließt der Pflegebedürftige unter Umständen mit dem Leistungserbringer einen Vertrag (z. B. Pflegevertrag mit ambulanten Diensten) und trägt demnach auch die Kosten.

Sozialrechtliches Dreiecksverhältnis

Um verstehen zu können, warum ein Pflegebedürftiger einen Vertrag schließen kann oder sogar muss, sollte man sich den Begriff des sogenannten sozialrechtlichen Dreiecksverhältnisses merken. Dieses bestimmt die Rechtsbeziehungen zwischen der Versicherung als Leistungsträger, dem Pflegebedürftigen als Leistungsbezieher und dem Leistungserbringer, wie zum Beispiel Pflegeheim oder Pflegedienst. Es gilt im gesamten Sozialrecht und somit auch bei der sozialen Pflegeversicherung und der gesetzlichen Krankenversicherung. Der Grund für das sozialrechtliche Dreiecksverhältnis besteht darin, dass viele der von der Pflegekasse angebotenen Leistungen nicht von ihr selbst, sondern von Dritten erbracht werden müssen. Dadurch soll der Wettbewerb zwischen den einzelnen Anbietern begünstigt und dem Pflegebedürftigen die Möglichkeit geboten werden, zwischen diesen Anbietern zu wählen. Dieses Wahlrecht sollte man nicht unterschätzen. Es garantiert zum Beispiel, dass man sich den Pflegedienst aussuchen und notfalls wechseln kann, wenn die Leistung schlecht erbracht wurde oder man einfach unzufrieden ist. Einer Rechtfertigung gegenüber der Pflegekasse bedarf es nicht.

Wie funktioniert die Pflegeversicherung?

In welchem Rechtsverhältnis befinde ich mich?

Im sozialrechtlichen Dreiecksverhältnis gibt es mindestens zwei Rechtsverhältnisse. Diese bestehen zwischen der Versicherung als Leistungsträger und dem Pflegebedürftigen als Leistungsbezieher und ferner zwischen der Versicherung und dem Leistungserbringer. Nur wenn ein weiterer Vertrag zwischen dem Pflegebedürftigen und dem Leistungserbringer hinzu kommt, können drei Rechtsverhältnisse bestehen. Diese Verhältnisse sind unterschiedlich in ihren rechtlichen Folgen zu bewerten. Dazu folgender Überblick:

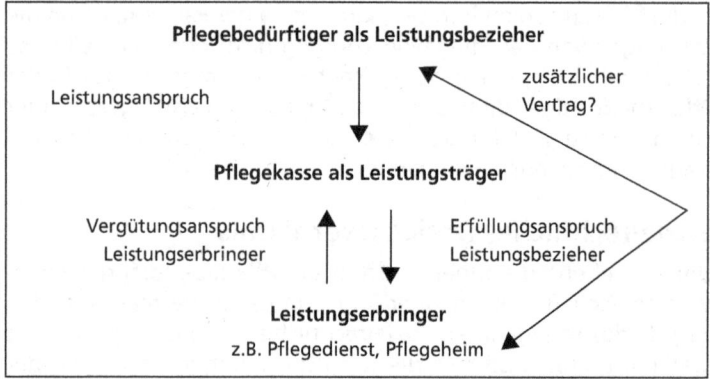

Der Pflegebedürftige wird es grundsätzlich nur mit dem Rechtsverhältnis zur Pflegekasse zu tun haben. Die Leistungserbringung gegenüber ihm erfolgt aufgrund der öffentlich-rechtlichen Beziehung zwischen der Pflegekasse als Leistungsträger und dem Leistungserbringer, wie zum Beispiel dem Pflegedienst. In diesem Normalfall nimmt der Pflegebedürftige die Leistung seiner Pflegekasse beim Leistungserbringer in Anspruch, dieser hat im Ausgleich dazu einen Vergütungsanspruch gegenüber der Pflegekasse. Der Pflegebedürftige nimmt somit nur eine Leistung seiner Pflegekasse in Anspruch. Eine weitergehende Erklärung ist für die Leistungsinanspruchnahme nicht notwendig. Der Leistungserbringer dagegen kommt nur seiner Verpflichtung aus der Teilnahme an der vertraglichen Versorgung mit der Pflegekasse nach. Eine Forderung des Leistungserbringers auf Vergütung gegenüber dem Pflegebedürftigen besteht daher grundsätzlich nicht. Eine etwaige zusätzliche Leistung müsste vertraglich vereinbart werden. Dabei ist zu beachten, dass ein Vertrag bereits dann geschlossen wird, wenn der Pflegebedürftige die angebotene Leistung in Anspruch nimmt, wie zum Beispiel durch das schlüssige Verhalten des Hinnehmens der Leistung. Der Leistungserbringer muss aber vorher dem Pflegebedürftigen gegenüber erklären, dass zusätzliche Kosten entstehen können. Wird dies vergessen und geht der Pflegebedürftige zu Recht von einer Versicherungsleistung aus, wird die Gegenseite es schwer haben, einen wirksamen Vertrag zu begründen. Meist wird versucht, diese Situation zu umgehen, in dem der Pflegebedürftige mit Broschüren überhäuft wird, die die entsprechenden Informationen enthalten, oder die geforderte Summe zu gering ist, um sich zu streiten. Letztlich hängt es vom Einzelfall ab, ob ein Vertrag mit zusätzlichen Kosten zustande gekommen ist oder nicht.

Vertragsschluss zwischen Pflegebedürftigen und Leistungserbringer beachten!

Ein zusätzlicher Vertrag zwischen dem Pflegebedürftigen und dem Leistungserbringer ist, wie oben beschrieben, schnell vereinbart. Ist ein solcher Vertrag geschlossen worden, hat die Pflegekasse automatisch mit diesem Teil der Leistung nichts mehr zu tun. Es hilft dann nicht weiter, sich bei der Pflegekasse zu beschweren, wenn man mit den erbrachten Leistungen unzufrieden ist oder die Preise zu hoch findet. Allein der Leistungserbringer als Vertragspartner ist Ansprechpartner für den Pflegebedürftigen.

> **Praxis-Tipp: Fragen Sie vor Vertragsschluss nach**
>
> Es empfiehlt sich immer vorher (telefonisch) nachzufragen, ob zusätzliche Kosten entstehen und wenn ja, warum. Wenn gesagt wird, das mache man immer so, oder es wird keine Antwort gegeben, sollte man stutzig werden. Einen solchen (Vertrags-)Partner braucht man nicht! Dann ist es besser, sich

Wie funktioniert die Pflegeversicherung?

einen anderen Anbieter zu suchen. Es handelt sich um die Versicherungsleistung bzw. zusätzliche Leistung des Pflegebedürftigen und ggf. sein Geld! Bei Handwerkerarbeiten würde man sich auch vorher informieren, Angebote einholen und dann den für sich passenden Handwerker auswählen. Ein wirklich guter Anbieter informiert ungefragt und umfassend über mögliche Kosten und Alternativen.

Mitwirkungspflichten des Pflegebedürftigen

Mit der Mitgliedschaft in der Pflegekasse wird zwischen dem Pflegebedürftigen und der Versicherung ein gegenwärtiges oder zukünftiges öffentlich-rechtliches Schuldverhältnis begründet. Aus diesem Rechtsverhältnis resultieren für beide Seiten Rechte und Pflichten. Der Pflegebedürftige hat neben den klassischen Leistungsansprüchen auch Informations- und Beratungsansprüche gegenüber der Pflegekasse. Es handelt sich dabei um ein umfassendes Betreuungsverhältnis der Pflegekasse gegenüber dem Pflegebedürftigen. Ihm obliegen aber auch Mitwirkungspflichten gegenüber der Pflegekasse, die unter anderem in §§ 60 ff. SGB I aufgeführt sind.

Die wichtigsten Mitwirkungspflichten

Der Pflegebedürftige, der Leistungen der Pflegeversicherung beantragt hat oder erhält, muss insbesondere folgende Mitwirkungspflichten beachten:

- alle leistungserheblichen Tatsachen, wie zum Beispiel Name, Alter, Pflegegrad und andere Leistungen von Sozialträgern, sind anzugeben (vgl. § 60 Abs. 1 Satz 1 Nr. 1 SGB I)

- Änderungen in den Verhältnissen, die für den Bezug der Leistung erheblich sind, wie zum Beispiel, dass sich der Schweregrad der Beeinträchtigungen der Selbstständigkeit oder der Fähigkeiten positiv verändert hat, sind unverzüglich mitzuteilen (vgl. § 60 Abs. 1 Satz 1 Nr. 2 SGB I, § 50 SGB XI)

- Beweismittel, wie zum Beispiel ein Gutachten, sind zu benennen und bei Verlangen der Pflegekasse vorzulegen (vgl. § 60 Abs. 1 Satz 1 Nr. 3 SGB I)
- auf Verlangen sind Vordrucke zu verwenden (vgl. § 60 Abs. 2 SGB I – allerdings kann der Antrag selbst formlos erfolgen, so die obigen Ausführungen zum Antragserfordernis, Seite 14)
- hat auf Verlangen der Pflegekasse persönlich zu erscheinen (vgl. § 61 SGB I)
- muss sich untersuchen lassen (vgl. § 62 SGB I)
- hat sich einer Heilbehandlung zu unterziehen (vgl. § 63 SGB I)

Kostenerstattung bei den Mitwirkungspflichten

Der Pflegebedürftige hat beim angeordneten persönlichen Erscheinen (vgl. § 61 SGB I) und bei durchzuführenden Untersuchungen (vgl. § 62 SGB I) die Möglichkeit, einen Antrag auf Ersatz seiner Aufwendungen bei der Pflegekasse zu stellen. Der Aufwendungsersatz umfasst die notwendigen Auslagen, wie zum Beispiel das Busticket oder das verbrauchte Benzin, und den Verdienstausfall. Dabei ist jedoch der enge Rahmen des § 65a SGB I zu beachten. Die Aufwendungen sollen nur in einem angemessenen Umfang von der Pflegekasse ersetzt werden. Somit darf der Pflegebedürftige keine übertriebenen finanziellen Forderungen stellen. Außerdem bekommt er nur die nachgewiesenen und dringend erforderlichen Aufwendungen erstattet.

Folgen bei fehlender Mitwirkung

Die Pflegekasse kann den Pflegebedürftigen nicht zwingen, seinen Mitwirkungspflichten nachzukommen. Sie hat weder einen durchsetzbaren Anspruch noch die Möglichkeit, einen Schadensersatzanspruch bei Nichtbeachtung der Mitwirkungspflicht gegenüber dem Pflegebedürftigen geltend zu machen. Kommt der Pflegebedürftige, der eine Leistung der Pflegeversicherung beantragt hat oder erhält, den Mitwirkungspflichten nicht oder nicht vollständig nach, kann die Pflegekasse nur die Leistung bis zur Nachholung ganz oder teilweise versagen oder entziehen (vgl. § 66 SGB I).

Wie funktioniert die Pflegeversicherung?

Aber: Die Pflegekasse muss den Pflegebedürftigen über diese Folgen schriftlich informieren und ihm für die Nachholung seiner Mitwirkungspflicht eine angemessene Frist setzen (vgl. § 60 Abs. 3 SGB I). Vergisst die Pflegekasse dies, darf sie die Leistungen des Pflegebedürftigen nicht kürzen.

Grenzen der Mitwirkung

Die Mitwirkungspflichten des Pflegebedürftigen gegenüber der Pflegekasse haben ihre Grenzen. Sie müssen vom Pflegebedürftigen nach § 65 Abs. 1 SGB I nicht erfüllt werden, wenn

- sie in keinem angemessenen Verhältnis zu der in Anspruch genommenen Pflegeversicherungsleistung stehen, d. h. der Aufwand ist für den Pflegebedürftigen höher als der Nutzen der Leistung. Es sollen zum Beispiel mehrere Gutachten oder Urkunden von ihm beschafft werden, die Leistung der Pflegeversicherung ist dagegen nur von geringem Wert.

- ihre Erfüllung dem Betroffenen aus einem wichtigen Grund nicht zugemutet werden kann. Dies können körperliche, seelische, geistige, familiäre oder soziale Gründe sein, die nach den Besonderheiten des Einzelfalls dem Pflegebedürftigen nicht zumutbar sind.

- die Pflegekasse sich mit einem geringeren Aufwand als der Pflegebedürftige die erforderliche Kenntnis zum Beispiel durch ein altes Gutachten oder Aussagen von Ärzten beschaffen kann.

Außerdem muss der Pflegebedürftige sich keiner Behandlung oder Untersuchung unterziehen, wenn

- ein Schaden für sein Leben oder seine Gesundheit mit hoher Wahrscheinlichkeit nicht ausgeschlossen werden kann,

- sie mit erheblichen Schmerzen verbunden ist oder

- ein erheblicher Eingriff in seine körperliche Unversehrtheit, wie zum Beispiel bei der Entnahme von Rückenmarksflüssigkeit (Lumbalpunktion), zu erwarten ist (vgl. § 65 Abs. 2 SGB I).

Schließlich besteht nach § 65 Abs. 3 SGB I ein Verweigerungsrecht über Angaben von entscheidungserheblichen Tatsachen

Mitwirkungspflichten des Pflegebedürftigen

(vgl. § 60 Abs. 1 Satz 1 Nr. 1 SGB I) oder Änderungen der Verhältnisse (vgl. § 60 Abs. 1 Satz 1 Nr. 2 SGB I), für die der Pflegebedürftige oder ihm nahestehende Personen strafrechtlich verfolgt werden können oder die eine Ordnungswidrigkeit darstellen. Dies gilt auch für die Zustimmung zur Erteilung von Auskünften und der Bezeichnung von Beweismitteln sowie der Vorlage von Beweisurkunden. Zu den nahestehenden Personen gehören

- der Verlobte,
- der Ehegatte, auch wenn die Ehe nicht mehr besteht,
- der Lebenspartner, auch wenn die Lebenspartnerschaft nicht mehr besteht, sowie
- diejenigen, die mit dem Pflegebedürftigen in gerader Linie verwandt oder verschwägert, in der Seitenlinie bis zum dritten Grad verwandt oder bis zum zweiten Grad verschwägert sind oder waren.

Enge Grenzen der Mitwirkungspflichten

Die Grenzen der Mitwirkungspflichten sind absichtlich sehr eng formuliert worden. Der Pflegebedürftige muss sie grundsätzlich nachweisen, was einigen Begründungsaufwand mit sich bringt. Außerdem ist jede Entscheidung eine Einzelfallentscheidung der Pflegekasse, was Platz für Beurteilungsspielräume lässt. Im Ergebnis kann sich kaum der Mitwirkungspflicht entzogen werden.

> **Praxis-Tipp: Grenzen der Mitwirkung im Hinterkopf behalten**
>
> Zunächst sollte immer bedacht werden, dass die Bewilligung einer Versicherungsleistung durch die Pflegekasse das Ziel ist. Es empfiehlt sich aber die Grenzen der Mitwirkung im Kopf zu behalten, wenn zum Beispiel zu den entscheidungserheblichen Tatsachen gerade ein Gutachten gemacht wurde. Dies gilt besonders deshalb, weil sich Gutachten widersprechen können. Man hat keine Gewähr dafür, dass der nächste Gutachter die Sache ähnlich sieht. In diesem Fall muss auch einmal „Nein" gesagt werden.

Feststellung der Pflegebedürftigkeit in drei Schritten

Ermittlung der Pflegebedürftigkeit und Einordnung in den Pflegegrad	28
Modul 1 – Schritt 1: Zuordnung der Einzelpunkte	35
Modul 2 – Schritt 1: Zuordnung der Einzelpunkte	41
Modul 3 – Schritt 1: Zuordnung der Einzelpunkte	55
Modul 4 – Schritt 1: Zuordnung der Einzelpunkte	59
Modul 5 – Schritt 1: Zuordnung der Einzelpunkte	75
Modul 6 – Schritt 1: Zuordnung der Einzelpunkte	84
Zwischenschritt bei Babys und Kindern unter 11 Jahren	91
Schritt 2: Zusammenrechnen der Einzelpunkte und Gewichtung	101
Schritt 3: Zuordnung in den Pflegegrad	103
Haushaltsführung als zusätzliche Informationsquelle	110

Ermittlung der Pflegebedürftigkeit und Einordnung in den Pflegegrad

Der zentrale Begriff der sozialen Pflegeversicherung ist die Pflegebedürftigkeit. Er gilt für alle Altersgruppen, vom Baby bis hin zum Erwachsenen. Die Zuordnung zu diesem Begriff entscheidet über die Leistungen der Pflegeversicherung.

Das Gesetz gibt in § 14 SGB XI vor, was unter Pflegebedürftigkeit zu verstehen ist; im § 15 SGB XI werden zur Feststellung der Pflegebedürftigkeit die Pflegegrade 1 bis 5 festgelegt.

§ 14 Abs. 1 SGB XI definiert den Begriff der Pflegebedürftigkeit wie folgt:

Definition Pflegebedürftigkeit

Pflegebedürftig im Sinne dieses Buches [SGB XI] sind Personen, die gesundheitlich bedingte Beeinträchtigungen der Selbstständigkeit oder der Fähigkeiten aufweisen und deshalb der Hilfe durch andere bedürfen.

Es muss sich um Personen handeln, die körperliche, kognitive oder psychische Beeinträchtigungen oder gesundheitlich bedingte Belastungen oder Anforderungen nicht selbstständig kompensieren oder bewältigen können.

Die Pflegebedürftigkeit muss auf Dauer, voraussichtlich für mindestens sechs Monate, und mit mindestens der in § 15 festgelegten Schwere bestehen.

Nach § 14 Abs. 2 SGB XI sind für das Vorliegen von gesundheitlich bedingten Beeinträchtigungen der Selbstständigkeit oder der Fähigkeiten die folgenden sechs Bereiche (Module) maßgebend, die jeweils zu ihrer Einschätzung weitere Kriterien enthalten:

Ermittlung der Pflegebedürftigkeit und Einordnung in den Pflegegrad

Pflegegradermittlung:
Die sechs Module und die dazugehörigen Kriterien[1]

Modul 1 – Mobilität
(Pflegefachliche Konkretisierung siehe S. 35)

- Positionswechsel im Bett (Ziff. 1.1)
- Halten einer stabilen Sitzposition (Ziff. 1.2)
- Umsetzen (Ziff. 1.3)
- Fortbewegen innerhalb des Wohnbereichs (Ziff. 1.4)
- Treppensteigen (Ziff. 1.5)

Modul 2 – Kognitive und kommunikative Fähigkeiten
(Pflegefachliche Konkretisierung siehe S. 41)

- Erkennen von Personen aus dem näheren Umfeld (Ziff. 2.1)
- Örtliche und zeitliche Orientierung (Ziff. 2.2 und 2.3)
- Erinnern an wesentliche Ereignisse oder Beobachtungen (Ziff. 2.4)
- Steuern von mehrschrittigen Alltagshandlungen (Ziff. 2.5)
- Treffen von Entscheidungen im Alltagsleben (Ziff. 2.6)
- Verstehen von Sachverhalten und Informationen (Ziff. 2.7)
- Erkennen von Risiken und Gefahren (Ziff. 2.8)
- Mitteilen von elementaren Bedürfnissen (Ziff. 2.9)
- Verstehen von Aufforderungen (Ziff. 2.10)
- Beteiligen an einem Gespräch (Ziff. 2.11)

Modul 3 – Verhaltensweisen und psychische Problemlagen
(Pflegefachliche Konkretisierung siehe S. 55)

- Motorisch geprägte Verhaltensauffälligkeiten (Ziff. 3.1)
- Nächtliche Unruhe (Ziff. 3.2)
- Selbstschädigendes und autoaggressives Verhalten (Ziff. 3.3)
- Beschädigen von Gegenständen (Ziff. 3.4)

---

[1] Die Ziffer des jeweiligen Kriteriums entspricht der Anlage 1 zu § 15 SGB XI.

Feststellung der Pflegebedürftigkeit in drei Schritten

- Physisch aggressives Verhalten gegenüber anderen Personen (Ziff. 3.5)
- Verbale Aggression (Ziff. 3.6)
- Andere pflegerelevante vokale Auffälligkeiten (Ziff. 3.7)
- Abwehr pflegerischer und anderer unterstützender Maßnahmen (Ziff. 3.8)
- Wahnvorstellungen (Ziff. 3.9)
- Ängste (Ziff. 3.10)
- Antriebslosigkeit bei depressiver Stimmungslage (Ziff. 3.11)
- Sozial inadäquate Verhaltensweisen (Ziff. 3.12)
- Sonstige pflegerelevante inadäquate Handlungen (Ziff. 3.13)

Modul 4 – Selbstversorgung
(Pflegefachliche Konkretisierung siehe S. 59)

- Waschen des vorderen Oberkörpers (Ziff. 4.1)
- Körperpflege im Bereich des Kopfes (Ziff. 4.2)
- Waschen des Intimbereichs (Ziff. 4.3)
- Duschen und Baden einschließlich Waschen der Haare (Ziff. 4.4)
- An- und Auskleiden des Oberkörpers (Ziff. 4.5)
- An- und Auskleiden des Unterkörpers (Ziff. 4.6)
- Essen (Ziff. 4.8)
- Trinken (Ziff. 4.9)
- Benutzen einer Toilette oder eines Toilettenstuhls (Ziff. 4.10)
- Bewältigen der Folgen einer Harninkontinenz und Umgang mit Dauerkatheter und Urostoma (Ziff. 4.11)
- Bewältigen der Folgen einer Stuhlinkontinenz und Umgang mit Stoma (Ziff. 4.12)
- Ernährung parenteral oder über Sonde (Ziff. 4.13)
- Bestehen gravierender Probleme bei der Nahrungsaufnahme bei Kindern bis zu 18 Monaten, die einen außergewöhnlich pflegeintensiven Hilfebedarf auslösen (Ziff. 4.K)

Ermittlung der Pflegebedürftigkeit und Einordnung in den Pflegegrad

Modul 5 – Bewältigung von und selbstständiger Umgang mit krankheits- oder therapiebedingten Anforderungen und Belastungen
(Pflegefachliche Konkretisierung siehe S. 75)

- in Bezug auf Medikation (Ziff. 5.1), Injektionen (Ziff. 5.2), Versorgung intravenöser Zugänge (Ziff. 5.3), Absaugen und Sauerstoffgabe (Ziff. 5.4), Einreibungen sowie Kälte- und Wärmeanwendungen (Ziff. 5.5), Messung und Deutung von Körperzuständen (Ziff. 5.6), körpernahe Hilfsmittel (Ziff. 5.7)
- in Bezug auf Verbandswechsel und Wundversorgung (Ziff. 5.8), Versorgung mit Stoma (Ziff. 5.9), regelmäßige Einmalkatheterisierung und Nutzung von Abführmethoden (Ziff. 5.10), Therapiemaßnahmen in häuslicher Umgebung (Ziff. 5.11)
- in Bezug auf zeit- und technikintensive Maßnahmen in häuslicher Umgebung (Ziff. 5.12), Arztbesuche (Ziff. 5.13), Besuche anderer medizinischer oder therapeutischer Einrichtungen (Ziff. 5.14), zeitlich ausgedehnte Besuche medizinischer oder therapeutischer Einrichtungen (Ziff. 5.15), Besuch von Einrichtungen zur Frühförderung bei Kindern (Ziff. 5.K)
- in Bezug auf das Einhalten einer Diät oder anderer krankheits- oder therapiebedingter Verhaltensvorschriften (Ziff. 5.16)

Modul 6 – Gestaltung des Alltagslebens und sozialer Kontakte
(Pflegefachliche Konkretisierung siehe S. 84)

- Gestaltung des Tagesablaufs und Anpassung an Veränderungen (Ziff. 6.1)
- Ruhen und Schlafen (Ziff. 6.2)
- Sichbeschäftigen (Ziff. 6.3)
- Vornehmen von in die Zukunft gerichteten Planungen (Ziff. 6.4)
- Interaktion mit Personen im direkten Kontakt (Ziff. 6.5)
- Kontaktpflege zu Personen außerhalb des direkten Umfelds (Ziff. 6.6)

Im Vordergrund der Module 1 bis 6 steht der Lebensalltag, der grundsätzlich jeden Pflegebedürftigen betrifft. Die Module 1, 4 und 6 beurteilen die Person danach, inwieweit sie die Handlung

Feststellung der Pflegebedürftigkeit in drei Schritten

bzw. die Aktivität selbstständig durchführen kann. Im Modul 2 geht es dagegen um die Prüfung, ob die jeweiligen kognitiven und kommunikativen Fähigkeiten der Person vorhanden sind. Das Modul 3 wertet die Häufigkeit des Auftretens der dort genannten Kriterien und Modul 5 dokumentiert die Häufigkeit der Hilfe durch andere Personen.

Durch die Bewertung in den Modulen soll sich ein möglichst genaues Bild ergeben, ob aufgrund der gesundheitlich bedingten Beeinträchtigungen der Selbstständigkeit oder der Fähigkeiten ein Hilfebedarf besteht.

Der Hilfebedarf des Pflegebedürftigen darf nicht nur gelegentlich vorliegen, sondern muss dauerhaft sein. Eine Dauerhaftigkeit liegt nach § 14 Abs. 1 SGB XI vor, wenn die Hilfe durch andere mindestens sechs Monate anhält. Somit sind kurzfristig erforderliche Hilfeleistungen nicht von der Pflegeversicherung gedeckt. Die Entscheidung darüber ist eine Prognoseentscheidung. Es muss somit nicht erst ein Zeitraum von sechs Monaten abgewartet werden, sondern die Pflegekasse muss anhand der medizinischen Unterlagen sofort, und zwar ab dem Eintritt der Hilfebedürftigkeit und nicht erst ab dem Zeitpunkt der Begutachtung, über die Dauerhaftigkeit entscheiden. Eine Ausnahme von der Mindestfrist besteht nur für den Fall, dass die Lebensspanne des Pflegebedürftigen voraussichtlich weniger als sechs Monate betragen wird.

Wichtig: Die Entscheidung darüber ist eine Prognoseentscheidung. Es muss somit nicht erst ein Zeitraum von sechs Monaten abgewartet werden, sondern die Pflegekasse muss anhand der medizinischen Unterlagen sofort, und zwar ab dem Eintritt der Hilfebedürftigkeit und nicht erst ab dem Zeitpunkt der Begutachtung, über die Dauerhaftigkeit entscheiden.

Eine Ausnahme von der Mindestfrist besteht nur für den Fall, dass die Lebensspanne des Pflegebedürftigen voraussichtlich weniger als sechs Monate betragen wird.

Die Schwere der Beeinträchtigungen der Selbstständigkeit oder der Fähigkeiten und der daraus resultierende Pflegegrad ergeben sich durch folgende drei Schritte:

Ermittlung der Pflegebedürftigkeit und Einordnung in den Pflegegrad

> ### Drei Schritte zur Pflegegradermittlung
>
> - **Schritt 1:** Zuordnung von Einzelpunkten in den Modulen 1 bis 6 nach der Anlage 1 zu § 15 SGB XI mit der Einschränkung, dass ein zusätzlicher Zwischenschritt bei Babys und Kindern bis unter 11 Jahren durch einen Vergleich mit gleichaltrigen Kindern in den altersabhängigen Modulen 1, 2, 4 und 6 durchzuführen ist (siehe dazu „Zwischenschritt bei Babys und Kindern unter 11 Jahren", Seite 91)
> - **Schritt 2:** Zusammenrechnen der Einzelpunkte und Gewichtung der Gesamtpunkte im jeweiligen Modul gemäß der Anlage 2 zu § 15 SGB XI sowie Zusammenrechnen der gewichteten Punkte
> - **Schritt 3:** Zuordnung der gewichteten Gesamtpunkte in den jeweiligen Pflegegrad nach § 15 Abs. 3 SGB XI bzw. § 15 Abs. 7 SGB XI bei Babys und Kinder im Alter bis zu 18 Monaten

Diese drei Schritte sind gesetzlich vorgegeben und vermitteln den Eindruck einer einfachen Rechnung mit einem klaren Ergebnis. Es kommt jedoch auf die Details bei den einzelnen Kriterien der Module an, die die Punktevergabe und damit das Ergebnis beeinflussen können. So besteht nach dem Lesen der Kriterien zwar meist eine klare Vorstellung über deren Inhalt, aber letztlich weiß man nicht genau, wie sie im Einzelfall im Zusammenhang mit der Punktevergabe angewendet werden. Der Spitzenverband Bund der Pflegekassen (GKV-Spitzenverband) wurde deshalb vom Gesetzgeber aufgefordert, in Richtlinien zu definieren, wie diese Kriterien zu begreifen sind. Mit den „Richtlinien des GKV-Spitzenverbandes zum Verfahren der Feststellung von Pflegebedürftigkeit sowie zur pflegefachlichen Konkretisierung der Inhalte des Begutachtungsinstruments nach dem Elften Buch des Sozialgesetzbuches" (im Folgenden: BRi-2017) kam der GKV-Spitzenverband unter Beteiligung unter anderem des Medizinischen Dienstes des Spitzenverbandes Bund der Krankenkassen (MDS) dem nach.

Im Folgenden sind die Kriterien der Module mit ihren jeweiligen Inhalten (pflegefachliche Konkretisierung durch die BRi-2017) in Tabellen dargestellt. Zusätzlich ist eine Spalte mit der Punkte-

Feststellung der Pflegebedürftigkeit in drei Schritten

vergabe zum Ankreuzen bzw. Spalten zum Ausfüllen angefügt. Ziel ist es, zum Schluss die Einzelpunkte des jeweiligen Moduls zusammenzurechnen, sie pro Modul zu gewichten und dann den Gesamtpunktwert in den richtigen Pflegegrad einzuordnen. Dadurch soll es jedem ermöglicht werden, nachvollziehbar, zum Beispiel vor einem Antrag auf Pflegebedürftigkeit bei der Pflegekasse oder vor der Begutachtung durch den Medizinischen Dienst der Krankenkasse (MDK), einen Anhaltspunkt über die Schwere der Pflegebedürftigkeit zu haben. Bei der Begutachtung durch den MDK kann das Buch mit den bearbeiteten Modulen zudem eine Hilfe sein, die Prüfung in Ruhe zu meistern. Außerdem dient es als praktische Hilfe für die Vorbereitung eines Widerspruchs gegen das Ergebnis der Begutachtung.

> **Achtung: Besonderheiten bei Babys und Kindern unter 11 Jahren**
>
> Die Feststellung der Pflegebedürftigkeit bei Babys und Kindern unter 11 Jahren entspricht mit einigen Besonderheiten den folgenden Darstellungen zur Einschätzung der Pflegebedürftigkeit im Schritt 1.
>
> Die Besonderheiten ergeben sich jedoch aus der Forderung, bei Babys und Kindern unter 11 Jahren einen Vergleich der Beeinträchtigungen ihrer Selbstständigkeit und ihrer Fähigkeiten mit altersentsprechend entwickelten Babys und Kindern durchzuführen (vgl. § 15 Abs. 6 SGB XI). Dieser zusätzliche Zwischenschritt ist im Abschnitt „Zwischenschritt bei Babys und Kindern unter 11 Jahren" (Seite 91) dargestellt. Es empfiehlt sich, diesen Abschnitt zuerst zu lesen.
>
> Der Schritt 2, das Zusammenrechnen der Einzelpunkte und die Gewichtung der Gesamtpunkte im jeweiligen Modul, wiederum ist für alle Pflegebedürftige gleich. Nur im letzten Schritt 3 gibt es eine andere Einordnung in den Pflegegrad für Babys und Kinder im Alter bis zu 18 Monaten (siehe dazu näher unter „Besonderheiten der Zuordnung des Pflegegrades bei Babys und Kindern bis zu 18 Monaten", Seite 106).

Modul 1 – Schritt 1: Zuordnung der Einzelpunkte

Das Modul 1 „Mobilität" umfasst fünf Kriterien, die die motorischen Fähigkeiten in Bezug auf das Einnehmen und den Wechsel der Körperhaltung und die Fortbewegung beurteilen. Dabei sind zum Beispiel die Körperkraft, die Balance oder die Bewegungskoordination entscheidend. Die Einzelpunkte werden nach der Anlage 1 zu § 15 SGB XI anhand einer vierstufigen Skala gewertet. Die Skala für die Bewertung der fünf Kriterien sieht wie folgt aus:

Einschätzung	Inhalt (vgl. BRi-2017, S. 36 ff.)	Punkte
selbstständig	■ Person kann die jeweilige Handlung bzw. Aktivität ohne Unterstützung durch eine Pflegeperson durchführen ■ Handlung bzw. Aktivität kann z. B. langsam oder durch Nutzung von Hilfsmitteln ohne Hilfe durch eine Pflegeperson erfolgen ■ für kurze Zeit auftretende Beeinträchtigungen bleiben außer Betracht	0
überwiegend selbstständig	■ Person kann im Wesentlichen aus eigener Kraft die Handlung bzw. Aktivität durchführen ■ Pflegeperson muss nur wenig helfen, z. B. als Motivator, durch Anreichen von Hilfsmitteln oder einzelnes Handreichen oder Anwesenheit aus Sicherheitsgründen	1
überwiegend unselbstständig	■ Person kann sich an Handlung bzw. Aktivität nur zu einem geringen Maße beteiligen ■ Pflegeperson muss z. B. Teilschritte der Handlung bzw. Aktivität übernehmen, ständig motivieren oder anleiten sowie fortwährend beaufsichtigen und kontrollieren	2

Feststellung der Pflegebedürftigkeit in drei Schritten

Einschätzung	Inhalt (vgl. BRi-2017, S. 36 ff.)	Punkte
unselbstständig	■ Person kann Handlung bzw. Aktivität nicht durchführen ■ Pflegeperson muss alles oder im Wesentlichen die Handlung bzw. Aktivität übernehmen	3

Im Folgenden werden die einzelnen Kriterien des Moduls 1 an der vierstufigen Skala näher erläutert.

Positionswechsel im Bett – Ziffer 1.1

Zum Kriterium „Positionswechsel im Bett" gehört das Einnehmen von verschiedenen Positionen im Bett, das Drehen um die Längsachse und das Aufrichten aus dem Liegen. Zur Einschätzung der Selbstständigkeit beim Positionswechsel im Bett folgende Tabelle:

Einschätzung	Positionswechsel im Bett (vgl. BRi-2017, S. 39)	Punkte*
selbstständig	■ Position kann allein verändert werden ■ alleinige Positionsveränderung durch Nutzung von Hilfsmitteln, wie z. B. Aufrichter, Bettgitter oder elektrisch verstellbares Bett, sprechen nicht gegen die Bewertung der Selbstständigkeit ■ keine Hilfe durch Pflegeperson notwendig	0
überwiegend selbstständig	■ Position der Person kann etwa durch das Reichen einer Hand oder eines Hilfsmittels von der Pflegeperson verändert werden	1

Modul 1 – Schritt 1: Zuordnung der Einzelpunkte

Einschätzung	Positionswechsel im Bett (vgl. BRi-2017, S. 39)	Punkte*
überwiegend unselbstständig	■ Positionsveränderung durch Hilfe der Pflegeperson ■ Mithilfe durch die Person kann nur wenig erfolgen (z. B. durch auf den Rücken rollen oder am Bettgestell festhalten)	2
unselbstständig	■ Position kann nur durch Pflegeperson verändert werden ■ Mithilfe der Person ist bei der Positionsveränderung nicht möglich	3

* Abschnitt „Zwischenschritt bei Babys und Kindern unter 11 Jahren" beachten.

Halten einer stabilen Sitzposition – Ziffer 1.2

Das Halten einer stabilen Sitzposition erfasst das Sitzen der Person zum Beispiel auf einem Bett oder Stuhl ohne Rücken- oder Seitenstütze. Zur Einschätzung der Selbstständigkeit der Aktivität die folgende Tabelle:

Einschätzung	Halten einer stabilen Sitzposition (vgl. BRi-2017, S. 39 f.)	Punkte*
selbstständig	■ Sitzposition kann allein gehalten werden ■ Selbstständigkeit ist auch dann gegeben, wenn sich die Person zum Halten der Sitzposition mit den Händen abstützt ■ keine Hilfe durch Pflegeperson notwendig	0

Feststellung der Pflegebedürftigkeit in drei Schritten

Einschätzung	Halten einer stabilen Sitzposition (vgl. BRi-2017, S. 39 f.)	Punkte*
überwiegend selbstständig	■ Sitzposition kann ohne Seitenstütze nicht oder nur kurz gehalten werden ■ für längere Zeit kann eine stabile Sitzposition z. B. auf einen Sessel oder Couch mit Armlehnen gehalten werden	1
überwiegend unselbstständig	■ eingeschränkte Rumpfkontrolle ■ keine stabile Sitzposition für längere Zeit ohne Rücken- und Seitenstützen z. B. wie beim Lagerungsstuhl oder Therapiestuhl	2
unselbstständig	■ Sitzposition kann auch mit Lagerungshilfen nicht stabil gehalten werden ■ Lagerung liegend im Bett oder auf dem Lagerungsstuhl	3

* Abschnitt „Zwischenschritt bei Babys und Kindern unter 11 Jahren" beachten.

Umsetzen – Ziffer 1.3

Das Kriterium „Umsetzen" umfasst das Aufstehen von einer erhöhten Sitzfläche, wie zum Beispiel einem Stuhl oder Sessel, und das Umsetzen auf einen Rollstuhl, Toilettenstuhl oder Sessel usw. Im Folgenden die Übersicht zur Einschätzung der Selbstständigkeit beim Umsetzen:

Modul 1 – Schritt 1: Zuordnung der Einzelpunkte

Einschätzung	Umsetzen (vgl. BRi-2017, S. 39 f.)	Punkte*
selbstständig	■ Person kann sich aus eigener Kraft umsetzen, z. B. vom Bett zum Rollstuhl und umgekehrt ■ Selbstständigkeit liegt auch vor, wenn zwar nicht gestanden werden kann, aber die erforderliche Armkraft für das Umsetzen ausreicht, z. B. durch das Benutzen von Tisch, Armlehnen und Hilfsmitteln, wie z. B. Griffstangen ■ keine weitere Personenhilfe durch Pflegeperson notwendig	0
überwiegend selbstständig	■ Person kann sich mit wenig Mithilfe der Pflegeperson, z. B. durch Hand- oder Armreichen, umsetzen	1
überwiegend unselbstständig	■ das Umsetzen erfolgt durch die Pflegeperson mit erheblicher Kraftaufwendung durch Hochziehen, Halten, Stützen oder Heben ■ Person ist es im geringen Maß möglich beim Umsetzen mitzuhelfen, z. B. kann kurzzeitig stehen	2
unselbstständig	■ Pflegeperson muss betreffende Person umsetzen, z. B. durch Heben oder Tragen ■ eine Mithilfe durch die betreffende Person ist nicht möglich	3

* Abschnitt „Zwischenschritt bei Babys und Kindern unter 11 Jahren" beachten.

Feststellung der Pflegebedürftigkeit in drei Schritten

Fortbewegen innerhalb des Wohnbereichs – Ziffer 1.4

Unter der „Fortbewegung innerhalb des Wohnbereichs" versteht man das Gehen in der Wohnung oder des Wohnbereichs einer Einrichtung zwischen den Zimmern. Die Fähigkeit einer Person sich bei der Fortbewegung räumlich zu orientieren oder eine Etage durch Treppensteigen zu überwinden, spielt bei diesem Kriterium keine Rolle. Die Fähigkeit zur Orientierung wird unter Modul 2, Ziffer 2.2 und das Treppensteigen unter Modul 1, Ziffer 1.5 geprüft. Zur Einschätzung der Selbstständigkeit der Fortbewegung innerhalb des Wohnbereichs folgende Tabelle:

Einschätzung	Fortbewegen innerhalb des Wohnbereichs (vgl. BRi-2017, S. 40 f.)	Punkte*
selbstständig	▪ Person kann sich aus eigener Kraft ggf. unter Nutzung von Hilfsmitteln (z. B. Stock, Rollator oder Rollstuhl) innerhalb des Wohnbereichs fortbewegen ▪ Selbstständigkeit ist gegeben, wenn die Gehstrecke mindestens 8 Meter beträgt	0
überwiegend selbstständig	▪ Fortbewegung kann durch die Person selbstständig mit geringer Hilfe der Pflegeperson erfolgen, z. B. in Form von Anreichen von Hilfsmitteln oder gelegentlichem Stützen bzw. Unterhaken	1
überwiegend unselbstständig	▪ Pflegeperson muss sich beim Gehen in der Wohnung stützen oder festgehalten werden	2
unselbstständig	▪ kein Gehen der Person möglich ▪ Person muss z. B. von Pflegeperson getragen oder im Rollstuhl geschoben werden	3

---

* Abschnitt „Zwischenschritt bei Babys und Kindern unter 11 Jahren" beachten.

Treppensteigen – Ziffer 1.5

Das Treppensteigen wird als Aktivität verstanden, die unabhängig vom Vorhandensein einer Treppe in der Wohnung zu beurteilen ist. Dabei dient das Überwinden der Treppe von einer Etage zur nächsten als Beurteilungsgrundlage. Zur Einschätzung der Selbstständigkeit des Treppensteigens folgende Tabelle:

Einschätzung	Treppensteigen (vgl. BRi-2017, S. 41)	Punkte*
selbstständig	■ Person kann ohne Hilfe der Pflegeperson die Treppen zwischen zwei Etagen in aufrechter Position überwinden	0
überwiegend selbstständig	■ Person kann die Treppen alleine steigen ■ es wird eine Pflegeperson wegen eines möglichen Sturzrisikos benötigt	1
überwiegend unselbstständig	■ Person kann nur mit Hilfe einer Pflegeperson die Treppen steigen ■ Pflegeperson muss sich stützen oder festhalten	2
unselbstständig	■ Treppensteigen ist nicht möglich ■ Person muss getragen oder z. B. mit einem Treppenlifter befördert werden	3

* Abschnitt „Zwischenschritt bei Babys und Kindern unter 11 Jahren" beachten.

Modul 2 – Schritt 1: Zuordnung der Einzelpunkte

Das Modul 2 bezieht sich in seinen 11 Kriterien auf die kognitiven und kommunikativen Fähigkeiten der zu beurteilenden Person. Dabei werden bei den Kriterien 1 bis 8 die kognitiven Funktionen und bei den Kriterien 9 bis 11 die kommunikativen Fähigkeiten beurteilt. Die vierstufige Bewertungsskala des Moduls 2 ist

Feststellung der Pflegebedürftigkeit in drei Schritten

ähnlich aufgebaut wie die vierstufige Skala zur Beurteilung der Selbstständigkeit im Modul 1. Sie unterscheidet sich aber darin, dass nicht eine Handlung bzw. Aktivität, sondern eine geistige Funktion der Person eingeschätzt wird. Zur vierstufigen Skala beim Modul 2 folgender Überblick:

Einschätzung	Inhalt (vgl. BRi-2017, S. 42 f.)	Punkte
Fähigkeit vorhanden/ unbeeinträchtigt	■ Fähigkeit ist fast vollständig vorhanden	0
Fähigkeit größtenteils vorhanden	■ Fähigkeit ist überwiegend vorhanden ■ Person hat Schwierigkeiten durchgängig komplizierte Sachverhalte zu meistern	1
Fähigkeit in geringem Maße vorhanden	■ Fähigkeit ist stark beeinträchtigt, Ressourcen sind aber vorhanden und erkennbar ■ Person hat in den meisten Situationen Schwierigkeiten auch nur geringe Anforderungen zu meistern	2
Fähigkeit nicht vorhanden	■ Fähigkeit ist nicht oder nur sehr selten vorhanden	3

Die einzelnen Kriterien im Modul 2 werden im Folgenden anhand der vierstufigen Skala näher erläutert.

Erkennen von Personen aus dem näheren Umfeld – Ziffer 2.1

Zur Fähigkeit des Erkennens von Personen gehört das Wiedererkennen von Personen, mit denen man normalerweise Kontakt hat, wie zum Beispiel Familienangehörige, Nachbarn oder auch Mitarbeiter des Pflegedienstes.

Modul 2 – Schritt 1: Zuordnung der Einzelpunkte

Einschätzung	Erkennen von Personen aus dem näheren Umfeld (vgl. BRi-2017, S. 43)	Punkte*
Fähigkeit vorhanden/ unbeeinträchtigt	■ Personen aus dem näheren Umfeld werden wiedererkannt	0
Fähigkeit größtenteils vorhanden	■ Person hat immer wieder einmal Schwierigkeiten vertraute Personen zu erkennen ■ Personen aus dem näheren Umfeld werden erkannt, jedoch erst nach längerer Zeit, z. B. im Gespräch	1
Fähigkeit in geringem Maße vorhanden	■ vertraute Personen werden kaum erkannt ■ ist die Tagesform entscheidend, dann bestehen beträchtliche Schwankungen im Erkennen von Personen aus dem näheren Umfeld	2
Fähigkeit nicht vorhanden	■ vertraute Personen, wie z. B. Familienangehörige, werden nicht oder nur sehr selten erkannt	3

* Abschnitt „Zwischenschritt bei Babys und Kindern unter 11 Jahren" beachten

Örtliche Orientierung – Ziffer 2.2

Die örtliche Orientierung einer Person beschreibt das Zurechtfinden in der räumlichen und der näheren außerhäuslichen Umgebung. Unter der räumlichen Umgebung versteht man die eigenen Räumlichkeiten zu Hause oder in der Einrichtung. Der außerhäusliche Bereich umfasst zum Beispiel den Park, die Geschäfte oder die Bushaltestelle in der näheren Umgebung. In diesen Umgebungen geht es darum sich zurechtzufinden, verschiedene Orte zielsicher anzusteuern und zu wissen, an welchem Ort man sich gerade befindet. Zur Einschätzung der Fähigkeiten der örtlichen Orientierung folgende Tabelle:

Einschätzung	Örtliche Orientierung (vgl. BRi-2017, S. 43 f.)	Punkte*
Fähigkeit vorhanden/ unbeeinträchtigt	■ Zurechtfinden in den eigenen Räumlichkeiten, aber auch in der näheren außerhäuslichen Umgebung	0
Fähigkeit größtenteils vorhanden	■ Person findet sich in den eigenen Räumlichkeiten zurecht ■ im außerhäuslichen Bereich bestehen Schwierigkeiten sich zu orientieren, z. B. der Weg nach Hause wird nicht wieder gefunden	1
Fähigkeit in geringem Maße vorhanden	■ Person hat Schwierigkeiten sich in der häuslichen und außerhäuslichen Umgebung zu orientieren	2
Fähigkeit nicht vorhanden	■ Person ist zur Orientierung in der häuslichen und außerhäuslichen Umgebung nicht in der Lage und braucht daher Unterstützung durch eine Pflegeperson	3

* Abschnitt „Zwischenschritt bei Babys und Kindern unter 11 Jahren" beachten

Zeitliche Orientierung – Ziffer 2.3

Die zeitliche Orientierung einer Person spiegelt die Fähigkeit wider, zeitliche Strukturen zu erkennen. Dazu gehören zum Beispiel:

- Uhrzeit
- Tagesabschnitte, wie morgens, vormittags, nachmittags, abends
- Wochentag, Monat, Jahr

Modul 2 – Schritt 1: Zuordnung der Einzelpunkte

- Jahreszeit sowie
- zeitliche Abfolge des Lebens der Person.

Zur Einschätzung der Fähigkeiten in Bezug auf die zeitliche Orientierung folgende Übersicht:

Einschätzung	Zeitliche Orientierung (vgl. BRi-2017, S. 44)	Punkte*
Fähigkeit vorhanden/ unbeeinträchtigt	- Person verfügt über zeitliche Struktur und kann sich ohne wesentliche Einschränkungen zeitlich orientieren	0
Fähigkeit größtenteils vorhanden	- Person kann sich bis auf wenige Ausnahmen zeitlich orientieren - es bestehen Schwierigkeiten den Tagesabschnitt z. B. ohne Uhr zu bestimmen	1
Fähigkeit in geringem Maße vorhanden	- Person kann sich in der Regel nicht zeitlich orientieren - Orientierungshilfen, wie z. B. Uhr oder Dunkelheit, können nicht helfen, den jeweiligen Tagesabschnitt zu bestimmen	2
Fähigkeit nicht vorhanden	- Person verfügt über keine bzw. eine sehr geringe zeitliche Struktur	3

* Abschnitt „Zwischenschritt bei Babys und Kindern unter 11 Jahren" beachten

Erinnern an wesentliche Ereignisse oder Beobachtungen – Ziffer 2.4

Zum Erinnern an wesentliche Ereignisse oder Beobachtungen zählen die Fähigkeiten sich

- kurz zurückliegende Ereignisse oder Beobachtungen, wie zum Beispiel, was man zum Frühstück oder Mittag gegessen hat oder wo man am Abend war, und

Feststellung der Pflegebedürftigkeit in drei Schritten

- auch länger zurückliegende Ereignisse oder Beobachtungen, die mehrere Tage, Wochen oder Jahre in der Vergangenheit liegen, wie zum Beispiel das Geburtsjahr, der Geburtsort, der Hochzeitstag oder der erlernte Beruf,

ins Gedächtnis zu rufen. Zur Einschätzung der Fähigkeit sich an wesentliche Ereignisse oder Beobachtungen zu erinnern folgende Tabelle:

Einschätzung	Erinnern an wesentliche Ereignisse oder Beobachtungen (vgl. BRi-2017, S. 45)	Punkte*
Fähigkeit vorhanden/ unbeeinträchtigt	■ Person kann sich fast vollständig an wesentliche Ereignisse oder Beobachtungen aus allen Bereichen ihres Lebens erinnern ■ Erinnerung kann u. U. auch durch Handlungen oder Gesten zum Ausdruck gebracht werden	0
Fähigkeit größtenteils vorhanden	■ Person hat Schwierigkeiten sich an manche kurz zurückliegende Ereignisse oder Beobachtungen zu erinnern oder braucht längere Zeit dazu	1
Fähigkeit in geringem Maße vorhanden	■ Person vergisst ständig auch kurz zurückliegende Ereignisse oder Beobachtungen ■ wichtige Erinnerungen aus der Lebensgeschichte sind teilweise noch vorhanden	2
Fähigkeit nicht vorhanden	■ betreffende Person kann sich nicht oder nur sehr selten an Ereignisse oder Beobachtungen erinnern	3

* Abschnitt „Zwischenschritt bei Babys und Kindern unter 11 Jahren" beachten

Steuern von mehrschrittigen Alltagshandlungen – Ziffer 2.5

Bei diesem Kriterium stehen die richtige Reihenfolge von Teilschritten und die Ausführung von täglichen oder nahezu täglichen Handlungen im Vordergrund. Außerdem soll das angestrebte Ergebnis der Alltagshandlung, wie zum Beispiel das komplette An- und Auskleiden, Bettmachen, Kaffee- oder Teekochen, erreicht werden. Die Fähigkeit mehrschrittige Alltagshandlungen zu steuern wird nach folgender Tabelle eingeschätzt:

Einschätzung	Steuern von mehrschrittigen Alltagshandlungen (vgl. BRi-2017, S. 45 f.)	Punkte*
Fähigkeit vorhanden/ unbeeinträchtigt	■ Person kann fast vollständig alltägliche Handlungen zielgerichtet durchführen	0
Fähigkeit größtenteils vorhanden	■ Person hat immer wieder einmal Schwierigkeiten die Handlungsschritte einzuhalten, z. B. weil sie vergessen wurden ■ Person kann durch kleinere Erinnerungshilfen oder Hinweise von einer Pflegeperson die Handlungsschritte fortführen	1
Fähigkeit in geringem Maße vorhanden	■ Person hat erhebliche Schwierigkeiten die Reihenfolge der einzelnen Handlungsschritte einzuhalten, weil sie z. B. vergessen oder verwechselt werden	2
Fähigkeit nicht vorhanden	■ Person ist nicht in der Lage mehrschrittige Alltagshandlungen durchzuführen oder gibt sie kurz nach Beginn auf	3

* Abschnitt „Zwischenschritt bei Babys und Kindern unter 11 Jahren" beachten

Treffen von Entscheidungen im Alltag – Ziffer 2.6

Das Treffen von Entscheidungen im Alltag erfasst die Fähigkeit der Durchführung von alltäglichen Entscheidungen, wie zum Beispiel:

- das morgendliche Aussuchen der Bekleidung entsprechend den Wetterbedingungen
- die Entscheidung zum Einkaufen und die Durchführung dieser Aktivität
- die Entscheidung, sich mit Familienangehörigen oder Freunden zu treffen und mit ihnen Freizeitbeschäftigungen durchzuführen.

Bei diesem Kriterium ist es wichtig, dass die Fähigkeit vorhanden ist, eine folgerichtige Entscheidung zu treffen. Somit gibt es nicht die richtige Entscheidung, sondern im Einzelfall muss die Entscheidung geeignet sein, das Ziel zu erreichen. Dazu gehört etwa, dass bei Regenwetter Kleidung gewählt wird, die regenbeständig ist und somit Sicherheit vor einer Erkältung bietet und das Wohlbefinden der Person gewährleistet. Zur Einschätzung des Treffens von Entscheidungen im Alltag folgende Tabelle:

Einschätzung	Treffen von Entscheidungen im Alltag (vgl. BRi-2017, S. 46)	Punkte*
Fähigkeit vorhanden/ unbeeinträchtigt	■ Person kann fast vollständig alltägliche Entscheidungen treffen ■ in unbekannten Situationen, wie z. B. die Person wird von einer fremden Person angesprochen, können folgerichtige Entscheidungen getroffen werden	0
Fähigkeit größtenteils vorhanden	■ Person kann in normalen Alltagssituationen aufgrund vorhandener Routine Entscheidungen treffen ■ in unbekannten Situationen ergeben sich für die Person Schwierigkeiten folgerichtige Entscheidungen zu treffen	1

Modul 2 – Schritt 1: Zuordnung der Einzelpunkte

Einschätzung	Treffen von Entscheidungen im Alltag (vgl. BRi-2017, S. 46)	Punkte*
Fähigkeit in geringem Maße vorhanden	■ Person fällt zwar Entscheidungen, diese sind aber häufig nicht folgerichtig und führen daher nicht zum Ziel, z. B. weil leichte Sommerkleidung im kalten Winter ausgesucht wurde ■ Pflegeperson muss z. B. durch Anleitung oder Erklären der Situation unterstützen	2
Fähigkeit nicht vorhanden	■ alltägliche Entscheidungen können nicht oder nur noch sehr selten von der Person getroffen werden ■ Unterstützung durch Pflegeperson führt nicht weiter	3

* Abschnitt „Zwischenschritt bei Babys und Kindern unter 11 Jahren" beachten

Verstehen von Sachverhalten und Informationen – Ziffer 2.7

Beim Verstehen von Sachverhalten und Informationen geht es um die Fähigkeit Situationen zu erkennen, wie zum Beispiel, dass man sich bei einer gemeinschaftlichen Aktivität mit Familienangehörigen befindet. Ferner wird die Fähigkeit beurteilt, inwieweit

- schriftliche Informationen aus dem Alltag, zum Beispiel aus Zeitungen, Magazinen oder Büchern, sowie
- mündliche Informationen aus dem alltäglichen Leben, zum Beispiel aus Gesprächen oder dem Fernsehen

aufgenommen und inhaltlich verarbeitet werden können. Zur Einschätzung der Fähigkeiten beim Verstehen von Sachverhalten und Informationen folgende Übersicht:

Feststellung der Pflegebedürftigkeit in drei Schritten

Einschätzung	Verstehen von Sachverhalten und Informationen (vgl. BRi-2017, S. 47)	Punkte*
Fähigkeit vorhanden/ unbeeinträchtigt	■ Person kann Sachverhalte und Informationen des täglichen Lebens fast vollständig aufnehmen und inhaltlich verstehen	0
Fähigkeit größtenteils vorhanden	■ Person kann einfache Sachverhalte und Informationen verstehen, z. B. Informationen zum Wetter ■ Schwierigkeiten treten bei komplizierten Sachverhalten und Informationen auf	1
Fähigkeit in geringem Maße vorhanden	■ Person kann selbst einfache Sachverhalte und Informationen nur dann nachvollziehen, wenn sie wiederholt und erklärt werden ■ ist die Tagesform entscheidend, dann sprechen die Schwankungen im Verstehen für eine schwere Beeinträchtigung	2
Fähigkeit nicht vorhanden	■ Person kann Situationen oder Information des Alltagslebens nicht verstehen ■ das Verstehen kommt weder verbal noch nonverbal zum Ausdruck	3

* Abschnitt „Zwischenschritt bei Babys und Kindern unter 11 Jahren" beachten

Erkennen von Risiken und Gefahren – Ziffer 2.8

Bei dieser Fähigkeit geht es um die Risiken und Gefahren, wie sie im häuslichen Umfeld zu finden sind. Im häuslichen Umfeld gehen Risiken und Gefahren insbesondere von Wasser, Elektrizität, Feuer oder Hindernissen auf dem Fußboden aus. Außerdem zählen zu diesem Kriterium die außerhäusliche Risiken und

Modul 2 – Schritt 1: Zuordnung der Einzelpunkte

Gefahren, wie sie etwa im Verkehr, bei Baustellen und Glätte auf Fußwegen bestehen. Zur Einschätzung der Fähigkeiten beim Erkennen von Risiken und Gefahren folgende Tabelle:

Einschätzung	Erkennen von Risiken und Gefahren (vgl. BRi-2017, S. 47 f.)	Punkte*
Fähigkeit vorhanden/ unbeeinträchtigt	▪ Person kann Risiken und Gefahren des Alltags erkennen, auch wenn sie zum Beispiel aus physischen Gründen nicht entsprechend reagieren kann	0
Fähigkeit größtenteils vorhanden	▪ Person kann Risiken und Gefahren im häuslichen Umfeld erkennen ▪ Schwierigkeiten bestehen im Einschätzen von Risiken und Gefahren im außerhäuslichen Umfeld	1
Fähigkeit in geringem Maße vorhanden	▪ Person kann Risiken und Gefahren im häuslichen und außerhäuslichen Umfeld überwiegend nicht erkennen	2
Fähigkeit nicht vorhanden	▪ Person kann Risiken und Gefahren des Alltags nicht oder nur sehr selten erkennen	3

* Abschnitt „Zwischenschritt bei Babys und Kindern unter 11 Jahren" beachten

Mitteilung von elementaren Bedürfnissen – Ziffer 2.9

Zu den elementaren Bedürfnissen von Menschen gehören zum Beispiel das Trinken, das Essen, das Kleiden oder das Schlafen. Somit beinhaltet das Mitteilen von elementaren Bedürfnissen, die Fähigkeit einer Person andere Menschen darüber zu informieren. Dies bedeutet, dass mittels Sprache, Lauten, Mimik, Gestik oder unter Nutzung von einem Hilfsmittel (z. B. über einen Sprachcomputer) Grundbedürfnisse wie Durst, Hunger, Frieren

Feststellung der Pflegebedürftigkeit in drei Schritten

oder Erschöpfung mitgeteilt werden können. Zur Einschätzung der Fähigkeit der Mitteilung von elementaren Bedürfnissen folgende Übersicht:

Einschätzung	Mitteilung von elementaren Bedürfnissen (vgl. BRi-2017, S. 48)	Punkte*
Fähigkeit vorhanden/ unbeeinträchtigt	▪ Person kann sich fast vollständig gegenüber anderen zu elementaren Bedürfnissen mitteilen	0
Fähigkeit größtenteils vorhanden	▪ Person teilt meist von sich aus anderen ihre elementaren Bedürfnisse nicht mit ▪ Person teilt ihre elementaren Bedürfnisse mit, wenn sie von der Pflegeperson gezielt darauf angesprochen wird	1
Fähigkeit in geringem Maße vorhanden	▪ Person kann sich zu ihren elementaren Bedürfnissen nur noch nonverbal, z. B. durch Mimik, Gestik oder Laute äußern ▪ nonverbale Reaktionen stehen im Vordergrund	2
Fähigkeit nicht vorhanden	▪ Person kann sich nicht oder nur sehr selten zu ihren elementaren Bedürfnisse äußern ▪ nonverbale Reaktionen sind kaum vorhanden	3

* Abschnitt „Zwischenschritt bei Babys und Kindern unter 11 Jahren" beachten

Verstehen von Aufforderungen – Ziffer 2.10

Dieses Kriterium umfasst die Fähigkeit Aufforderungen und Bitten zu elementaren Bedürfnissen, wie zum Beispiel dem Essen, Trinken und Kleiden, zu verstehen. Verstehen setzt voraus, dass

Modul 2 – Schritt 1: Zuordnung der Einzelpunkte

die betreffende Person in der Lage ist, die Aufforderung oder Bitte aufzunehmen und richtig zu deuten. Es spielen daher die kognitiven Fähigkeiten der betreffenden Person eine Rolle sowie mögliche Hörstörungen. Zur Einschätzung der Fähigkeiten beim Verstehen von Aufforderungen folgende Tabelle:

Einschätzung	Verstehen von Aufforderungen (vgl. BRi-2017, S. 49)	Punkte*
Fähigkeit vorhanden/ unbeeinträchtigt	■ Person kann mündlich geäußerte Aufforderungen und Bitten, wie z. B. von der Pflegeperson, verstehen	0
Fähigkeit größtenteils vorhanden	■ Person kann Aufforderungen und Bitten, wie z. B. „Ziehe die Schuhe an.", „Trinke bitte." oder „Bitte komm zum Essen." verstehen ■ Aufforderungen und Bitten in nicht alltäglichen Situationen müssen erklärt werden ■ Verständigung kann u. U. durch Zeichen- oder Gebärdensprache sowie Schrift erfolgen	1
Fähigkeit in geringem Maße vorhanden	■ Person kann Aufforderungen oder Bitten in der Regel nur nach Wiederholung oder Erklärung verstehen ■ Verständnis ist von der Tagesform abhängig ■ nonverbale Aufforderungen, wie z. B. Berührung oder Führen zum Esstisch können von der Person verstanden werden	2
Fähigkeit nicht vorhanden	■ Person kann Aufforderungen und Bitten nicht verstehen ■ Person zeigt keine Reaktionen	3

* Abschnitt „Zwischenschritt bei Babys und Kindern unter 11 Jahren" beachten

Feststellung der Pflegebedürftigkeit in drei Schritten

Beteiligen an einem Gespräch – Ziffer 2.11

Die Beteiligung an einem Gespräch macht aus, dass der Gesprächsinhalt aufgenommen, eventuelle Fragen passend beantwortet und eigene Inhalte zur Weiterführung eingebracht werden können. Das Gespräch kann allein mit einer anderen Person oder in einer kleineren Gruppe erfolgen. Bei Hörstörungen sind lautes Sprechen oder die Wiederholung von Worten und Sätzen zu berücksichtigen. Auch die Auswirkungen einer Sprechstörung finden bei der Beteiligung an einem Gespräch Beachtung. Zur Einschätzung der Fähigkeiten zu diesem Kriterium folgende Tabelle:

Einschätzung	Beteiligen an einem Gespräch (vgl. BRi-2017, S. 49 f.)	Punkte*
Fähigkeit vorhanden/ unbeeinträchtigt	▪ Person kann sich an einem Einzelgespräch oder an Gesprächen in einer kleineren Gruppe vollständig beteiligen, auch wenn dies erst nach direktem Ansprechen erfolgt	0
Fähigkeit größtenteils vorhanden	▪ Person kann sich an einem Einzelgespräch ohne Probleme beteiligen ▪ bei Gesprächen in einer kleineren Gruppe verliert die Person oft den Faden, u. U. gibt es Wortfindungsstörungen oder es muss besonders deutlich gesprochen bzw. Gesprächsinhalte müssen wiederholt werden	1
Fähigkeit in geringem Maße vorhanden	▪ Person zeigt wenig Interesse an einem Gespräch oder führt Selbstgespräche, weil sie vom Gesprächsinhalt abkommt ▪ Person antwortet auf Fragen nur kurz, z. B. mit „Ja" oder „Nein"	2
Fähigkeit nicht vorhanden	▪ Person kann sich nicht an einem Gespräch beteiligen ▪ Person zeigt vielleicht Wohlbefinden an	3

* Abschnitt „Zwischenschritt bei Babys und Kindern unter 11 Jahren" beachten

Modul 3 – Schritt 1: Zuordnung der Einzelpunkte

Im Modul 3 „Verhaltensweisen und psychische Problemlagen" wird die Häufigkeit des Auftretens in 13 Kriterien in einer vierstufigen Skala erfasst. Nach der Anlage 1 zu § 15 SGB XI wird folgende vierstufige Skala vorgegeben:

Häufigkeit	Punkte
nie oder selten	0
selten (ein- bis dreimal innerhalb von 2 Wochen)	1
häufig (zweimal bis mehrmals wöchentlich, aber nicht täglich)	3
täglich	5

Zu den 13 Kriterien, deren jeweilige Inhalte nicht alle gleichzeitig vorliegen müssen, folgender Überblick:

Kriterien	Inhalt (vgl. BRi-2017, S. 51 ff.)	Häufigkeit
Motorisch geprägte Verhaltensauffälligkeiten (Ziff. 3.1)	■ Person irrt scheinbar planlos im Wohnbereich umher ■ Person verlässt ohne Absprache bzw. ohne Begleitung den Wohnbereich und gefährdet sich und andere damit, wie z. B. Verlassen in Richtung Treppenhaus ■ Rastlosigkeit, die zum ständigen Aufstehen und Hinsetzen oder Hin- und Herrutschen, etwa auf dem Stuhl, führt ■ Fortbewegung mit einem Hilfsmittel, wie z. B. mit dem Rollstuhl, wird dem Gehen gleichgesetzt	0 1 3 5
Nächtliche Unruhe (Ziff. 3.2)	■ Umherirren in der Nacht oder nächtliche Unruhephasen ■ Störung des Tag-Nacht-Rhythmus (Einschlafschwierigkeiten oder kurze Wachphasen in der Nacht werden nicht berücksichtigt)	0 1 3 5

Feststellung der Pflegebedürftigkeit in drei Schritten

Kriterien	Inhalt (vgl. BRi-2017, S. 51 ff.)	Häufigkeit
Selbstschädigendes und autoaggressives Verhalten (Ziff. 3.3)	■ Person verletzt sich selbst, z. B. durch Gegenstände oder durch Fallenlassen auf den Boden sowie durch eigene Hände, Fingernägel und eigene Zähne, Einnahme von ungenießbaren Substanzen	0 / 1 / 3 / 5
Beschädigen von Gegenständen (Ziff. 3.4)	■ Person beschädigt absichtlich eigene oder fremde Gegenstände durch z. B. Wegstoßen, Dagegenschlagen, ggf. Zerreißen	0 / 1 / 3 / 5
Physisch aggressives Verhalten gegenüber anderen Personen (Ziff. 3.5)	■ Person schlägt, tritt, beißt, kratzt, kneift, spuckt oder stößt andere Personen ■ Person wirft mit Gegenständen auf andere Personen	0 / 1 / 3 / 5
Verbale Aggression (Ziff. 3.6)	■ Person beschimpft oder bedroht andere Personen	0 / 1 / 3 / 5
Andere pflegerelevante vokale Auffälligkeiten (Ziff. 3.7)	■ Person ruft, schreit oder klagt ohne Grund ■ es wird mit Nichtanwesenden geschimpft oder geflucht ■ es werden Selbstgespräche geführt und dabei werden unverständliche Laute von sich gegeben oder Wörter bzw. Sätze ständig wiederholt	0 / 1 / 3 / 5

Modul 3 – Schritt 1: Zuordnung der Einzelpunkte

Kriterien	Inhalt (vgl. BRi-2017, S. 51 ff.)	Häufigkeit
Abwehr pflegerischer und anderer unterstützender Maßnahmen (Ziff. 3.8)	■ unterstützende Maßnahmen der Pflegeperson, z. B. bei der Körperpflege, werden abgewehrt ■ Person lehnt z. B. Nahrungsaufnahme oder die Einnahme von Medikamenten ab ■ Abwehr der Person richtet sich auch gegen Vorrichtungen wie z. B. Katheter oder Infusion, die von ihr manipuliert werden	0 1 3 5
Wahnvorstellungen (Ziff. 3.9)	■ Person fühlt sich von Personen, z. B. aus dem Fernsehen, verfolgt oder bestohlen ■ Person verweigert das Essen, weil sie glaubt vergiftet zu werden ■ Person sieht sich von fremden Personen umgeben, die ein Komplott gegen sie schmieden ■ Person hat optische oder akustische Halluzinationen ■ Person denkt z. B. mit Verstorbenen Kontakt zu haben	0 1 3 5
Ängste (Ziff. 3.10)	■ Person hat Ängste oder Sorgen ■ es gibt ggf. Angstattacken ■ es besteht Furcht vor Pflegemaßnahmen ■ der Kontakt mit anderen Personen bereitet Angst	0 1 3 5

Feststellung der Pflegebedürftigkeit in drei Schritten

Kriterien	Inhalt (vgl. BRi-2017, S. 51 ff.)	Häufigkeit
Antriebslosigkeit bei depressiver Stimmungslage (Ziff. 3.11)	<ul><li>Person verbringt den ganzen Tag apathisch oder traurig im Bett</li><li>Person verlässt nicht aus eigenem Antrieb seinen Sitz- oder Liegeplatz</li><li>es besteht in keiner Art und Weise ein Interesse an der Umgebung, sodass die Person zu Aktivitäten oder zur Kommunikation aufgefordert werden muss</li><li>**Beachte:** Menschen mit rein kognitiven Beeinträchtigungen, wie z. B. bei Demenz, die zusätzliche Motivierung zu einer Handlung benötigen, sind nicht erfasst</li></ul>	0 1 3 5
Sozial inadäquate Verhaltensweisen (Ziff. 3.12)	<ul><li>Person ist distanzlos gegenüber anderen Personen</li><li>es wird außergewöhnlich viel Aufmerksamkeit von anderen Menschen eingefordert</li><li>Person hat einen starken Betätigungs- und Bewegungsdrang, der unter anderem zum ständigen An- und Ausziehen führt</li><li>andere Personen werden unangemessen berührt bzw. sexuell belästigt</li></ul>	0 1 3 5
Sonstige pflegerelevante inadäquate Handlungen (Ziff. 3.13)	<ul><li>Person uriniert oder kotet (ohne bestehende Harninkontinenz) in die Wohnräume</li><li>von sich oder fremden Personen werden Gegenstände versteckt oder gesammelt</li><li>das Essen wird verschmiert</li><li>Person isst bzw. verschmiert Kot</li><li>Person nestelt an ihrer Kleidung</li><li>gleiche Handlungen werden ständig wiederholt</li></ul>	0 1 3 5
Summe der Häufigkeit der Kriterien 3.1–3.13		

Modul 4 – Schritt 1: Zuordnung der Einzelpunkte

Das Modul 4 „Selbstversorgung" umfasst insgesamt 13 Kriterien plus das Kriterium 4.K. Auch hier gibt es im Wesentlichen eine vierstufige Skala der Selbstständigkeit, wie sie bereits im Modul 1 beschrieben wurde. Der Unterschied zum Modul 1 besteht jedoch darin, dass nicht bei allen Kriterien die Einzelpunktvergabe identisch ist. Hierzu folgender Überblick (vgl. Anlage 1 zu § 15 SGB XI):

Kriterien (Ziffer)	Einzelpunkte			
	selbstständig	überwiegend selbstständig	überwiegend unselbstständig	unselbstständig
Ziff. 4.1-4.7, Ziff. 4.11-4.12	0	1	2	3
Ziff. 4.8	0	3	6	9
Ziff. 4.9-4.10	0	2	4	6

Dagegen existiert beim Kriterium „Ernährung parenteral oder über Sonde" (Ziffer 4.13) nach Anlage 1 zu § 15 SGB XI die folgende dreistufige Skala (nähere Erklärung zur Punktverteilung siehe bei Ziffer 4.13):

Ziffer 4.13	entfällt	teilweise	vollständig
Punkte	0	6	3

Eine Besonderheit beim Modul 4 besteht bei Babys und Kindern bis zu 18 Monaten, also dem Tag, an dem das Kind seinen 18. Lebensmonat vollendet. Für sie gelten die Kriterien 4.1 bis 4.13 und ihre Bewertungssystematik nicht, sondern allein das Kriterium 4.K. Dort wird nach gravierenden Problemen bei der Nahrungsaufnahme und dem daraus folgenden außergewöhnlich pflegeintensiven Hilfebedarf gefragt. Bei einer Bejahung der Frage wird das Kriterium 4.K mit insgesamt 20 Einzelpunkten bewertet.

Feststellung der Pflegebedürftigkeit in drei Schritten

Waschen des vorderen Oberkörpers – Ziffer 4.1

Zum Waschen des vorderen Oberkörpers gehören das Gesicht, der Hals, die Arme, die Achselhöhlen, die Hände und der Brustbereich. Außerdem wird zum Waschen auch das Abtrocknen gezählt. Zur Einschätzung der Selbstständigkeit beim Waschen des vorderen Oberkörpers folgende Tabelle:

Einschätzung	Waschen des vorderen Oberkörpers (vgl. BRi-2017, S. 54 f.)	Punkte*
selbstständig	▪ Person kann den vorderen Oberkörper ohne Unterstützung durch eine Pflegeperson waschen	0
überwiegend selbstständig	▪ Person kann den vorderen Oberkörper zwar selbst waschen, benötigt aber teilweise Hilfe von einer Pflegeperson, z. B. beim Waschen unter den Achseln oder Seife und Waschlappen müssen bereitgestellt werden	1
überwiegend unselbstständig	▪ Person kann sich den vorderen Oberkörper z. B. nur in den Bereichen Gesicht oder Hände waschen, für den Rest benötigt sie die Hilfe der Pflegeperson	2
unselbstständig	▪ Person kann sich nicht selbst den vorderen Oberkörper waschen	3

* Abschnitt „Zwischenschritt bei Babys und Kindern unter 11 Jahren" beachten

Körperpflege im Bereich des Kopfes – Ziffer 4.2

Zur täglichen Körperpflege im Bereich des Kopfes zählen das Kämmen, die Zahnpflege bzw. Prothesenreinigung und ggf. das Rasieren. Die Selbstständigkeit wird nach folgender Tabelle eingeschätzt:

Einschätzung	Körperpflege im Bereich des Kopfes (vgl. BRi-2017, S. 55)	Punkte*
selbstständig	■ Person kann die tägliche Körperpflege im Bereich des Kopfes allein durchführen	0
überwiegend selbstständig	■ Person kann die tägliche Körperpflege im Bereich des Kopfes zwar allein durchführen, benötigt aber Hilfe von der Pflegeperson, z. B. durch Bereitstellen der Pflegeutensilien wie etwa die vorbereitete Zahnbürste mit Zahnpasta oder die Prothese mit Haftcreme ■ Pflegeperson übernimmt Teilbereiche der Pflege, wie z. B. das Kämmen des Hinterkopfes oder die Zahn- und Mundpflege	1
überwiegend unselbstständig	■ Person kann sich an der Körperpflege im Bereich des Kopfes nur zu einem geringen Maße beteiligen, z. B. die Zahnpflege oder das Kämmen wird angefangen, die Pflegeperson muss die restlichen Teilschritte übernehmen	2
unselbstständig	■ Person kann die Körperpflege im Bereich des Kopfes nicht durchführen ■ Pflegeperson muss alles oder im Wesentlichen die Aktivität übernehmen	3

* Abschnitt „Zwischenschritt bei Babys und Kindern unter 11 Jahren" beachten

Feststellung der Pflegebedürftigkeit in drei Schritten

Waschen des Intimbereichs – Ziffer 4.3

Zu diesem Kriterium gehören das Waschen und das Abtrocknen des vorderen und hinteren Intimbereichs. Zur Einschätzung der Selbstständigkeit beim Waschen des Intimbereichs folgende Tabelle:

Einschätzung	Waschen des Intimbereichs (vgl. BRi-2017, S. 55)	Punkte*
selbstständig	■ Person kann den Intimbereich allein waschen	0
überwiegend selbstständig	■ Person kann das Waschen des Intimbereichs zwar allein durchführen, benötigt aber Hilfe von der Pflegeperson, z. B. durch Bereitstellen der Pflegeutensilien ■ Unterstützung der Pflegeperson kann auch allein in der Aufforderung zum Waschen des Intimbereichs oder in punktuellen Teilhilfen liegen	1
überwiegend unselbstständig	■ Person kann sich an dem Waschen des Intimbereichs nur zu einem geringen Maße beteiligen, z. B. das Waschen des vorderen Intimbereichs, die Pflegeperson muss den Rest übernehmen	2
unselbstständig	■ Person kann das Waschen im Intimbereich nicht durchführen ■ Pflegeperson muss alles oder im Wesentlichen das Waschen des Intimbereichs übernehmen	3

* Abschnitt „Zwischenschritt bei Babys und Kindern unter 11 Jahren" beachten

Duschen und Baden einschließlich Waschen der Haare – Ziffer 4.4

Zum Duschen oder Baden gehört die Fähigkeit, den eigenen Körper – einschließlich der Haare – waschen, abtrocknen sowie die Haare föhnen zu können. Dies setzt voraus, dass die betreffende

Modul 4 – Schritt 1: Zuordnung der Einzelpunkte

Person in der Lage ist, die Dusche oder Badewanne sicher auch unter Verwendung von Hilfsmitteln, wie zum Beispiel einem Badewannenlifter, zu benutzen. Zur Einschätzung der Selbstständigkeit beim Duschen und Baden einschließlich dem Haarewaschen folgende Übersicht:

Einschätzung	Duschen und Baden einschließlich Waschen der Haare (vgl. BRi-2017, S. 56)	Punkte*
selbstständig	■ Person kann sich allein duschen oder baden sowie die Haare waschen	0
überwiegend selbstständig	■ Person kann sich duschen oder baden sowie die Haare waschen, wenn die Pflegeperson teilweise hilft, z. B. durch Bereitstellen der Pflegeutensilien (z. B. Seife, Waschlappen), Stützen beim Ein- oder Aussteigen aus der Badewanne, Waschen und/oder Föhnen der Haare sowie beim Abtrocknen ■ Unterstützung der Pflegeperson kann allein auch darin liegen, dass während des Duschens oder Badens aus Sicherheitsgründen aufpasst wird	1
überwiegend unselbstständig	■ Person kann sich am Duschen oder Baden nur zu einem geringen Maße beteiligen, z. B. am Waschen des vorderen Oberkörpers	2
unselbstständig	■ Person kann sich an der Aktivität nicht beteiligen ■ Pflegeperson muss alles oder im Wesentlichen das Duschen oder Baden einschließlich dem Waschen der Haare der Person übernehmen	3

* Abschnitt „Zwischenschritt bei Babys und Kindern unter 11 Jahren" beachten

Feststellung der Pflegebedürftigkeit in drei Schritten

An- und Auskleiden des Oberkörpers – Ziffer 4.5

Das An- und Auskleiden des Oberkörpers umfasst die verschiedenen Kleidungsstücke, wie zum Beispiel Unterhemd, BH, T-Shirt, Hemd, Bluse, Pullover, Jacke, Schlafanzugoberteil oder Nachthemd. Es geht bei diesem Kriterium nur um die Tätigkeit des An- und Ausziehens, nicht darum, ob die betreffende Person in der Lage ist, je nach Wetterlage die entsprechenden Kleidungsstücke auszuwählen. Zur Einschätzung der Selbstständigkeit beim An- und Auskleiden des Oberkörpers folgende Tabelle:

Einschätzung	An- und Auskleiden des Oberkörpers (vgl. BRi-2017, S. 56 f.)	Punkte*
selbstständig	■ Person kann sich allein im Bereich des Oberkörpers an- und auskleiden	0
überwiegend selbstständig	■ Person kann sich im Bereich des Oberkörpers an- und auskleiden, wenn die Pflegeperson teilweise hilft, z. B. durch Hinlegen oder Halten der Sachen, dem Öffnen bzw. Schließen von Knöpfen oder Reißverschlüssen	1
überwiegend unselbstständig	■ Person kann sich am An- und Auskleiden des Oberkörpers nur zu einem geringen Maße beteiligen, z. B. muss das T-Shirt von der Pflegeperson über den Kopf gezogen werden, damit das Herunterziehen gelingt	2
unselbstständig	■ Person kann sich am An- und Auskleiden des Oberkörpers nicht beteiligen ■ Pflegeperson muss alles oder im Wesentlichen die Aktivität übernehmen	3

* Abschnitt „Zwischenschritt bei Babys und Kindern unter 11 Jahren" beachten

Modul 4 – Schritt 1: Zuordnung der Einzelpunkte

An- und Auskleiden des Unterkörpers – Ziffer 4.6

Zum An- und Auskleiden des Unterkörpers gehören Kleidungsstücke, wie zum Beispiel Unterhose, Hose, Rock, Strümpfe und Schuhe. Auch hier kommt es wie beim An- und Auskleiden des Oberkörpers (Ziffer 4.5) nicht darauf an, ob die betreffende Person die situationsgerechte Kleidung trägt. Vielmehr muss sie fähig sein, die Kleidungsstücke im Bereich des Unterkörpers an- und auszuziehen. Zur Einschätzung der Selbstständigkeit beim An- und Auskleiden des Unterkörpers folgende Tabelle:

Einschätzung	An- und Auskleiden des Unterkörpers (vgl. BRi-2017, S. 57)	Punkte*
selbstständig	■ Person kann sich allein im Bereich des Unterkörpers an- und auskleiden	0
überwiegend selbstständig	■ Person kann sich im Bereich des Unterkörpers an- und auskleiden, wenn die Pflegeperson teilweise hilft, z. B. durch Hinlegen oder Halten der Sachen bzw. Schuhe, dem Öffnen bzw. Schließen von Knöpfen oder Reißverschlüssen oder beim Binden von Schnürsenkeln	1
überwiegend unselbstständig	■ Person kann sich am An- und Auskleiden des Oberkörpers nur zu einem geringen Maße beteiligen, z. B. die Unterhose oder Hose muss von der Pflegeperson über die Füße gezogen werden, damit das Hochziehen gelingt	2
unselbstständig	■ Person kann sich am An- und Auskleiden des Unterkörpers nicht beteiligen ■ Pflegeperson muss alles oder im Wesentlichen die Aktivität übernehmen	3

---

* Abschnitt „Zwischenschritt bei Babys und Kindern unter 11 Jahren" beachten

Feststellung der Pflegebedürftigkeit in drei Schritten

Mundgerechtes Zubereiten der Nahrung und Eingießen von Getränken – Ziffer 4.7

Das mundgerechte Zubereiten der Nahrung umfasst zum Beispiel:

- das Zerteilen von Brotscheiben, Brötchen, Äpfeln oder anderen Speisen
- das Schneiden von Fleisch in kleine Stücke und
- das Zerdrücken oder Pürieren von Kartoffeln.

Zum Eingießen von Getränken gehört auch das Öffnen der Verschlüsse von Getränkeflaschen bzw. Tetra-Paks sowie das Eingießen ohne zu verschütten in eine Kanne, Glas oder Tasse. Beim mundgerechten Zubereiten der Nahrung und Eingießen von Getränken können auch Hilfsmittel, wie etwa Anti-Rutschbrett, Einhänderbesteck oder sonstige Spezialgegenstände verwendet werden. Zur Einschätzung der Selbstständigkeit bei diesem Kriterium folgende Tabelle:

Einschätzung	Mundgerechtes Zubereiten der Nahrung und Eingießen von Getränken (vgl. BRi-2017, S. 57 f.)	Punkte*
selbstständig	▪ Person kann allein die Nahrung mundgerecht zubereiten und Getränke eingießen	0
überwiegend selbstständig	▪ Person kann allein die Nahrung mundgerecht zubereiten, wenn die Pflegeperson teilweise hilft, z. B. beim Zerteilen von harten Lebensmitteln oder durch Besteck in die Hand geben ▪ Person kann sich Getränke eingießen, wenn z. B. beim Öffnen des Verschlusses der Getränkeflasche die Pflegeperson hilft	1

Modul 4 – Schritt 1: Zuordnung der Einzelpunkte

Einschätzung	Mundgerechtes Zubereiten der Nahrung und Eingießen von Getränken (vgl. BRi-2017, S. 57 f.)	Punkte*
überwiegend unselbstständig	■ Person kann sich beim mundgerechten Zubereiten der Nahrung und dem Eingießen von Getränken nur zu einem geringen Maße beteiligen, z. B. wird die Hand beim Eingießen in eine Kanne geführt	2
unselbstständig	■ Person kann sich beim mundgerechten Zubereiten der Nahrung und dem Eingießen von Getränken nicht beteiligen, sondern die Pflegeperson übernimmt die Aktivitäten	3

* Abschnitt „Zwischenschritt bei Babys und Kindern unter 11 Jahren" beachten

Essen – Ziffer 4.8

Zum Essen gehört das Aufnehmen von mundgerecht zubereiteten Speisen. Das Essen wird mit den Fingern bzw. Gabel oder Löffel zum Mund geführt, ggf. abgebissen, gekaut und zum Schluss geschluckt. Eine besondere Rolle bei der Beurteilung der Selbstständigkeit spielt die Frage, ob die betreffende Person die Nahrungsaufnahme derart steuern kann, dass sie auch ausreichend zu sich nimmt.

Das Essen ist abzugrenzen vom Kriterium „Ernährung parenteral oder über Sonde" (Ziffer 4.13). Findet die Nahrungsaufnahme nur teilweise über eine Sonde bzw. parenteral (zum Beispiel über eine Port) statt, dann findet das Kriterium Essen Anwendung. Dagegen scheidet das Kriterium Essen aus, wenn keine Nahrungsaufnahme über den Mund, sondern die Ernährung vollständig parenteral oder über Sonde erfolgt. Zur Einschätzung der Selbstständigkeit beim Essen folgende Tabelle:

Feststellung der Pflegebedürftigkeit in drei Schritten

Einschätzung	Essen (vgl. BRi-2017, S. 58 f.)	Punkte*
selbstständig	■ Person kann allein essen	0
überwiegend selbstständig	■ Person kann allein essen, wenn die Pflegeperson teilweise hilft, z. B. zum (Weiter-)Essen anleitet oder auffordert oder heruntergefallenes Besteck wieder in die Hand gibt	3
überwiegend unselbstständig	■ Person kann sich beim Essen nur zu einem geringen Maße beteiligen, z. B. Nahrung muss größtenteils gereicht werden, Pflegeperson muss ständig zum Essen motivieren oder anwesend sein, weil die Gefahr des Verschluckens besteht	6
unselbstständig	■ Person kann nicht allein essen, sondern muss ihre Nahrung fast vollständig von der Pflegeperson gereicht bekommen	9

* Abschnitt „Zwischenschritt bei Babys und Kindern unter 11 Jahren" beachten

Trinken – Ziffer 4.9

Die bereitstehenden Getränke können beim Trinken von der betreffenden Person aufgenommen werden. Das Trinken kann auch über Hilfsmittel, wie zum Beispiel einen Strohhalm oder einen Becher mit Aufsatz erfolgen. Bei diesem Kriterium wird auch berücksichtigt, ob und inwieweit man in der Lage ist, zu erkennen, dass Flüssigkeit aufgenommen werden muss und tatsächlich auch zu sich genommen wird.

Das Kriterium des Trinkens ist wie beim vorhergehenden Kriterium des Essens (Ziffer 4.8) abzugrenzen vom Kriterium „Ernährung parenteral oder über Sonde" (Ziffer 4.13). Auch hier gilt, dass die Flüssigkeitsaufnahme nur teilweise über eine Sonde bzw. parenteral stattfinden darf, damit das Kriterium Trinken einschlägig ist. Es scheidet dagegen aus, wenn die Flüssigkeitsaufnahme vollständig parenteral oder über Sonde erfolgt. Zur Einschätzung der Selbstständigkeit des Trinkens folgende Tabelle:

Einschätzung	Trinken (vgl. BRi-2017, S. 59)	Punkte*
selbstständig	■ Person kann allein trinken	0
überwiegend selbstständig	■ Person kann allein trinken, wenn die Pflegeperson teilweise hilft, z. B. durch Bereitstellen eines Glases bzw. einer Tasse im Aktionsradius oder durch Erinnern an das Trinken	2
überwiegend unselbstständig	■ Person kann sich am Trinken nur zu einem geringen Maße beteiligen ■ Pflegeperson muss z. B. zu jedem Schluck motivieren oder das Trinkgefäß in die Hand zum selbstständigen Trinken geben	4
unselbstständig	■ Person kann sich am Trinken nicht beteiligen ■ Pflegeperson muss alles oder im Wesentlichen das Reichen der Getränke übernehmen	6

* Abschnitt „Zwischenschritt bei Babys und Kindern unter 11 Jahren" beachten

Benutzen einer Toilette oder eines Toilettenstuhls – Ziffer 4.10

Die Benutzung einer Toilette oder eines Toilettenstuhls umfasst das Gehen, das Ausziehen der Kleidung, das Hinsetzen, das Sitzen während des Toilettengangs (Blasen-/Darmentleerung), die Intimhygiene, das Aufstehen und das anschließende Anziehen der Kleidung. Unter diesem Kriterium werden auch Personen bewertet, die Hilfsmittel, wie zum Beispiel Windeln oder sonstiges Inkontinenzmaterial, Katheter oder Urostoma (operativ hergestellte Öffnung der Harnwege), verwenden. Zur Einschätzung der Selbstständigkeit folgende Übersicht:

Feststellung der Pflegebedürftigkeit in drei Schritten

Einschätzung	Benutzen einer Toilette oder eines Toilettenstuhls (vgl. BRi-2017, S. 59 f.)	Punkte*
selbstständig	▪ Person kann die Toilette oder einen Toilettenstuhl allein benutzen	0
überwiegend selbstständig	▪ Person kann die Toilette oder einen Toilettenstuhl allein benutzen, wenn die Pflegeperson teilweise hilft, z. B. durch Begleitung zur Toilette, Vorbereiten des Toilettenstuhls und anschließende Leerung (alternativ Urinflasche), Stützen beim Hinsetzen und Aufstehen, Reichen von Toilettenpapier, Bereitstellen der Pflegeutensilien (z. B. Seife, Waschlappen)	2
überwiegend unselbstständig	▪ Person kann sich an der Benutzung der Toilette oder des Toilettenstuhls nur zu einem geringen Maße beteiligen, z. B. können nur einzelne Handlungen wie das Hinsetzen, das Ankleiden oder die Intimhygiene nach dem Wasserlassen übernommen werden	4
unselbstständig	▪ Person kann sich an der Benutzung der Toilette oder des Toilettenstuhls nicht beteiligen ▪ Pflegeperson muss alles oder im Wesentlichen die Aktivität übernehmen	6

* Abschnitt „Zwischenschritt bei Babys und Kindern unter 11 Jahren" beachten

Bewältigen der Folgen einer Harninkontinenz und Umgang mit Dauerkatheter und Urostoma – Ziffer 4.11

Dieses Kriterium wird nur dann bewertet, wenn tatsächlich bei der betreffenden Person eine überwiegende oder vollständige Inkontinenz festgestellt wurde oder die Harnentleerung über eine künstliche Ableitung erfolgt. Ansonsten entfällt dieser Punkt vollständig und wird nicht bewertet.

Modul 4 – Schritt 1: Zuordnung der Einzelpunkte

Zum Bewältigen der Folgen einer Harninkontinenz gehört die richtige Verwendung von Inkontinenzprodukten, wie zum Beispiel Windeln, kleinen Vorlagen, großen Vorlagen mit Netzhose, Inkontinenzhosen mit Klebestreifen oder Pants, sowie ggf. deren Wechsel und Entsorgung. Der Umgang mit einem Dauerkatheter oder Urostoma erfasst auch das Entleeren des Urinbeutels. Zur Einschätzung der Selbstständigkeit bei dieser Aktivität folgende Tabelle:

Einschätzung	Bewältigen der Folgen einer Harninkontinenz und Umgang mit Dauerkatheter und Urostoma (vgl. BRi-2017, S. 60)	Punkte*
selbstständig	■ Person kann die Folgen einer Harninkontinenz oder den Umgang mit Dauerkatheter/Urostoma allein bewältigen	0
überwiegend selbstständig	■ Person kann die Aktivität allein durchführen, wenn die Pflegeperson teilweise hilft, z. B. durch das Bereitstellen oder Entsorgen des Inkontinenzproduktes ■ Unterstützung der Pflegeperson kann auch darin liegen, dass z. B. an den Wechsel des Inkontinenzproduktes erinnert wird	1
überwiegend unselbstständig	■ Person kann sich an der Aktivität zu einem geringen Maße beteiligen, z. B. beim Wechseln des Inkontinenzproduktes	2
unselbstständig	■ Person kann sich an den Folgen einer Harninkontinenz oder dem Umgang mit Dauerkatheter/Urostoma nicht beteiligen ■ Pflegeperson muss alles oder im Wesentlichen die Aktivität durchführen	3

* Abschnitt „Zwischenschritt bei Babys und Kindern unter 11 Jahren" beachten

Feststellung der Pflegebedürftigkeit in drei Schritten

Bewältigen der Folgen einer Stuhlinkontinenz und Umgang mit Stoma – Ziffer 4.12

Dieses Kriterium wird wie das vorhergehende Kriterium (Ziffer 4.11) nur dann bewertet, wenn tatsächlich bei der betreffenden Person eine überwiegende oder vollständige Inkontinenz festgestellt wurde oder die Stuhlentleerung über eine künstliche Ableitung erfolgt. Ansonsten entfällt dieser Punkt vollständig und wird nicht bewertet.

Das Bewältigen der Folgen einer Stuhlinkontinenz und der Umgang mit Stoma (operativ hergestellte Öffnung an einem Hohlorgan, wie dem Anus praeter) setzt die richtige Verwendung von Inkontinenzprodukten (siehe oben Ziffer 4.11), Analtampons und Stomabeuteln sowie ggf. deren Wechsel und Entsorgung voraus. Zur Einschätzung der Selbstständigkeit bei diesem Kriterium folgende Tabelle:

Einschätzung	Bewältigen der Folgen einer Stuhlinkontinenz und Umgang mit Stoma (vgl. BRi-2017, S. 61)	Punkte*
selbstständig	▪ Person kann die Folgen einer Stuhlinkontinenz oder den Umgang mit Stoma allein bewältigen	0
überwiegend selbstständig	▪ Person kann die Aktivität allein durchführen, wenn die Pflegeperson teilweise hilft, z. B. durch das Bereitstellen oder die Entsorgung des Inkontinenzproduktes, oder wenn an den Wechsel des Inkontinenzproduktes erinnert wird	1
überwiegend unselbstständig	▪ Person kann sich an der Aktivität zu einem geringen Maße beteiligen, z. B. beim Wechseln des Inkontinenzproduktes oder des Stomabeutels	2

Modul 4 – Schritt 1: Zuordnung der Einzelpunkte

Einschätzung	Bewältigen der Folgen einer Stuhlinkontinenz und Umgang mit Stoma (vgl. BRi-2017, S. 61)	Punkte*
unselbstständig	■ Person kann sich an der Bewältigung der Folgen einer Stuhlinkontinenz oder dem Umgang mit Stoma nicht beteiligen ■ Pflegeperson muss alles oder im Wesentlichen die Aktivität durchführen	3

* Abschnitt „Zwischenschritt bei Babys und Kindern unter 11 Jahren" beachten

Ernährung parenteral oder über Sonde – Ziffer 4.13

Die Ernährung findet parenteral zum Beispiel über einen Port, eine perkutane endoskopische Gastrostomie (PEG – Zugang in den Magen), eine perkutane endoskopische Jejunostomie (PEJ – Zugang in den Dünndarm) oder über eine nasale Magensonde statt. Im Gegensatz zu den Kriterien 1 bis 12 wird nicht die Selbstständigkeit eingeschätzt, sondern es wird nach der folgenden Tabelle bewertet (vgl. Anlage 1 zu § 15 SGB XI):

Einschätzung	Ernährung parenteral oder über Sonde (vgl. BRi-2017, S. 62)	Punkte*
entfällt	■ Person ist in der Lage die parenterale Ernährung oder Sondenernährung selbstständig durchzuführen ■ die parenterale Ernährung oder Sondenernährung ist über die Dauer von 6 Monaten nicht erforderlich	0

Feststellung der Pflegebedürftigkeit in drei Schritten

Einschätzung	Ernährung parenteral oder über Sonde (vgl. BRi-2017, S. 62)	Punkte*
teilweise	■ Person muss sich zur Vermeidung einer Mangelernährung zusätzlich zur täglichen oralen Nahrungs- und Flüssigkeitsaufnahme mit Hilfe einer Pflegeperson parenteral oder über eine Sonde ernähren **Beachte:** Aufwand ist aufgrund der zusätzlichen Unterstützung zur oralen Nahrungsaufnahme gegenüber einer ausschließlich parenteralen Ernährung oder Sondenernährung erheblich, sodass hier 6 Punkte statt 3 Punkte verteilt werden	6
vollständig	■ vollständige parenterale Ernährung oder Sondenernährung ■ eine orale Nahrungsaufnahme findet nicht oder nur in geringem Maße statt	3

* Abschnitt „Zwischenschritt bei Babys und Kindern unter 11 Jahren" beachten

Probleme bei der Nahrungsaufnahme von Kindern bis zu 18 Monaten – Ziffer 4.K

Bei Babys und Kindern bis zu 18 Monaten gelten aufgrund der natürlich altersbedingten Unselbstständigkeit die oben genannten Kriterien 1 bis 13 des Moduls 4 nicht. An Stelle dieser oben aufgeführten 13 Kriterien tritt das Kriterium 4.K „Bestehen gravierender Probleme bei der Nahrungsaufnahme bei Kindern bis zu 18 Monaten, die einen außergewöhnlich pflegeintensiven Hilfebedarf auslösen" (vgl. Anlage 1 zu § 15 SGB XI). Es müssen bei der Nahrungsaufnahme zusätzlich schwerwiegende Umstände vorhanden sein, die im Vergleich zu altersentsprechenden Babys bzw. Kindern bis zum 18. Lebensmonat zu einer um Stunden verlängerten Nahrungsaufnahme führen. Dazu gehören Krankheitsbilder wie eine frühkindliche Hirnschädigung oder ein angeborener Herzfehler, die meist mit sehr häufiger Nahrungsaufnahme, Schluckstörungen oder Erbrechen einhergehen. Außerdem kann etwa eine angeborene Lippen-Kiefer-Gaumenspalte oder eine Fehlbildung des Verdauungstraktes (zum Beispiel Ösophagus-Atresie) zu einer außergewöhnlich langen Nahrungsaufnahme führen. Trifft das Kriterium zu, wird es mit insgesamt 20 Einzelpunkten bewertet.

Modul 5 – Schritt 1: Zuordnung der Einzelpunkte

Das Modul 5 soll die Frage beantworten, ob die betreffende Person krankheits- oder therapiebedingte Anforderungen und Belastungen selbstständig bewältigen kann. Zu beurteilen sind insbesondere die Fähigkeiten in Bezug auf ärztlich verordnete Maßnahmen, wie zum Beispiel die Einnahme von Medikamenten, Arzt- und Therapiebesuche, Injektionen oder Verbandswechsel. Die Vergabe der Einzelpunkte bei den Kriterien 5.1 bis 5.K richtet sich nach einer vier- bzw. dreistufigen Skala der Häufigkeit der erforderlichen Hilfe durch andere Personen. Beim Kriterium „Einhaltung einer Diät und anderer krankheits- oder therapiebedingter Verhaltensvorschriften" (Ziffer 5.16) erfolgt eine Einschätzung der Selbstständigkeit entsprechend der vierstufigen Skala im Modul 1. Ferner ist zu beachten, dass die Punktevergabe nicht wie in den anderen Modulen für jedes Kriterium einzeln erfolgt. Vielmehr werden Einzelpunkte jeweils für die Kriterien 5.1 bis 5.7, 5.8 bis 5.11, 5.12 bis 5.K und das Kriterium 5.16 vergeben.

1. Teil – Kriterien 5.1 bis 5.7

Die Kriterien 5.1 bis 5.7 werden zunächst nach der Häufigkeit der erforderlichen Hilfe durch Pflegepersonen bei den ärztlich angeordneten Maßnahmen, die täglich, wöchentlich und monatlich vorkommen, erfasst und jeweils zusammengerechnet.

Beispiel:

Die Medikamentengabe (Ziff. 5.1) findet viermal täglich statt. Es müssen zweimal täglich Injektionen (Ziff. 5.2) gegeben und einmal täglich Blutdruck (Ziff. 5.6) gemessen werden. Daraus ergibt sich eine Summe von 7 täglichen Maßnahmen.

Feststellung der Pflegebedürftigkeit in drei Schritten

Danach müssen die wöchentlich und monatlich vorkommenden hilfebedürftigen Maßnahmen in Maßnahmen pro Tag umgerechnet werden, um anschließend die Einzelpunkte vergeben zu können. Die Summe der gesamten wöchentlichen Maßnahmen wird zur Umrechnung pro Tag durch sieben geteilt. Die monatlich vorkommenden Maßnahmen werden dagegen zur Umrechnung pro Tag durch 30 geteilt.

2

Zur Feststellung der durchschnittlichen täglichen Häufigkeit der erforderlichen Hilfe durch Pflegepersonen bei den Maßnahmen der Kriterien 5.1 bis 5.7 folgende Tabelle (vgl. Anlage 1 zu § 15 SGB XI):

Kriterien	Inhalt (vgl. BRi-2017, S.64 f.)	entfällt oder selbstständig	Häufigkeit der Hilfe/Anzahl der Maßnahmen		
			pro Tag	pro Woche	pro Monat
Medikation (Ziff. 5.1)	■ Augen- oder Ohrentropfen ■ orale Medikation ■ Medikamentenpflaster ■ Zäpfchen	0			
Injektion (subcutan oder intramuskulär) (Ziff. 5.2)	■ insbesondere subkutane Injektionen wie Insulin/Heparin ■ Medikamentenpumpen über subkutanen Zugang	0			
Versorgung intravenöser Zugänge (Port) (Ziff. 5.3)	■ insbesondere Port-Versorgung, die häufig der Hilfe durch eine Pflegeperson bedarf ■ Kontrolle zur Vermeidung von z. B. Verstopfung des Katheters ■ Erfasst wird auch Versorgung intrathekaler Zugänge	0			

Modul 5 – Schritt 1: Zuordnung der Einzelpunkte

Kriterien	Inhalt (vgl. BRi-2017, S.64 f.)	entfällt oder selbstständig	Häufigkeit der Hilfe/Anzahl der Maßnahmen		
			pro Tag	pro Woche	pro Monat
Absaugen und Sauerstoffgabe (Ziff. 5.4)	■ Absaugen etwa bei beatmeten und/oder tracheostomierten Personen ■ An- und Ablegen von Sauerstoffbrillen bzw. Atemmasken zur nächtlichen Druckbeatmung ■ Einstellen der Geräte	0			
Einreibungen oder Kälte und Wärmeanwendungen (Ziff. 5.5)	■ z. B. Anwendung von ärztlich verordneten Salben, Cremes, Emulsionen ■ verordnete Kälte- und Wärmeanwendungen, z. B. bei rheumatischen Erkrankungen	0			
Messung und Deutung von Körperzuständen (Ziff. 5.6)	■ ärztlich angewiesene Messungen von z. B. Blutdruck, Blutzucker, Flüssigkeitshaushalt, Körpergewicht, Puls, Temperatur ■ Ziehen von Folgen aus der Messung, z. B. Besuch beim Arzt oder Festlegung der Insulindosis	0			
Körpernahe Hilfsmittel (Ziff. 5.7)	■ An- und Ablegen von Brille, Hörgerät, Kompressionsstrümpfen, Orthesen, orthopädischen Schuhen, Prothesen ■ der Umgang mit Zahnprothesen fällt unter Kriterium 4.2 (siehe oben)	0			
Zwischensumme		0			
Umrechnung in Maßnahmen pro Tag		0		: 7	: 30
Summe der Maßnahmen pro Tag					

Feststellung der Pflegebedürftigkeit in drei Schritten

Die Summe der umgerechneten Maßnahmen pro Tag wird nach der Anlage 1 zu § 15 SGB XI wie folgt bewertet:

Maßnahmen pro Tag	keine oder seltener als einmal täglich	mindestens einmal bis maximal dreimal täglich	mehr als dreimal bis maximal achtmal täglich	mehr als achtmal täglich
Einzelpunkte	0	1	2	3

2. Teil – Kriterien 5.8 bis 5.11

Die Kriterien 5.8 bis 5.11 werden ebenfalls nach der Häufigkeit (täglich, wöchentlich oder monatlich) der erforderlichen Hilfe durch Pflegepersonen erfasst. Sie werden im Anschluss jeweils zusammengerechnet und die wöchentlichen und monatlichen Maßnahmen werden in Maßnahmen pro Tag umgerechnet. Zur Umrechnung pro Tag werden die gesamten wöchentlichen Maßnahmen durch sieben und die monatlich vorkommenden Maßnahmen durch 30 geteilt. Dazu folgende Tabelle (vgl. Anlage 1 zu § 15 SGB XI):

Kriterien	Inhalt (vgl. BRi-2017, S. 65)	entfällt oder selbstständig	Häufigkeit der Hilfe/Anzahl der Maßnahmen		
			pro Tag	pro Woche	pro Monat
Verbandswechsel (Ziff. 5.8)	■ Versorgung sämtlicher Wunden, z. B. chronische Wunden wie Dekubitus	0			
Versorgung mit Stoma (Ziff. 5.9)	■ Pflege der künstlichen Öffnungen, wie z. B. Tracheostoma, PEG, suprapubischer Blasenkatheter, Urostoma, Kolo- oder Ileostoma	0			

Modul 5 – Schritt 1: Zuordnung der Einzelpunkte

Kriterien	Inhalt (vgl. BRi-2017, S. 65)	entfällt oder selbstständig	Häufigkeit der Hilfe/Anzahl der Maßnahmen		
			pro Tag	pro Woche	pro Monat
Regelmäßige Einmalkatheterisierung und Nutzung von Abführmethoden (Ziff. 5.10)	■ regelmäßige Einmalkatheterisierung wie z. B. bei neurogenen Blasenentleerungsstörungen ■ Abführmethoden etwa Klister, Einlauf und digitale Ausräumung	0			
Therapiemaßnahmen in häuslicher Umgebung (Ziff. 5.11)	■ etwa vom Therapeuten angewiesene Eigenübungsmaßnahmen zu Hause, wie z. B. Atemübungen, krankengymnastische Übungen (auch Vojta, Bobath) oder logopädische Übungen ■ Maßnahmen zur Sekretelemination ■ Durchführung ambulanter Peritonealdialyse (CAPD)	0			
Summe		0			
Umrechnung in Maßnahmen pro Tag		0		: 7	: 30
Summe der Maßnahmen pro Tag					

Die umgerechneten Maßnahmen pro Tag werden nach Anlage 1 zu § 15 SGB XI wie folgt bewertet:

Maßnahmen pro Tag	keine oder seltener als einmal wöchentlich	ein- bis mehrmals wöchentlich	ein- bis zweimal täglich	mindestens dreimal täglich
Einzelpunkte	0	1	2	3

Feststellung der Pflegebedürftigkeit in drei Schritten

3. Teil – Kriterien 5.12 bis 5.K

Die Vergabe der Einzelpunkte bei den Kriterien 5.12 bis 5.K ist der schwierigste Teil des Moduls 5. Für die Kriterien gilt zunächst, dass die Häufigkeit der erforderlichen Hilfe durch Pflegepersonen bei den ärztlich angeordneten Maßnahmen erfasst wird.

Beim Kriterium 5.12 „Zeit- und technikintensive Maßnahmen in häuslicher Umgebung" wird jede unterstützte Maßnahme wie folgt eingeteilt und bewertet:

- entfällt oder selbstständig = 0 Punkte
- tägliche Maßnahmen (z. B. invasive Beatmung) = 60 Punkte
- wöchentliche Maßnahme = 8,6 Punkte
- monatliche Maßnahme = 2 Punkte

Daraus ergibt sich folgende Tabelle (vgl. Anlage 1 zu § 15 SGB XI):

Kriterien	Inhalt (vgl. BRi-2017, S. 66)	entfällt oder selbstständig	Häufigkeit		
			täglich	wöchentlich	monatlich
				multipliziert mit	
Zeit- und technikintensive Maßnahmen in häuslicher Umgebung (Ziff. 5.12)	■ Therapiemaßnahmen wie Beatmung oder Hämodialyse im häuslichen Umfeld bei gleichzeitiger Sitzwache durch eine geschulte Pflegeperson	0	60	x 8,6	x 2
Zwischensumme		0			
Summe der Häufigkeit					

Dagegen sind bei den Kriterien 5.13 bis 5.K die wöchentliche oder monatliche Häufigkeit der erforderlichen Hilfe durch Pflegepersonen bei angeordneten Besuchen, wie zum Beispiel dem Arztbesuch, zu bewerten. Jeder regelmäßige wöchentliche Besuch wird bei den Kriterien 5.13, 5.14 und 5.K mit 4,3 Punkten und

Modul 5 – Schritt 1: Zuordnung der Einzelpunkte

beim Kriterium 5.15 mit 8,6 Punkten gewertet. Der regelmäßige monatliche Besuch wird bei den Kriterien 5.13, 5.14 und 5.K mit einem Punkt und mit zwei Punkten beim Kriterium 5.15 gewertet. Zur Bewertung der Kriterien 5.13 bis 5.K folgende Tabelle:

Kriterien	Inhalt (vgl. BRi-2017, S. 66, 158)	entfällt oder selbstständig	Häufigkeit	
			wöchentlich	monatlich
			multipliziert mit	
Arztbesuche (Ziff. 5.13)	■ Besuche bei Hausarzt, Kinderarzt oder Facharzt ■ Erfasst wird auch die Unterstützung beim Hin- und Rückweg sowie beim Arztbesuch selbst	0	x 4,3	x 1
Besuche anderer medizinischer oder therapeutischer Einrichtungen (bis zu 3 Stunden) (Ziff. 5.14)	■ Besuche von z. B. Krankengymnasten, Ergo- oder Physiotherapeuten, Logopäden sowie ambulante Behandlungen oder Diagnostik im Krankenhaus oder anderen Einrichtungen inklusive Fahrtzeiten unter 3 Stunden ■ Ziffer 5.15 ist einschlägig, wenn der Besuch über 3 Stunden liegt	0	x 4,3	x 1
Zeitlich ausgedehnte Besuche anderer medizinischer oder therapeutischer Einrichtungen (länger als 3 Stunden) (Ziff. 5.15)	■ Erkrankung der betreffenden Person erfordert einen Besuch in einer spezialisierten Einrichtung, der u.a. durch zeitaufwendige diagnostische oder therapeutische Maßnahmen (z. B. onkologische Behandlung, Dialyse) inklusive Fahrtzeit über 3 Stunden liegt ■ Ziffer 5.14 ist einschlägig, wenn der Besuch unter 3 Stunden liegt	0	x 8,6	x 2
Besuche von Einrichtungen zur Frühförderung bei Kindern (Ziff. 5.K)	■ Kinder mit Behinderung oder drohender Behinderung, die Einrichtungen der Frühförderung aufsuchen	0	x 4,3	x 1
Zwischensumme		0		
Summe der Häufigkeit				

Feststellung der Pflegebedürftigkeit in drei Schritten

Nachdem die Punkte in den Kriterien 5.12 bis 5.K verteilt wurden, werden diese addiert und wie folgt in Einzelpunkte umgerechnet (vgl. Anlage 1 zu § 15 SGB XI):

Summe der Punkte der Kriterien 5.12 bis 5.K	Punkte
0 bis unter 4,3	0
4,3 bis unter 8,6	1
8,6 bis unter 12,9	2
12,9 bis unter 60	3
60 und mehr	6

4. Teil – Kriterium 5.16

Das Kriterium „Einhaltung einer Diät und anderer krankheits- oder therapiebedingter Verhaltensvorschriften" umfasst

- Diäten, die zum Beispiel Art und Menge der Lebensmittel sowie Art und Zeitpunkt der Aufnahme regeln, wie glutenfreie oder laktosefreie Diät sowie Ernährung bei Diabetes, und
- andere ärztlich angeordnete Verhaltensweisen, die sich auf die vitalen Funktionen beziehen, wie zum Beispiel die Sicherstellung einer Langzeit-Sauerstoff-Therapie bei unruhigen Personen.

Bei diesem Kriterium kommt es auf den Grad der Selbstständigkeit bei der Einhaltung der Verhaltensvorschriften und die dafür benötigte Unterstützung durch eine Pflegeperson an. Zur Einschätzung der Selbstständigkeit folgende Tabelle:

Einschätzung	Einhaltung einer Diät und anderer krankheits- oder therapiebedingter Verhaltensvorschriften (vgl. BRi-2017, S. 67)	Punkte
entfällt oder selbstständig	<ul><li>Person kann eine Diät oder andere krankheits- oder therapiebedingte Verhaltensvorschriften einhalten</li><li>Diät wird nur bereitgestellt</li></ul>	0

Modul 5 – Schritt 1: Zuordnung der Einzelpunkte

Einschätzung	Einhaltung einer Diät und anderer krankheits- oder therapiebedingter Verhaltensvorschriften (vgl. BRi-2017, S. 67)	Punkte
überwiegend selbstständig	■ Person kann Diät oder andere krankheits- oder therapiebedingte Verhaltensvorschriften einhalten, benötigt aber Hilfe von der Pflegeperson, z. B. Erinnerung und Anleitung ■ Diät wird nicht nur bereitgestellt, sondern es wird maximal einmal täglich zur Einhaltung eingegriffen	1
überwiegend unselbstständig	■ Person benötigt in der Regel zur Einhaltung der Diät oder anderer krankheits- oder therapiebedingter Verhaltensvorschriften Anleitung und Beaufsichtigung ■ Diät wird nicht nur bereitgestellt, sondern es wird mehrmals täglich zur Einhaltung eingegriffen	2
unselbstständig	■ Person benötigt zur Einhaltung der Diät oder anderer krankheits- oder therapiebedingter Verhaltensvorschriften Anleitung und Beaufsichtigung ■ Diät wird nicht nur bereitgestellt, sondern es wird fast durchgehend täglich zur Einhaltung eingegriffen	3

Feststellung der Pflegebedürftigkeit in drei Schritten

Modul 6 – Schritt 1: Zuordnung der Einzelpunkte

Das Modul 6 „Selbstversorgung" umfasst insgesamt sechs Kriterien, die in den Bereichen der Gestaltung des Alltagslebens und der sozialen Kontakte angesiedelt sind. Es wird auch hier eine vierstufige Skala der Selbstständigkeit, wie sie bereits im Modul 1 beschrieben wurde, verwendet.

Gestaltung des Tagesablaufs und Anpassung an Veränderungen – Ziffer 6.1

Das Kriterium „Gestalten des Tagesablaufs und Anpassung an Veränderungen" bezieht sich auf die planerische Fähigkeit eine gewohnte Alltagsstruktur einzuhalten. Die betreffende Person muss daher in der Lage sein, den Tag danach zu strukturieren, wann sie zum Beispiel isst oder schläft, spazieren geht, Fernsehen sieht oder mit anderen spielt. Die Umsetzung dieser Alltagsroutine setzt ferner voraus, dass zumindest teilweise eine zeitliche Orientierung zur Einteilung des Tages vorhanden ist. Außerdem umfasst dieses Kriterium die Fähigkeit, die gewohnte tägliche Routine an äußere Veränderungen anzupassen. So kann bereits ein Arztbesuch oder der Besuch der Familie am Vormittag den Tagesablauf derart verändern, dass die Fähigkeit vorhanden sein muss, zum Beispiel den sonst zu diesem Zeitpunkt stattfindenden Spaziergang auf nachmittags zu verschieben. Zur Einschätzung der Selbstständigkeit bei der Gestaltung des Tagesablaufs und Anpassung an Veränderungen folgende Tabelle:

Einschätzung	Gestaltung des Tagesablaufs und Anpassung an Veränderungen (vgl. BRi-2017, S. 68)	Punkte*
selbstständig	■ Person kann den Tagesablauf selbst gestalten und ggf. an äußere Veränderungen anpassen	0

Modul 6 – Schritt 1: Zuordnung der Einzelpunkte

Einschätzung	Gestaltung des Tagesablaufs und Anpassung an Veränderungen (vgl. BRi-2017, S. 68)	Punkte*
überwiegend selbstständig	■ Person kann den Tagesablauf selbstständig gestalten, wenn die Pflegeperson teilweise hilft, z. B. durch Erinnerungshilfen wie das Anstellen des Fernsehen für eine bestimmte Sendung ■ bei ungewohnten Veränderungen sind Erinnerungshilfen notwendig	1
überwiegend unselbstständig	■ Person kann sich bei der Gestaltung des Tagesablaufs zu einem geringen Maße beteiligen und ggf. auf Veränderungen reagieren, z. B. Signalisieren von Zustimmung oder Ablehnung zu Strukturierungsangeboten oder eigene Planung und Entscheidung, aber benötigt Hilfe bei der Umsetzung ■ eigene Planungen der Person werden in der Regel nicht eingehalten, weil sie vergessen werden	2
unselbstständig	■ Person kann Tagesabläufe nicht einhalten oder auf Veränderungen reagieren ■ Pflegeperson muss alles oder im Wesentlichen die Tagesstrukturierung übernehmen	3

* Abschnitt „Zwischenschritt bei Babys und Kindern unter 11 Jahren" beachten

Ruhen und Schlafen – Ziffer 6.2

Beim Kriterium „Ruhen und Schlafen" kommt es darauf an, dass die Fähigkeit zur Einhaltung eines individuellen Tag-Nacht-Rhythmus besteht. Die betreffende Person muss daher Ruhe-

Feststellung der Pflegebedürftigkeit in drei Schritten

und Schlafphasen erkennen und etwa bei Schlaflosigkeit diese Phase überwinden können. Zur Einschätzung der Selbstständigkeit folgende Tabelle:

Einschätzung	Ruhen und Schlafen (vgl. BRi-2017, S. 69)	Punkte*
selbstständig	■ Person kann das Ruhen und Schlafen durchführen und benötigt keine Hilfe von Pflegepersonen	0
überwiegend selbstständig	■ Person kann das Ruhen und Schlafen durchführen, wenn die Pflegeperson teilweise hilft, z. B. Transferhilfen, Wecken, Aufforderung schlafen zu gehen oder Abdunkelung des Zimmers ■ Hilfebedarf besteht nachts nur ab und zu	1
überwiegend unselbstständig	■ Person hat grundsätzlich Einschlafprobleme und/oder nächtliche Unruhe und benötigt zum Ruhen und Schlafen z. B. Einschlafrituale oder beruhigende Ansprachen ■ hochgradig motorisch beeinträchtigte Personen brauchen zum nächtlichen Weiterschlafen Hilfe von einer Pflegeperson z. B. beim Lagewechsel oder Toilettengang	2
unselbstständig	■ Person hat keinen Tag-Nacht-Rhythmus bzw. einen verkehrten Schlaf-Wach-Rhythmus, z. B. bei Personen im Wachkoma ■ Pflegeperson muss alles oder im Wesentlichen die Aktivität unterstützen	3

* Abschnitt „Zwischenschritt bei Babys und Kindern unter 11 Jahren" beachten

Modul 6 – Schritt 1: Zuordnung der Einzelpunkte

Sichbeschäftigen – Ziffer 6.3

In frei verfügbaren Zeiten stellt sich die Frage nach Freizeitbeschäftigungen. Dazu gehört die Fähigkeit nach seinen individuellen kognitiven, manuellen, visuellen und/oder auditiven Fähigkeiten und Bedürfnissen eine geeignete Freizeitbeschäftigung zu finden, auszuwählen und durchzuführen. Zu den Freizeitbeschäftigungen zählen zum Beispiel, das Spielen allein oder mit anderen, Handarbeiten, Basteln, Bücher oder Zeitschriften lesen, Sendungen im Fernsehen schauen, Radio hören oder die Nutzung des Computers. Hier folgender Überblick zur Einschätzung der Selbstständigkeit im Kriterium „Sichbeschäftigen":

Einschätzung	Sichbeschäftigen (vgl. BRi-2017, S. 69 f.)	Punkte*
selbstständig	▪ Person kann sich selbst beschäftigen	0
überwiegend selbstständig	▪ Person kann sich selbst beschäftigen, wenn die Pflegeperson teilweise hilft, z. B. durch Erinnerung an gewohnte Aktivitäten, Motivation, Zurechtlegen von Utensilien zum Basteln oder der Fernbedienung oder Unterbreitung von Vorschlägen	1
überwiegend unselbstständig	▪ Person kann sich an der Beschäftigung zu einem geringen Maße beteiligen, z. B. durch Zustimmung oder Ablehnung ▪ Personelle Hilfe durch Anleitung, Begleitung oder motorischer Unterstützung	2
unselbstständig	▪ Person kann bei der Entscheidung und Durchführung der Beschäftigung kaum mitwirken ▪ Eigeninitiative ist nicht vorhanden ▪ Anleitungen und Aufforderungen zur Aktivität können nicht umgesetzt werden ▪ angebotene Beschäftigungen werden nur minimal angenommen	3

* Abschnitt „Zwischenschritt bei Babys und Kindern unter 11 Jahren" beachten

Feststellung der Pflegebedürftigkeit in drei Schritten

Vornehmen von in die Zukunft gerichteten Planungen – Ziffer 6.4

Beim Kriterium „Vornehmen von in die Zukunft gerichteten Planungen" geht es um das Überschauen von längeren Zeitabschnitten und die Planung von zum Beispiel anstehenden Festlichkeiten, wie dem Geburtstag oder dem Hochzeitstag. Dazu muss die Fähigkeit vorhanden sein, Zeitabläufe einschätzen zu können. Zur Beurteilung der Selbstständigkeit bei diesem Kriterium folgende Übersicht:

Einschätzung	Vornehmen von in die Zukunft gerichteten Planungen (vgl. BRi-2017, S. 70 f.)	Punkte*
selbstständig	▪ Person kann in die Zukunft gerichtete Planungen vornehmen	0
überwiegend selbstständig	▪ Person kann Planungen für die Zukunft vornehmen, wenn die Pflegeperson teilweise hilft, z. B. durch Hilfe im Bereich der Kommunikation, durch Erinnerung oder bei körperlichen Einschränkungen	1
überwiegend unselbstständig	▪ Person kann sich an den Planungen für die Zukunft zu einem geringen Maße beteiligen, wenn z. B. an die Umsetzung der Planungen erinnert oder diese emotional bzw. körperlich (z. B. körperlich beeinträchtigte Personen, die zwar selber planen und entscheiden können, aber für die Umsetzung personelle Hilfe benötigen) unterstützt wird	2
unselbstständig	▪ Person kann in die Zukunft gerichtete Planungen nicht vornehmen, da es u. a. an Zeitvorstellungen für Planungen über den Tag hinaus fehlt ▪ Zustimmung oder Ablehnung werden auch bei aufgezeigten Optionen nicht signalisiert	3

* Abschnitt „Zwischenschritt bei Babys und Kindern unter 11 Jahren" beachten

Modul 6 – Schritt 1: Zuordnung der Einzelpunkte

Interaktion mit Personen im direkten Kontakt – Ziffer 6.5

Zur Interaktion mit Personen im direkten Kontakt gehört die Fähigkeit mit Angehörigen, Pflegepersonen, Mitbewohnern oder Besuchern umzugehen, Kontakt herzustellen, Personen direkt anzusprechen und bei Ansprache durch diese darauf zu reagieren. Zur Einschätzung der Selbstständigkeit bei diesem Kriterium folgende Tabelle:

Einschätzung	Interaktion mit Personen im direkten Kontakt (vgl. BRi-2017, S. 71)	Punkte*
selbstständig	▪ betreffende Person kann mit Personen im direkten Kontakt interagieren	0
überwiegend selbstständig	▪ betreffende Person kann mit Personen im direkten Kontakt interagieren, wenn die Pflegeperson teilweise hilft, z. B. durch Anregung Kontakt aufzunehmen oder Überwindung von Sprech-, Sprach- und Hörproblemen	1
überwiegend unselbstständig	▪ betreffende Person kann sich an der Aktivität zu einem geringen Maße beteiligen, wenn sie z. B. angesprochen oder motiviert wird, wobei sie dann verbal oder durch Blickkontakt, Mimik oder Gestik reagiert ▪ bei Überwindung von Sprech-, Sprach- und Hörproblemen ist eine weitgehende Hilfe durch eine Pflegeperson notwendig	2
unselbstständig	▪ Person kann mit Personen im direkten Kontakt nicht interagieren ▪ es wird weder auf die Ansprache von Personen im direkten Kontakt noch auf Berührungen auffallend reagiert	3

* Abschnitt „Zwischenschritt bei Babys und Kindern unter 11 Jahren" beachten

Feststellung der Pflegebedürftigkeit in drei Schritten

Kontaktpflege zu Personen außerhalb des direkten Umfelds – Ziffer 6.6

Das Kriterium „Kontaktpflege zu Personen außerhalb des direkten Umfelds" bezieht sich auf vorhandene Kontakte zu Freunden, Bekannten oder Nachbarn. Zur Kontaktpflege wird nicht nur die Aufrechterhaltung, sondern auch die Beendigung oder zeitweise Ablehnung des Kontaktes gezählt. Außerdem setzt die Pflege der Kontakte die Fähigkeit voraus, dass die betreffende Person mit technischen Kommunikationsmitteln wie zum Beispiel dem Telefon umgehen kann, um sich etwa zu verabreden. Zur Einschätzung der Selbstständigkeit bei diesem Kriterium folgende Tabelle:

Einschätzung	Kontaktpflege zu Personen außerhalb des direkten Umfelds (vgl. BRi-2017, S. 72)	Punkte*
selbstständig	▪ Person kann bestehende Kontakte z. B. mit Freunden oder Nachbarn pflegen	0
überwiegend selbstständig	▪ Person kann bestehende Kontakte z. B. zu Freunden oder Nachbarn aufrecht erhalten, wenn die Pflegeperson teilweise hilft, beispielsweise durch Erinnern an die Kontaktaufnahme, Bereitstellen der Telefonnummer, Wählen der Telefonnummer	1
überwiegend unselbstständig	▪ Person kann sich an der Kontaktpflege z. B. zu Freunden oder Nachbarn nur zu einem geringen Maße beteiligen, wenn die Pflegeperson etwa die Initiative ergreift oder bei einer körperlichen Beeinträchtigung der betreffenden Person, bei der Nutzung der Kommunikationshilfen wie dem Telefon hilft ▪ bei Überwindung von Sprech-, Sprach- und Hörproblemen ist eine weitgehende Hilfe durch eine Pflegeperson notwendig	2

Einschätzung	Kontaktpflege zu Personen außerhalb des direkten Umfelds (vgl. BRi-2017, S. 72)	Punkte*
unselbstständig	■ betreffende Person nimmt mit Personen außerhalb des direkten Umfelds keinen Kontakt auf	3

---

* Abschnitt „Zwischenschritt bei Babys und Kindern unter 11 Jahren" beachten

Zwischenschritt bei Babys und Kindern unter 11 Jahren

Die Feststellung der Pflegebedürftigkeit bei Babys und Kindern unter 11 Jahren entspricht mit einigen Besonderheiten der oben dargestellten Einschätzung der Pflegebedürftigkeit im Schritt 1 der jeweiligen Module. Nach § 15 Abs. 6 SGB XI ist jedoch bei Babys und Kindern unter 11 Jahren zusätzlich zum oben dargestellten Schritt 1 ein Vergleich der Beeinträchtigungen ihrer Selbstständigkeit und ihrer Fähigkeiten mit altersentsprechend entwickelten Babys und Kindern durchzuführen. Dieser zusätzliche Schritt lässt sich damit begründen, dass die Selbstständigkeit bei Aktivitäten bzw. die kognitiven und kommunikativen Fähigkeiten der Babys und Kinder je nach Entwicklungsstand variabel und daher sehr unterschiedlich zu beurteilen sind. Die Leistungen der Pflegeversicherung sollen jedoch nur dann in Betracht kommen, wenn tatsächlich gegenüber altersentsprechend entwickelten Babys und Kindern ein Hilfebedarf besteht (sogenannter Mehrbedarf). Ab einem Alter von 11 Jahren wird davon ausgegangen, dass die für die Begutachtung notwendigen Entwicklungsschritte abgeschlossen sind. Deshalb findet ein Vergleich mit altersentsprechend entwickelten Kindern ab diesem Alter nicht mehr statt (vgl. BRi-2017, Seite 120).

Ein Vergleich der Beeinträchtigungen der Selbstständigkeit und der kognitiven und kommunikativen Fähigkeiten des zu beurteilenden Babys oder Kindes mit altersentsprechend entwickelten Babys oder Kindern kommt dabei nur in den Modulen 1, 2, 4 und 6 in Betracht. Allein in diesen vier Modulen kommt es auf den alters-

Feststellung der Pflegebedürftigkeit in drei Schritten

entsprechenden Selbstständigkeitsgrad bzw. der altersentsprechenden Ausprägung von Fähigkeiten an. In den Modulen 3 „Verhaltensweisen und psychische Problemlagen" und 5 „Bewältigung von und selbstständiger Umgang mit krankheits- oder therapiebedingten Anforderungen und Belastungen" stehen krankheits- und therapiebedingte Beeinträchtigungen im Vordergrund. Für die Module 3 und 5 spielt das Alter des Babys oder Kindes daher keine Rolle. Sie werden folglich ohne Einschränkungen geprüft.

Der GKV-Spitzenverband hat unter Beteiligung unter anderem des Medizinischen Dienstes des Spitzenverbandes Bund der Krankenkassen (MDS) in seinen Richtlinien zur Begutachtung vom 15.04.2016 für die Module 1, 2, 4 und 6 Tabellen zur Abbildung der altersentsprechenden Selbstständigkeit bzw. altersentsprechenden Ausprägung von Fähigkeiten von Babys und Kindern unter 11 Jahren entwickelt (vgl. BRi-2017, Seite 121 ff.). Sie bilden die Grundlage für die Feststellung der Pflegebedürftigkeit bei Babys und Kindern und sollen daher im Folgenden dargestellt werden:

Modul 1 – Babys und Kinder unter 11 Jahren

Kriterien	Altersentsprechende Selbstständigkeit im Modul 1			
	unselbstständig	überwiegend unselbstständig	überwiegend selbstständig	selbstständig
Positionswechsel im Bett (Ziff. 1.1)	unter 1 Monat	von 1 Monat bis unter 3 Monate	von 3 Monaten bis unter 9 Monate	ab 9 Monaten
Halten einer stabilen Sitzposition (Ziff. 1.2)	unter 6 Monaten	von 6 Monaten bis unter 8 Monate	von 8 Monaten bis unter 9 Monate	ab 9 Monaten
Umsetzen (Ziff. 1.3)	unter 8 Monaten	von 8 Monaten bis unter 9 Monate	von 9 Monaten bis unter 11 Monate	ab 11 Monaten

Zwischenschritt bei Babys und Kindern unter 11 Jahren

Kriterien	Altersentsprechende Selbstständigkeit im Modul 1			
	unselbstständig	**überwiegend unselbstständig**	**überwiegend selbstständig**	**selbstständig**
Fortbewegen innerhalb des Wohnbereichs (Ziff. 1.4)	unter 12 Monaten	von 12 Monaten bis unter 13 Monate	von 13 Monaten bis unter 18 Monate	ab 18 Monaten
Treppensteigen (Ziff. 1.5)	unter 15 Monaten	von 15 Monaten bis unter 18 Monate	von 18 Monaten bis unter 2 Jahren und 6 Monaten	ab 2 Jahren und 6 Monaten

Modul 2 – Babys und Kinder unter 11 Jahren

Kriterien	Altersentsprechende Ausprägung im Modul 2			
	nicht vorhanden	**in geringem Maße vorhanden**	**größtenteils vorhanden**	**vorhanden/ unbeeinträchtigt**
Erkennen von Personen aus dem näheren Umfeld (Ziff. 2.1)	unter 6 Wochen	von 6 Wochen bis unter 9 Monate	von 9 Monaten bis unter 15 Monate	ab 15 Monaten
Örtliche Orientierung (Ziff. 2.2)	unter 13 Monaten	von 13 Monaten bis unter 18 Monate	von 18 Monaten bis unter 6 Jahre	ab 6 Jahren
Zeitliche Orientierung (Ziff. 2.3)	unter 2 Jahren und 6 Monate	von 2 Jahren und 6 Monaten bis unter 5 Jahre	von 5 Jahren bis unter 7 Jahre	ab 7 Jahren

Feststellung der Pflegebedürftigkeit in drei Schritten

Kriterien	Altersentsprechende Ausprägung im Modul 2			
	nicht vorhanden	in geringem Maße vorhanden	größtenteils vorhanden	vorhanden/ unbeeinträchtigt
Erinnern an wesentliche Ereignisse oder Beobachtungen (Ziff. 2.4)	unter 9 Monaten	von 9 Monaten bis unter 3 Jahre	von 3 Jahren bis unter 5 Jahre und 6 Monate	ab 5 Jahren und 6 Monate
Steuern von mehrschrittigen Alltagshandlungen (Ziff. 2.5)	unter 5 Monaten	von 5 Monaten bis unter 12 Monate	von 12 Monaten bis unter 15 Monate	ab 15 Monaten
Treffen von Entscheidungen im Alltagsleben (Ziff. 2.6)	unter 18 Monaten	von 18 Monaten bis unter 2 Jahren und 6 Monate	von 2 Jahren und 6 Monate bis unter 4 Jahre und 6 Monate	ab 4 Jahren und 6 Monate
Verstehen von Sachverhalten und Informationen (Ziff. 2.7)	unter 4 Jahren	von 4 Jahren bis unter 5 Jahre	von 5 Jahren bis unter 6 Jahre	ab 6 Jahren
Erkennen von Risiken und Gefahren (Ziff. 2.8)	unter 2 Jahren und 6 Monate	von 2 Jahren und 6 Monate bis unter 6 Jahre und 6 Monate	von 6 Jahren und 6 Monate bis unter 10 Jahre	ab 10 Jahren
Mitteilen von elementaren Bedürfnissen (Ziff. 2.9)	unter 3 Monaten	von 3 Monaten bis unter 13 Monate	von 13 Monaten bis unter 4 Jahre	ab 4 Jahren

Zwischenschritt bei Babys und Kindern unter 11 Jahren

Kriterien	Altersentsprechende Ausprägung im Modul 2			
	nicht vorhanden	in geringem Maße vorhanden	größtenteils vorhanden	vorhanden/ unbeeinträchtigt
Verstehen von Aufforderungen (Ziff. 2.10)	unter 16 Monaten	von 16 Monaten bis unter 18 Monate	von 18 Monaten bis unter 2 Jahre und 6 Monate	ab 2 Jahren und 6 Monate
Beteiligen an einem Gespräch (Ziff. 2.11)	unter 15 Monaten	von 15 Monaten bis unter 2 Jahre	von 2 Jahren bis unter 4 Jahre	ab 4 Jahren

Modul 4 – Babys und Kinder unter 11 Jahren

Kriterien*	Altersentsprechender Selbstständigkeitsgrad im Modul 4			
	unselbstständig	überwiegend unselbstständig	überwiegend selbstständig	selbstständig
Waschen des vorderen Oberkörpers (Ziff. 4.1)	unter 2 Jahren	von 2 Jahren bis unter 4 Jahre	von 4 Jahren bis unter 6 Jahre	ab 6 Jahren
Körperpflege im Bereich des Kopfes (Ziff. 4.2)	unter 18 Monaten	von 18 Monaten bis unter 3 Jahren und 6 Monate	von 3 Jahren und 6 Monate bis unter 5 Jahre	ab 5 Jahren
Waschen des Intimbereichs (Ziff. 4.3)	unter 2 Jahren	von 2 Jahren bis unter 4 Jahre	von 4 Jahren bis unter 6 Jahre	ab 6 Jahren

Feststellung der Pflegebedürftigkeit in drei Schritten

Kriterien*	Altersentsprechender Selbstständigkeitsgrad im Modul 4			
	unselbstständig	überwiegend unselbstständig	überwiegend selbstständig	selbstständig
Duschen und Baden einschließlich Waschen der Haare (Ziff. 4.4)	unter 3 Jahren und 6 Monate	von 3 Jahren und 6 Monate bis unter 4 Jahre	von 4 Jahren bis unter 8 Jahre	ab 8 Jahren
An- und Auskleiden des Oberkörpers (Ziff. 4.5)	unter 18 Monaten	von 18 Monaten bis unter 3 Jahre und 6 Monate	von 3 Jahren und 6 Monate bis unter 6 Jahre	ab 6 Jahren
An- und Auskleiden des Unterkörpers (Ziff. 4.6)	unter 18 Monaten	von 18 Monaten bis unter 3 Jahre und 6 Monate	von 3 Jahren und 6 Monate bis unter 6 Jahre	ab 6 Jahren
Mundgerechtes Zubereiten der Nahrung und Eingießen von Getränken (Ziff. 4.7)	unter 2 Jahren	von 2 Jahren bis unter 5 Jahre und 6 Monate	von 5 Jahren und 6 Monate bis unter 8 Jahre	ab 8 Jahren
Essen (Ziff. 4.8) (Dreifachbewertung)	unter 7 Monaten	von 7 Monaten bis unter 20 Monate	von 20 Monaten bis unter 2 Jahre und 6 Monate	ab 2 Jahren und 6 Monate
Trinken (Ziff. 4.9) (Doppelbewertung)	unter 8 Monaten	von 8 Monaten bis unter 11 Monate	von 11 Monaten bis unter 2 Jahre	ab 2 Jahren

Zwischenschritt bei Babys und Kindern unter 11 Jahren

Kriterien*	Altersentsprechender Selbstständigkeitsgrad im Modul 4			
	unselbstständig	überwiegend unselbstständig	überwiegend selbstständig	selbstständig
Benutzen einer Toilette oder eines Toilettenstuhls (Ziff. 4.10) (Doppelbewertung)	unter 18 Monaten	von 18 Monaten bis unter 3 Jahre und 6 Monate	von 3 Jahren und 6 Monate bis unter 6 Jahre	ab 6 Jahren
Bewältigen der Folge einer Harninkontinenz und Umgang mit Dauerkatheter und Urostoma (Ziff. 4.11)	unter 5 Jahren	ab 5 Jahren		
Bewältigen der Folgen eine Stuhlinkontinenz und Umgang mit Stoma (Ziff. 4.12)	unter 5 Jahren	ab 5 Jahren		
Ernährung parenteral oder über Sonde (Ziff. 4.12)	unter 18 Monaten	ab 18 Monaten		

---

* Hinweis: Die Kriterien 4.1 bis 4.12 werden bei Babys und Kindern bis zu 18 Monaten durch das Kriterium 4.K „Probleme bei der Nahrungsaufnahme von Kindern bis zu 18 Monaten" ersetzt. Siehe dazu näher unter Abschnitt „Modul 4 – Schritt 1: Zuordnung der Einzelpunkte", Seite 59.

Feststellung der Pflegebedürftigkeit in drei Schritten

Modul 6 – Babys und Kinder unter 11 Jahren

Kriterien	Altersentsprechender Selbstständigkeitsgrad im Modul 6			
	unselbstständig	überwiegend unselbstständig	überwiegend selbstständig	selbstständig
Gestaltung des Tagesablaufs und Anpassungen an Veränderungen (Ziff. 6.1)	unter 2 Jahren und 6 Monaten	von 2 Jahren und 6 Monaten bis unter 5 Jahre	von 5 Jahren bis unter 7 Jahre	ab 7 Jahren
Ruhen und Schlafen (Ziff. 6.2)	unter 6 Monaten	von 6 Monaten bis unter 5 Jahre	von 5 Jahren bis unter 11 Jahre	ab 11 Jahren
Sichbeschäftigen (Ziff. 6.3)	unter 6 Monaten	von 6 Monaten bis unter 3 Jahre	von 3 Jahren bis unter 5 Jahre	ab 5 Jahren
Vornehmen von in die Zukunft gerichteten Planungen (Ziff. 6.4)	unter 2 Jahren und 6 Monaten	von 2 Jahren und 6 Monaten bis unter 3 Jahre	von 2 Jahren und 6 Monaten bis unter 3 Jahre	ab 5 Jahren
Interaktion mit Personen im direkten Kontakt (Ziff. 6.5)	unter 6 Wochen	von 6 Wochen bis unter 9 Monate	von 9 Monaten bis unter 12 Monate	ab 12 Monaten
Kontaktpflege zu Personen außerhalb des direkten Umfelds (Ziff. 6.6)	unter 12 Monaten	von 12 Monaten bis unter 3 Jahre	von 3 Jahren bis unter 5 Jahre	ab 5 Jahren

Zwischenschritt bei Babys und Kindern unter 11 Jahren

Punktebewertung in vier Varianten

Die Einschätzung der Pflegebedürftigkeit bei Babys und Kindern unter 11 Jahren folgt wie oben dargestellt mit einigen Besonderheiten der Feststellung der Pflegebedürftigkeit im Schritt 1. Der wesentliche Unterschied besteht aber darin, dass nach § 15 Abs. 6 SGB XI nicht der Grad der Selbstständigkeit bzw. der Ausprägung der kognitiven und kommunikativen Fähigkeiten entscheidend ist, sondern allein die Abweichung der Selbstständigkeit oder der Fähigkeiten von einem altersentsprechend entwickelten Kind. Daher kann die Punktebewertung bei Babys und Kindern unter 11 Jahren in den altersabhängigen Modulen 1, 2, 4 und 6 erst nach einem Vergleich mit einem altersentsprechend entwickelten Baby oder Kind abschließend vorgenommen werden.

Bei einem Vergleich der festgestellten Beeinträchtigungen der Selbstständigkeit und der Fähigkeiten des zu beurteilenden Babys oder Kindes unter 11 Jahren mit einem altersentsprechend entwickelten Baby oder Kind kommen bei den Modulen 1, 2, 4 und 6 folgende vier Varianten der Punktebewertung in Betracht (vgl. BRi-2017, Seite 125):

Variante 1: Einschätzung Baby, Kind als unselbstständig bzw. Fähigkeit nicht vorhanden	
Altersentsprechend entwickeltes Baby, Kind	**Punkte**
unselbstständig bzw. Fähigkeit nicht vorhanden	0
überwiegend unselbstständig bzw. Fähigkeit in geringem Maße vorhanden	1
überwiegend selbstständig bzw. Fähigkeit größtenteils vorhanden	2
selbstständig bzw. Fähigkeit vorhanden/unbeeinträchtigt	3

Feststellung der Pflegebedürftigkeit in drei Schritten

Variante 2: Einschätzung Baby, Kind als überwiegend unselbstständig bzw. Fähigkeit in geringem Maße vorhanden

Altersentsprechend entwickeltes Baby, Kind	Punkte
unselbstständig bzw. Fähigkeit nicht vorhanden	0
überwiegend unselbstständig bzw. Fähigkeit in geringem Maße vorhanden	0
überwiegend selbstständig bzw. Fähigkeit größtenteils vorhanden	1
selbstständig bzw. Fähigkeit vorhanden/unbeeinträchtigt	2

Variante 3: Einschätzung Baby, Kind als überwiegend selbstständig bzw. Fähigkeit größtenteils vorhanden

Altersentsprechend entwickeltes Baby, Kind	Punkte
unselbstständig bzw. Fähigkeit nicht vorhanden	0
überwiegend unselbstständig bzw. Fähigkeit in geringem Maße vorhanden	0
überwiegend selbstständig bzw. Fähigkeit größtenteils vorhanden	0
selbstständig bzw. Fähigkeit vorhanden/unbeeinträchtigt	1

Variante 4: Einschätzung Baby, Kind als selbstständig bzw. Fähigkeit vorhanden/unbeeinträchtigt

Altersentsprechend entwickeltes Baby, Kind	Punkte
unselbstständig bzw. Fähigkeit nicht vorhanden	0
überwiegend unselbstständig bzw. Fähigkeit in geringem Maße vorhanden	0
überwiegend selbstständig bzw. Fähigkeit größtenteils vorhanden	0
selbstständig bzw. Fähigkeit vorhanden/unbeeinträchtigt	0

Schritt 2: Zusammenrechnen der Einzelpunkte und Gewichtung

Bei der Bewertung der Einschätzungsergebnisse anhand der vier möglichen Varianten ist zu beachten, dass das Kriterium „Essen" (Ziff. 4.8) einer Dreifachbewertung (0, 3, 6, 9), die Kriterien „Trinken" (Ziff. 4.9) und „Benutzen einer Toilette oder eines Toilettenstuhls" (Ziff. 4.10) einer Doppelbewertung (0, 2, 4, 6) und das Kriterium „Ernährung parenteral oder über Sonde" (Ziff. 3.13) einer anderen Bewertung unterliegt. Diese Bewertungen gelten auch für Babys und Kinder unter 11 Jahren, sodass sie entsprechend anzuwenden sind.

Beispiel am Kriterium Umsetzen – Ziffer 1.3

Vergleich zu altersentsprechend entwickelten Babys und Kindern unter 11 Jahren am Beispiel des Kriteriums Umsetzen (Ziff. 1.3)

unselbstständig unter 8 Monaten	überwiegend unselbstständig von 8 Monaten bis unter 9 Monate	überwiegend selbstständig von 9 Monaten bis unter 11 Monate	Selbstständig ab 11 Monaten

6 Jahre altes Kind ist als unselbstständig einzuschätzen, weil es von der Pflegeperson z. B. durch Heben oder Tragen umgesetzt werden muss.

Ergebnis: Nach Variante 1 der Punktebewertung ist das Kriterium beim zu beurteilenden Kind im Vergleich zu einem altersentsprechend entwickelten Kind mit 3 Punkten zu bewerten.

Schritt 2: Zusammenrechnen der Einzelpunkte und Gewichtung

Die einzelnen Punkte der jeweiligen Module werden in einem zweiten Schritt zusammengerechnet und nach der Anlage 2 zu § 15 SGB XI gewichtet (vgl. auch § 15 Abs. 2 SGB XI), um sie anschließend zu einem Gesamtwert zu addieren. Dabei ist zu beachten, dass die sechs Module mit einer unterschiedlichen Gewichtung in die Berechnung des Gesamtwertes einfließen.

Das Modul 1 fließt in die Berechnung des Gesamtwertes aller sechs Module mit einer Gewichtung von 10 Prozent ein. Dagegen

Feststellung der Pflegebedürftigkeit in drei Schritten

fließen die Module 2 und 3 mit einer Gewichtung von 15 Prozent in die Gesamtberechnung ein. Ausschlaggebend ist der höhere gewichtete Punktwert aus den Modulen 2 und 3. Dieser Punktwert fließt in die Berechnung des Gesamtwertes der Module ein. Zum Beispiel beträgt die Summe der Punkte im Modul 2 insgesamt 14, also ergibt sich ein gewichteter Punktwert von 11,25 und im Modul 3 sind es 4 Punkte, die einen gewichteten Punktwert von 7,5 ergeben. Somit fließen 11,25 gewichtete Punkte in den Gesamtwert ein (siehe dazu näher die folgende Übersicht). Mit einer Gewichtung von 40 Prozent fließt das Modul 4 in die Berechnung des Gesamtwertes aller sechs Module ein. Es nimmt damit den größten Anteil der Module am Ergebnis und folglich an der Bestimmung des Ausmaßes der Pflegebedürftigkeit ein. Ferner fließt das Modul 5 mit einer Gewichtung von 20 Prozent und das Modul 6 mit einer Gewichtung von 15 Prozent in den Gesamtpunktwert der Module 1 bis 6 ein. Dazu folgende Übersicht (vgl. Anlage 2 zu § 15 SGB XI):

Schweregrad der Beeinträchtigungen der Selbstständigkeit oder der Fähigkeiten						
Modul		0 Keine	1 Geringe	2 Erhebliche	3 Schwere	4 Schwerste
1	Punkte	0–1	2–3	4–5	6–9	10–15
	Gewichtete Punkte	0	2,5	5	7,5	10
2	Punkte	0–1	2–5	6–10	11–16	17–33
3	Punkte	0	1–2	3–4	5–6	7–65
	Gewichtete Punkte	0	3,75	7,5	11,25	15
		Höchster Wert aus Modul 2 oder 3 wird berücksichtigt				
4	Punkte	0–2	3–7	8–18	19–36	37–54
	Gewichtete Punkte	0	10	20	30	40
5	Punkte	0	1	2–3	4–5	6–15
	Gewichtete Punkte	0	5	10	15	20
6	Punkte	0	1–3	4–6	7–11	12–18
	Gewichtete Punkte	0	3,75	7,5	11,25	15
Zusammenrechnen der gewichteten Punkte der Module						

Schritt 3: Zuordnung in den Pflegegrad

Im dritten Schritt wird das Gesamtergebnis der gewichteten Punkte dem jeweiligen Pflegegrad nach § 15 Abs. 3 SGB XI bzw. nach § 15 Abs. 7 SGB XI bei Kindern im Alter bis zu 18 Monaten zugeordnet.

Pflegegrad bei Kindern ab dem 19. Lebensmonat und bei Erwachsenen

Die Zuordnung der gewichteten Gesamtpunkte bei Kindern ab dem 19. Lebensmonat und bei Erwachsenen richtet sich gemäß § 15 Abs. 3 SGB XI nach der folgenden Tabelle:

Pflegegrad	Einstufung der Beeinträchtigung	Gesamtpunkte
Pflegegrad 1	geringe Beeinträchtigungen der Selbstständigkeit oder der Fähigkeiten	ab 12,5 bis unter 27
Pflegegrad 2	erhebliche Beeinträchtigungen der Selbstständigkeit oder der Fähigkeiten	ab 27 bis unter 47,5
Pflegegrad 3	schwere Beeinträchtigungen der Selbstständigkeit oder der Fähigkeiten	ab 47,5 bis unter 70
Pflegegrad 4	schwerste Beeinträchtigungen der Selbstständigkeit oder der Fähigkeiten	ab 70 bis unter 90
Pflegegrad 5	schwerste Beeinträchtigungen der Selbstständigkeit oder der Fähigkeiten mit besonderen Anforderungen an die pflegerische Versorgung	ab 90 bis 100

Feststellung der Pflegebedürftigkeit in drei Schritten

Bei der Zuordnung in den Pflegegrad 5 sind nach § 15 Abs. 4 SGB XI zusätzlich besondere Bedarfskonstellationen, die einen spezifischen, außergewöhnlich hohen Hilfebedarf mit besonderen Anforderungen an die pflegerische Versorgung aufweisen, zu berücksichtigen. Diese Fälle können dem Pflegegrad 5 zugeordnet werden, selbst wenn bei der Berechnung der Gesamtpunkte das Ergebnis unter 90 Punkte liegt. Eine besondere Bedarfskonstellation ist unabhängig vom Alter zu beurteilen und ist bei Pflegebedürftigen zum Beispiel gegeben, wenn beide Arme und beide Beine gebrauchsunfähig sind. Dies kann bei Kindern mit Missbildungssyndromen oder bei Pflegebedürftigen, die sich zum Beispiel im Wachkoma befinden oder hochgradige Kontrakturen oder Versteifungen aufweisen, der Fall sein. Eine vollständige Bewegungsunfähigkeit der Arme und Beine muss aber nicht vorliegen. Vielmehr kann beim Merkmal der Gebrauchsunfähigkeit zum Beispiel noch eine minimale Restbeweglichkeit der Arme vorhanden sein, die die Bedienung eines Joysticks an einem Rollstuhl zulässt. Auch unkontrollierbare Greifreflexe des Pflegebedürftigen schließen das Vorliegen der Gebrauchsunfähigkeit beider Arme und beider Beine nicht aus (vgl. BRi-2017, Seite 41 f.).

Zur Darstellung der Bestimmung des Pflegegrades bei Kindern ab dem 19. Lebensmonat und bei Erwachsenen folgendes Beispiel. Die erreichten Punkte der einzelnen Module sind in die Tabelle bereits eingetragen und gewichtet. Es ergibt sich eine gewichte Gesamtpunktzahl von 66,25. Diese Gesamtpunktzahl entspricht dem Pflegegrad 3. Eine besondere Bedarfskonstellation nach § 15 Abs. 4 SGB XI liegt nicht vor.

Schritt 3: Zuordnung in den Pflegegrad

Beispiel zur Bestimmung des Pflegegrades bei Kindern ab dem 19. Lebensmonat und bei Erwachsenen

Modul		0 Keine	1 Geringe	2 Erhebliche	3 Schwere	4 Schwerste	gewichtete Punkte
1	Punkte	0–1	**3** 2–3	4–5	6–9	10–15	
	gewichtete Punkte	0	**2,5**	5	7,5	10	**2,5**
2	Punkte	0–1	2–5	**7** 6–10	11–16	17–33	
3	Punkte	0	1–2	3–4	**5** 5–6	7–65	
	gewichtete Punkte	0	3,75	7,5	**11,25**	15	**11,25**
		Höchster Wert aus Modul 2 oder 3 wird berücksichtigt					
4	Punkte	0–2	3–7	8–18	**20** 19–36	37–54	
	gewichtete Punkte	0	10	20	**30**	40	**30**
5	Punkte	0	1	2–3	**4** 4–5	6–15	
	gewichtete Punkte	0	5	10	**15**	20	**15**
6	Punkte	0	1–3	**5** 4–6	7–11	12–18	
	gewichtete Punkte	0	3,75	**7,5**	11,25	15	**7,5**
Ergebnis							**66,25**
Pflegegrad Kinder ab dem 19. Lebensmonat und Erwachsene							**3**

Feststellung der Pflegebedürftigkeit in drei Schritten

Besonderheiten der Zuordnung des Pflegegrades bei Babys und Kindern bis zu 18 Monaten

Bei pflegebedürftigen Babys und Kindern im Alter bis zu 18 Monaten gelten bei der Zuordnung in die Pflegegrade nach § 15 Abs. 7 SGB XI folgende Besonderheiten:

Pflegegrad	Einstufung der Beeinträchtigung	Gesamtpunkte
Pflegegrad 2	erhebliche Beeinträchtigungen der Selbstständigkeit oder der Fähigkeiten	ab 12,5 bis unter 27
Pflegegrad 3	schwere Beeinträchtigungen der Selbstständigkeit oder der Fähigkeiten	ab 27 bis unter 47,5
Pflegegrad 4	schwerste Beeinträchtigungen der Selbstständigkeit oder der Fähigkeiten	ab 47,5 bis unter 70
Pflegegrad 5	schwerste Beeinträchtigungen der Selbstständigkeit oder der Fähigkeiten mit besonderen Anforderungen an die pflegeri-sche Versorgung	ab 70 bis 100

Das Auslassen des Pflegegrades 1, die regelhaft höhere Einstufung und die Erweiterung des Pflegegrades 5 bei der Einstufung von Babys und Kindern bis zu 18 Monate lassen sich damit begründen, dass auch altersentsprechend entwickelte Kinder von Natur aus sehr unselbstständig sind und sich ihre kognitiven und kommunikativen Fähigkeiten erst entwickeln. Unter diesen Voraussetzungen würden sie ohne die Einstufung nach § 15 Abs. 7 SGB XI grundsätzlich keine oder nur sehr niedrige Pflegegrade erreichen. Weiterhin gilt auch hier, dass bei Vorliegen einer besonderen Bedarfskonstellation im Sinne des § 15 Abs. 4 SGB XI (siehe vorheriger Abschnitt) bei einer Gesamtpunktzahl unter 70 der Pflegegrad 5 in Betracht kommt.

Schritt 3: Zuordnung in den Pflegegrad

Praxis-Tipp: Achtung Widerspruchsgrund

Nach den für alle Gutachter bindenden Begutachtungsrichtlinien sollen bei Babys und Kindern bis zu 18 Monaten nur die altersunabhängigen Module 3 und 5 sowie das Kriterium 4.K an Stelle des Moduls 4 bei der Feststellung der Pflegebedürftigkeit geprüft werden. Die Module 1, 2 und 6 sollen bei Babys und Kindern bis zu 18 Monaten vollständig wegfallen (vgl. BRi-2017, Seite 119 f., 130, 165; Rundschreiben-2017, Seite 49).

Dies wird damit begründet, dass bei ihnen eine besonders hohe altersentsprechende Unselbstständigkeit auftritt und kognitive und kommunikative Fähigkeiten meist nicht vorhanden sind, sodass letztlich keine Punktebewertung zu erwarten ist.

Dies mag zwar zum Teil zutreffen, entspricht aber bereits nicht den oben dargestellten Tabellen zur Abbildung der altersentsprechenden Selbstständigkeit bzw. altersentsprechenden Ausprägung von Fähigkeiten von Babys und Kindern unter 11 Jahren (vgl. BRi-2017, Seite 121 ff.). So ist es etwa nach der Tabelle zu Modul 1 ohne weiteres möglich, dass zum Beispiel ein völlig unselbstständiges Kind mit 17 Monaten bei den Kriterien 1.1 „Positionswechsel im Bett", 1.2 „Halten einer Sitzposition", 1.3 „Umsetzen" jeweils 3 Punkte, beim Kriterium 1.4 „Fortbewegen innerhalb des Wohnbereichs" 2 Punkte und bei Kriterium 1.5 „Treppensteigen" 1 Punkt, insgesamt also 12 Punkte erlangen kann. Dies entspricht nach der Anlage 2 zu § 15 SGB XI einem gewichteten Punktwert von 10. Diese volle Punktzahl würde dem betroffenen 17 Monate alten Kind verloren gehen (siehe dazu auch folgendes Beispiel zur Pflegegradbestimmung). Eine gesetzliche Regelung für eine Einschränkung der Modulprüfung existiert außerdem nur für das Modul 4 hinsichtlich des Kriteriums 4.K (vgl. § 15 Abs. 6 SGB XI, Anlage 1 zu § 15 SGB XI).

Es empfiehlt sich daher das Gutachten des MDK oder des gesondert beauftragten Gutachters nach vermeintlichen Einschränkungen bei der Prüfung der Module zu überprüfen und ggf. Widerspruch einzulegen.

Feststellung der Pflegebedürftigkeit in drei Schritten

Eine Wiederholungsbegutachtung von Babys oder Kindern bis zum 18. Lebensmonat wird grundsätzlich nur dann durchgeführt, wenn ein Höherstufungsantrag gestellt wird oder eine wesentliche Änderung der Pflegebedürftigkeit, zum Beispiel durch eine positiv verlaufende Operation, vorliegt. Somit verbleibt das Baby bzw. das Kind bis zu diesem Zeitpunkt in dem zuvor bestimmten Pflegegrad. Dies macht Sinn, da aufgrund der schnellen Veränderungen in der altersentsprechenden Entwicklung immer wieder eine neue Begutachtung durchgeführt werden müsste. Ab dem 19. Lebensmonat findet automatisch eine normale Einstufung des Kindes nach § 15 Abs. 3 SGB XI (siehe oben) statt. Einer erneuten Begutachtung bedarf es dazu nicht. Häufig wird aber die Neueinordnung zu einer Herabstufung des Pflegegrades führen. Es empfiehlt sich daher anhand der einzelnen Module 1 bis 6 und der Besonderheiten bei Kindern zu prüfen, ob eine neue Begutachtung sinnvoll ist.

Zur Bestimmung des Pflegegrades bei Babys und Kindern bis zu 18 Monaten folgendes Beispiel:

Beispiel:

Das 17 Monate alte Kind A ist unselbstständig und Fähigkeiten sind nicht vorhanden. Es bekommt keine Medikamente. Auch eine spezielle Diät muss nicht eingehalten werden. Ferner liegt eine tägliche nächtliche Unruhe vor und es gibt Probleme bei der Nahrungsaufnahme im Sinne des Kriteriums 4.K. Zu Hause werden Therapiemaßnahmen in Form von zweimal pro Tag krankengymnastischen Übungen (Bobath) und einmal pro Tag logopädischen Übungen durchgeführt. Zudem muss das Kind einmal monatlich zum Arzt und besucht wöchentlich zweimal die Physiotherapie und einmal wöchentlich den Logopäden jeweils unter drei Stunden. Schließlich besucht A einmal wöchentlich die Frühförderung.

Die sich insgesamt daraus ergebenen Punkte der einzelnen Module sind in der Tabelle bereits eingetragen und gewichtet. Es ergibt sich eine gewichtete Gesamtpunktzahl von 73,75 (siehe dazu auch nachfolgende Beispielstabelle). Diese Gesamtpunktzahl entspricht dem Pflegegrad 5. Eine besondere Bedarfskonstellation nach § 15 Abs. 4 SGB XI liegt nicht vor.

Schritt 3: Zuordnung in den Pflegegrad

Beispiel zur Bestimmung des Pflegegrades bei Babys und Kindern bis zu 18 Monaten

Modul		0 Keine	1 Geringe	2 Erhebliche	3 Schwere	4 Schwerste	gewichtete Punkte
1	Punkte	0–1	2–3	4–5	6–9	**12** 10–15	
	gewichtete Punkte	0	2,5	5	7,5	**10**	**10**
2	Punkte	0–1	2–5	6–10	**12** 11–16	17–33	
3	Punkte	0	1–2	3–4	**5** 5–6	7–65	
	gewichtete Punkte	0	3,75	7,5	**11,25**	15	**11,25**
		Höchster Wert aus Modul 2 oder 3 wird berücksichtigt					
4	Punkte	0–2	3–7	8–18	**20** 19–36	37–54	
	gewichtete Punkte	0	10	20	**30**	40	**30**
5	Punkte	0	1	2–3	**5** 4–5	6–15	
	gewichtete Punkte	0	5	10	**15**	20	**15**
6	Punkte	0	1–3	**6** 4–6	7–11	12–18	
	gewichtete Punkte	0	3,75	**7,5**	11,25	15	**7,5**
Ergebnis							**73,75**
Pflegegrad bei Babys und Kindern bis zu 18 Monaten							**5**

Haushaltsführung als zusätzliche Informationsquelle

Neben den Modulen 1 bis 6 werden die Beeinträchtigungen der Selbstständigkeit oder der Fähigkeiten bei der Haushaltsführung festgestellt. Die Haushaltsführung wird in zwei Bereiche, die „Außerhäuslichen Aktivitäten" (Modul 7) und die „Haushaltsführung" (Modul 8), eingeteilt (vgl. Rundschreiben-2017, Seite 32). Diese beiden Module fließen nicht in die Ermittlung des Pflegegrades ein. Durch die Fragen zu diesen beiden Bereichen sollen weitere Informationen gesammelt werden, die für eine umfassende Pflegeberatung nach § 7a SGB XI (siehe näher oben unter „Information und Beratung über die Leistungen", Seite 16) und den Leistungsumfang der Hilfen bei der Haushaltsführung nach § 36 SGB XI (siehe „Pflegesachleistungen nach § 36 SGB XI", Seite 138) wichtig sein können.

Defizite bei der Haushaltsführung fließen bereits in die Module 1 bis 6 ein. So führt zum Beispiel eine Einschränkung der Mobilität (Modul 1) grundsätzlich auch zu einer Beeinträchtigung etwa beim Verlassen der Wohnung (Bereich „Außerhäusliche Aktivitäten") oder dem Einkaufen (Bereich „Haushaltsführung"). Daher findet zur Vermeidung einer doppelten Berücksichtigung in diesen Bereichen keine Bewertung zur Bestimmung des Pflegegrades statt.

> **Beachte: Eingeschränkte Prüfung bei Babys und Kindern**
>
> Die Feststellung der außerhäuslichen Aktivitäten wird bei Babys und Kindern unter 3 Jahren nicht geprüft. Ab 3 Jahren wird nur danach gefragt, ob das Kind die jeweilige Aktivität durchführen kann. Ein Vergleich der Beeinträchtigungen der Selbstständigkeit mit einem altersentsprechend entwickelten Kind findet nicht statt. Auch körperliche oder geistige Beeinträchtigungen sind unerheblich (vgl. BRi-2017, Seite 167). Eine Prüfung des Bereiches „Haushaltsführung" ist bei Babys und Kindern unter 18 Jahren nicht vorgesehen (BRi-2017, Seite 170).

Außerhäusliche Aktivitäten

Die Einschätzung der Selbstständigkeit im Bereich „Außerhäusliche Aktivitäten" wird anhand folgender Kriterien durchgeführt (vgl. § 18 Abs. 5a SGB XI; BRi-2017, Seite 88 ff.):

- Verlassen des Bereichs der Wohnung oder der Einrichtung, zum Beispiel ohne Begleitung von den Wohnräumen bis vor das Haus
- Fortbewegen außerhalb der Wohnung oder der Einrichtung innerhalb eines Bewegungsradius von ca. 500 Metern, zum Beispiel für einen Spaziergang oder den Besuch nahegelegener Geschäfte auch mit Hilfsmitteln wie einem Gehstock, Rollator oder Rollstuhl
- Nutzung öffentlicher Verkehrsmittel im Nahverkehr, wie das Einsteigen in einen Bus oder eine Straßenbahn und das Aussteigen aus diesen Verkehrsmitteln an der richtigen Haltestelle
- Mitfahren in einem Kraftfahrzeug, zum Beispiel das eigenständige Ein- und Aussteigen in das Auto und selbstständige Mitfahren ohne zusätzliche Betreuung
- Teilnahme an kulturellen, religiösen oder sportlichen Veranstaltungen, wie zum Beispiel Theater, Konzert oder Gottesdienst ohne Begleitung und über die gesamte Dauer der Veranstaltung
- Besuch von Schule, Kindergarten, Arbeitsplatz, einer Werkstatt für behinderte Menschen oder einer Einrichtung der Tages- und Nachtpflege oder eines Tagesbetreuungsangebotes
- Teilnahme an sonstigen Aktivitäten mit anderen Menschen, wie zum Beispiel Besuche bei Freunden, Bekannten oder Verwandten sowie Teilnahme am Vereinsleben.

Haushaltsführung

Die Selbstständigkeit der betroffenen Person wird im Bereich der „Haushaltsführung" bei folgenden Kriterien geprüft (vgl. § 18 Abs. 5a SGB XI; BRi-2017, Seite 91 ff.):

Feststellung der Pflegebedürftigkeit in drei Schritten

- Einkaufen für den täglichen Bedarf, wie zum Beispiel Lebensmittel, Kleidung oder die tägliche Zeitung

- Zubereiten einfacher Mahlzeiten, etwa von kleineren Speisen unter Benutzung des Herds, Backofens oder der Mikrowelle

- Einfache Aufräum- und Reinigungsarbeiten, wie Staubwischen, den Tisch decken und abräumen und das anschließende Spülen des Geschirrs

- Aufwändige Aufräum- und Reinigungsarbeiten einschließlich Wäschepflege, wie beispielsweise Boden wischen, Staubsaugen, Fenster putzen und Wäsche waschen

- Nutzung von Dienstleistungen organisieren und steuern, zum Beispiel die Leistungen des Pflegedienstes, Essen auf Rädern, Friseur oder Haushaltshilfen

- Umgang mit finanziellen Angelegenheiten, wie zum Beispiel das Führen eines Girokontos, die Überweisung von Geldbeträgen auf ein anderes Konto zur Bezahlung einer Rechnung oder die Verwaltung von Bargeld

- Umgang mit Behördenangelegenheiten, wie das Stellen von Anträgen und die Beantwortung von Behördenschreiben.

Begutachtung durch den MDK oder einen beauftragten Gutachter

Verbindliche Regeln für das Feststellungsverfahren 114

Ankündigung des Begutachtungstermins 116

Der Begutachtungstermin steht an – Vorbereitung
gibt Sicherheit 117

Soll man eine Pflegedokumentation machen? 119

Die Begutachtung 120

Ergebnis der Begutachtung 124

Höherstufung und Abstufung 128

Wechsel der Pflegekasse und Auswirkungen
auf das Gutachten 129

Verbindliche Regeln für das Feststellungsverfahren

Das Verfahren zur Feststellung der Pflegebedürftigkeit ist in den Begutachtungsrichtlinien vom 15.04.2016 (BRi-2017) verbindlich geregelt. Sie gelten unabhängig von der Zugehörigkeit zu einer Pflegekasse bei der Begutachtung durch den Medizinischen Dienst der Krankenkassen (MDK) oder durch einen von der Pflegekasse beauftragten Gutachter. Dabei nimmt der MDK eine Sonderrolle ein. Die gutachterliche Feststellung der Pflegebedürftigkeit und des Pflegegrades sind zentrale Aufgaben des MDK. Nur in Ausnahmefällen werden etwa zur Bewältigung von Antragsspitzen externe Gutachter für diese Aufgaben beauftragt.

Der MDK oder der externe Gutachter soll innerhalb von 20 Arbeitstagen (Montag bis Freitag) ab Antragstellung eine Begutachtung vornehmen. Ist in diesen 20 Arbeitstagen keine Begutachtung erfolgt, sind dem Antragsteller durch die Pflegekasse mindestens drei unabhängige Gutachter vorzuschlagen, aus denen er wählen kann (vgl. § 18 Abs. 3a SGB XI). Dies gilt jedoch nicht, wenn zum Beispiel ein Termin zwischen dem Antragsteller und dem MDK oder dem beauftragten Gutachter nicht zustande gekommen ist. In diesem Fall hat die Pflegekasse die Verzögerung nicht zu vertreten und muss keinen neuen Gutachter beauftragen.

> **Beachte: Übergangsregelung im Begutachtungsverfahren**
>
> Es wird erwartet, dass es in der Phase der Umstellung vom alten auf das neue Begutachtungsverfahren vermehrt zu Begutachtungen kommen wird. Daher wird die Regelung des § 18 Abs. 3a SGB XI für den Zeitraum vom 01.01.2017 bis 31.12.2017 dahingehend modifiziert, dass dem Antragsteller nur dann drei unabhängige Gutachter zur Auswahl benannt werden sollen, wenn ein besonders dringlicher Entscheidungsbedarf besteht und innerhalb von 20 Arbeitstagen nach Antragstellung keine Begutachtung erfolgt ist (vgl. § 142 Abs. 3 SGB XI). Ein besonders dringlicher Entscheidungsbedarf besteht nur, wenn ein Erstantrag auf Pflegesachleistungen nach § 36 SGB XI oder auf vollstationäre Pflege nach § 43 SGB XI gestellt wurde. Die Erstbeantragung

Verbindliche Regeln für das Feststellungsverfahren

> etwa von Pflegegeld nach § 37 SGB XI oder Kombinationsleistungen nach § 38 SGB XI begründen keinen besonders dringlichen Entscheidungsfall (vgl. Rundschreiben-2017, Seite 64.)

Die Frist von 20 Arbeitstagen für die Begutachtung kann nach § 18 Abs. 3 SGB XI auch kürzer sein. Befindet sich zum Beispiel der Pflegebedürftige im Krankenhaus oder in einer stationären Rehabilitationseinrichtung und

- liegen Hinweise vor, dass eine Begutachtung in der Einrichtung zur Sicherstellung der ambulanten oder stationären Weiterversorgung und Betreuung erfolgen muss, oder
- wurde Pflegezeit nach dem Pflegezeitgesetz gegenüber dem Arbeitgeber der Pflegeperson angekündigt bzw. Familienpflegezeit nach § 2 Abs. 1 Familienpflegezeitgesetz mit dem Arbeitgeber der Pflegeperson vereinbart,

so ist die Begutachtung dort unverzüglich, spätestens innerhalb einer Woche nach Eingang des Antrags bei der Pflegekasse durchzuführen (sog. Eilbegutachtung). Dies soll einen reibungslosen Übergang der einzelnen Phasen etwa aus einer stationären Behandlung in einem Krankenhaus in eine häusliche Pflege oder Kurzzeitpflege gewährleisten. Die Wochenfrist gilt auch für den Fall, dass sich der Antragsteller in einem Hospiz befindet oder ambulant palliativ versorgt wird.

Außerdem gilt eine verkürzte Begutachtungsfrist von zwei Wochen, wenn

- der Antragsteller im häuslichen Umfeld gepflegt wird, ohne palliativ versorgt zu werden und
- die Inanspruchnahme von Pflegezeit nach dem Pflegezeitgesetz gegenüber dem Arbeitgeber der pflegenden Person angekündigt oder mit dem Arbeitgeber der Pflegeperson eine Familienpflegezeit nach § 2 Abs. 1 des Familienpflegezeitgesetzes vereinbart wurde (vgl. § 18 Abs. 3 Satz 5 SGB XI).

Bei der verkürzten Begutachtungsfrist von einer oder zwei Wochen muss die Empfehlung des MDK oder des beauftragten

Gutachters nur eine Aussage darüber treffen, ob überhaupt eine Pflegebedürftigkeit vorliegt und wenn ja, ob mindestens der Pflegegrad 2 erfüllt ist. Eine abschließende Beurteilung, insbesondere welcher Pflegegrad vorliegt, wird nachgeholt.

Nach § 18 Abs. 2 SGB XI soll die Begutachtung im Wohnbereich des Antragstellers erfolgen. Dazu muss der Antragsteller sein Einverständnis erklären. Wird die Einwilligung nicht gegeben, kann die Pflegekasse die beantragten Leistungen verweigern (vgl. § 18 Abs. 2 Satz 2 SGB XI siehe auch §§ 62, 66 SGB I und oben unter „Mitwirkungspflichten des Pflegebedürftigen", Seite 22). Dies gilt jedoch nur hinsichtlich der beantragten Leistungen. Hat der Pflegebedürftige eine Höherstufung des Pflegegrades beantragt und verweigert eine Begutachtung zu Hause, dann zählt weiterhin der anerkannte, niedrigere Pflegegrad. Eine Ausnahme besteht nur für den Fall, dass nunmehr auch Zweifel über das Fortbestehen dieses Pflegegrades bestehen.

In wenigen Fällen ist es auch möglich, dass das Gutachten nach Aktenlage erfolgt. Dies ist zum Beispiel der Fall, wenn eine persönliche Begutachtung

- nicht möglich ist, weil etwa der Antragsteller vorher verstorben ist (auch dann wird das Antrags- und Begutachtungsverfahren fortgeführt, um das Verfahren ordnungsgemäß zu beenden!),
- unzumutbar ist, zum Beispiel bei stationärer Hospizversorgung oder ambulanter Palliativpflege,
- unnötig ist, weil sich bereits aus der Aktenlage eindeutig ergibt, dass zum Beispiel die Voraussetzungen des beantragten Pflegegrades erfüllt sind.

Ankündigung des Begutachtungstermins

Der Begutachtungstermin wird in der Regel schriftlich durch den MDK oder den beauftragten Gutachter mitgeteilt. Sollte dieser Termin nicht passen, kann telefonisch ein anderer Zeitpunkt ausgemacht werden. Die dadurch entstehende Verzögerung wird in diesem Fall aber nicht dem MDK und damit der Pflegekasse zugerechnet, sodass mögliche Fristen gewahrt bleiben.

In dem Schreiben zum Begutachtungstermin sind neben dem Datum, der Uhrzeit und der voraussichtlichen Dauer auch der Name und die berufliche Qualifikation des Gutachters anzugeben. Außerdem enthält die Mitteilung den Grund und die Art der Begutachtung, sodass der Antragsteller ausreichend Zeit hat, sich auf den Termin vorzubereiten und die gewünschten Unterlagen, wie zum Beispiel ärztliche Berichte und Gutachten oder Bescheide von anderen Sozialträgern, bereitzulegen (vgl. BRi-2017, Seite 17).

> **Praxis-Tipp: Besonders geschulte Gutachter für Kinder**
>
> Die Nennung des Namens und der beruflichen Qualifikation ist insbesondere bei der Feststellung der Pflegebedürftigkeit von Babys und Kindern wichtig. Nach § 18 Abs. 7 SGB XI soll ihre Begutachtung grundsätzlich durch besonders geschulte Gutachter mit einer Qualifikation als Gesundheits- und Kinderkrankenpfleger oder Kinderarzt vorgenommen werden. Haken Sie hier bei der Kasse nach, wenn diese Voraussetzungen nicht gegeben sind.

Der Begutachtungstermin steht an – Vorbereitung gibt Sicherheit

Oft verlaufen Begutachtungstermine nicht so, wie sich der Antragsteller das vorgestellt hat. Dies liegt aber nicht etwa daran, dass der MDK oder der beauftragte Gutachter für die Pflegekasse Geld sparen soll, sondern dass Leistungen teilweise viel zu früh beantragt werden, obwohl zum Beispiel kein Hilfebedarf im Sinne der Pflegebedürftigkeit nach §§ 14 f. SGB XI besteht. Außerdem kommt es häufig vor, dass es verpasst wurde, sich anhand der Leistungsvoraussetzungen der Pflegeversicherung auf den Begutachtungstermin vorzubereiten. So denken manche Antragsteller, dass ihnen der Anspruch bedingungslos zusteht und erwarten, dass der Gutachter dies schon erkennen wird. Sie verhalten sich im Gespräch dementsprechend und sind meist aufbrausend oder sehr zurückhaltend. Ferner stellt man vielfach fest, dass die Antragsteller oder die Angehörigen lieber darüber reden möchten, was der Pflegebedürftige alles kann, anstatt etwa darauf hinzuweisen, dass Beeinträchtigungen der Selbstständigkeit und der kognitiven und kommunikativen Fähigkeiten vorhanden sind. Gerade bei jungen Eltern überwiegt die Freude mitzuteilen, welche Fortschritte das Kind gemacht hat. Dies ist verständlich, aber darum geht es nicht allein. Hier gibt es einfach Wissenslücken über die Voraussetzungen der Pflegebedürftigkeit. Bei älteren Menschen ist ein ähnliches Verhalten festzustellen. Sie trauen sich aus Scham nicht, einem Fremden ihre Hilfsbedürftigkeit zu zeigen. Vielmehr versuchen sie sich so gut wie möglich, auch unter Schmerzen, „zu präsentieren" und schaffen Sachen, die ihnen sonst sehr schwer fallen würden. Zudem werden gern Aussagen getroffen, wie „Das konnte ich gestern noch, ich bin wohl ein bisschen aufgeregt." oder „Ich mache das sonst immer allein." Dahinter steckt immer das Gefühl, nicht mehr gut oder fit genug zu sein. Man ist halt alt. Der Pflegebedürftige sollte sich aber immer bewusst sein, dass ihm das nicht weiterhilft und der Antrag deshalb abgelehnt werden kann.

Es ist daher wichtig, sich alleine oder mit der Pflegeperson (zum Beispiel einem Angehörigen), einem Mitarbeiter des Pflegedienstes oder einem Pflegeberater auf den Begutachtungstermin vorzubereiten. Dabei kann der Abschnitt „Feststellung der Pflegebedürftigkeit in drei Schritten" weiterhelfen. Dadurch wird es ermöglicht, sich überhaupt mit den Kriterien, der Punktevergabe und der Einordnung in den Pflegegrad zu befassen. Allein Gespräch hilft, die Begutachtungssituation, die von vielen als unangenehme Prüfungssituation empfunden wird, zu meistern.

Praxis-Tipp: Schweigepflicht des Gutachters

Der Gutachter sieht jeden Tag ähnliche Fälle. Er denkt bestimmt nicht schlecht über den Antragsteller, nur weil er zum Beispiel einen Pflegegrad beantragt hat. Die Begutachtung ist letztlich nur ein Teil des Verfahrens auf dem Weg zu den Leistungen der Pflegeversicherung. Mehr nicht! Er ist außerdem zum Schweigen gegenüber Dritten verpflichtet. Das persönliche Umfeld des Antragstellers wird daher nichts von der Begutachtung erfahren, wenn er dies nicht möchte.

Soll man eine Pflegedokumentation machen?

Im Vorfeld der Begutachtung durch den MDK oder einen anderen beauftragten Gutachter wird dem Antragsteller seitens der Pflegekassen die Führung einer Pflegedokumentation (ein sogenanntes Pflegetagebuch) nahegelegt. Der Antragsteller steht daher häufig vor der Frage, ob für den gestellten Antrag als Nachweis tatsächlich eine Pflegedokumentation erforderlich ist. Die Frage ist nicht leicht zu beantworten. Die Pflegedokumentation ist gesetzlich nicht vorgeschrieben. Es besteht daher keine Verpflichtung dazu. Sie ist dennoch zu empfehlen. Allein durch die Pflegedokumentation ist es möglich, schon vor dem Antrag auf Feststellung der Pflegebedürftigkeit einzuschätzen, ob überhaupt ein Anspruch darauf besteht und welcher Pflegegrad zu erwarten ist. Zudem entscheidet letztlich die Begutachtung über den Anspruch auf Leistungen der Pflegeversicherung.

Bei der Vielfalt der unterschiedlichen Kriterien der Module 1 bis 6 ist es außerdem recht schwierig, ohne eine Pflegedokumentation auszukommen. Die dort genannten Kriterien sind häufig für viele Pflegebedürftige und Pflegepersonen bereits in den normalen Alltag übergegangen. Es werden zum Beispiel vom Familienangehörigen unbewusst

- jeden Tag die Sachen für den Ober- und Unterkörper hingelegt oder zum Anziehen gehalten, Knöpfe oder Reißverschlüsse geöffnet bzw. geschlossen oder die Schnürsenkel gebunden (siehe oben unter Modul 4 „An- und Auskleiden des Oberkörpers – Ziffer 4.5" und „An- und Auskleiden des Unterkörpers – Ziffer 4.6")
- bei jeder Mahlzeit etwa Brotscheiben, Brötchen, Äpfel oder andere Speisen zerteilt oder das Fleisch kleingeschnitten sowie die Getränkeflasche vor dem Eingießen geöffnet (siehe oben unter Modul 4 „Mundgerechtes Zubereiten der Nahrung und Eingießen von Getränken – Ziffer 4.7").

Diese Tätigkeiten des Familienangehörigen müssten in Bezug auf die Fähigkeiten des Pflegebedürftigen als „überwiegend selbstständig" bewertet werden (siehe Tabelle zum jeweiligen Kriterium im Kapitel 2). Da diese Aktivitäten aber bereits in den

Alltag übergegangen sind, kann es dazu führen, dass sie bei der Begutachtung nicht extra erwähnt werden, wenn nicht ausdrücklich danach gefragt wird. Die Pflegedokumentation ermöglicht es somit, den Pflegealltag des Pflegebedürftigen in der kurzen Zeit der Begutachtung dem Gutachter besser darzustellen und nachzuweisen. Sie dient dabei gleichzeitig auch der Selbstkontrolle während der Begutachtung, ob nicht etwas Wichtiges für die Feststellung der Pflegebedürftigkeit vergessen wurde.

Ausreichend erscheint uns die Führung der Pflegedokumentation über ein oder zwei Wochen, zum Beispiel anhand der obigen Ausführungen zu den Modulen 1 bis 6 sowie ggf. zu den Besonderheiten bei Babys und Kindern. Dies bietet sich deshalb an, weil dort alle relevanten Kriterien der Module mit ihren Inhalten in Tabellen dargestellt und zusätzlich eine Spalte zur Punktevergabe zum Ankreuzen bzw. Spalten zum Ausfüllen vorhanden sind.

Ob und inwieweit die Pflegedokumentation bei der Begutachtung vorgezeigt wird, ist jedem selbst überlassen. Eine Übergabe der Pflegedokumentation an den Gutachter ist jedenfalls nicht erforderlich.

Die Begutachtung

Die Begutachtung erfolgt in der Regel in einem persönlichen Gespräch im Wohnbereich des Pflegebedürftigen. Bei Antragstellern, die Leistungen der vollstationären Pflege in Anspruch nehmen wollen und deren Wohnung aufgelöst ist, findet die Begutachtung im stationären Bereich statt. Das Gutachten enthält insbesondere folgende Feststellungen bzw. Empfehlungen:

- Anlass des Antrags oder des Gutachtenauftrags
- pflegerelevante Vorgeschichte und derzeitige Versorgungssituation (z. B. zu vorhandenen Hilfsmitteln und Pflegehilfsmitteln sowie deren Nutzung)
- Einschätzung der Schwere der Beeinträchtigungen der Selbstständigkeit oder der Fähigkeiten in den Modulen 1 bis 6
- Vorliegen der Pflegebedürftigkeit und Zuordnung des Pflegegrades (§§ 14, 15 SGB XI)

Die Begutachtung

- Möglichkeit einer Befristung, wenn der Hilfebedarf für mindestens sechs Monate besteht, aber mit großer Wahrscheinlichkeit zu erwarten ist, dass sich der Hilfebedarf für den entsprechenden Pflegegrad verringert (z. B. durch therapeutische oder rehabilitative Maßnahmen)
- Umfang der Pflegetätigkeit der Pflegeperson(en) hinsichtlich der Leistungen zur sozialen Sicherung, wie zum Beispiel Renten- und Unfallversicherung (vgl. § 44 SGB XI, § 166 Abs. 2 SGB VI)
- Erhebung weiterer versorgungsrelevanter Informationen zu den außerhäuslichen Aktivitäten (Modul 7) und zur Haushaltsführung (Modul 8) und Empfehlung einer umfassenden Pflegeberatung nach § 7a SGB XI
- Prüfung hinsichtlich eines Rehabilitationspotenzials (vgl. § 18a SGB XI), zum Beispiel welche Leistungen zur medizinischen Rehabilitation sind geeignet, notwendig und zumutbar zur Beseitigung, Minderung oder Verhütung einer Verschlimmerung der Pflegebedürftigkeit
- notwendige Hilfs- und Pflegehilfsmittel sowie wohnumfeldverbessernde Maßnahmen (§ 33 SGB V, § 40 SGB XI)
- Heilmittel und andere therapeutische Maßnahmen zur Behandlung einer Krankheit
- Prognose über die weitere Entwicklung der Pflegebedürftigkeit
- Notwendigkeit sowie Zeitpunkt einer Wiederholungsbegutachtung
- Übermittlung des Gutachtens

Aus den vielfältigen zu treffenden Feststellungen und Empfehlungen ist bereits zu ersehen, wie schwierig es ist, in einem Gespräch, das im Regelfall eine, in „schweren" Fällen bis zu zwei Stunden dauern kann, alles Wesentliche zu besprechen. Eine gute Vorbereitung des Antragstellers und eine Unterstützung, zum Beispiel durch die Pflegeperson, können helfen, die Bewertung durch den Gutachter zu meistern. Dabei muss keine angespannte Atmosphäre herrschen, sondern es kann auch Kaffee oder Tee geben, so wie sich der Pflegebedürftige am wohlsten fühlt.

Begutachtung durch den MDK oder einen beauftragten Gutachter

> **Praxis-Tipp: Bereiten Sie das Gespräch vor**
>
> Der Gutachter füllt am Laptop ein Formular aus, das die oben genannten Punkte enthält. Dieses Formular arbeitet er Stück für Stück ab. Somit existiert bereits ein roter Faden für das Gespräch. Man sollte aber niemals seine eigene Pflegedokumentation vergessen. Die Pflegedokumentation sollte wie eine Strichliste abgehakt werden. Nur so erinnert man sich an alle Sachen, die zu sagen wären. Wenn an der Begutachtung neben dem Antragsteller auch die Pflegeperson bzw. ein Angehöriger teilnimmt, empfiehlt es sich im Vorfeld den Hauptansprechpartner auszuwählen. Nichts ist für den Gutachter störender, als wenn zwei Personen gleichzeitig auf ihn einreden und sich unter Umständen widersprechen.

Der Gutachter kann vor oder nach dem Termin von den behandelnden Ärzten Auskünfte oder Unterlagen, zum Beispiel zu den Vorerkrankungen sowie Art, Umfang und Dauer der Hilfsbedürftigkeit, einfordern. Es ist außerdem möglich, dass etwa die pflegenden Angehörigen, der Lebenspartner oder der Pflegedienst in die Begutachtung einbezogen und befragt werden. Dazu bedarf es aber einer Einwilligung des Antragstellers.

Wichtig: Bei einer Verweigerung der Einwilligung ist zu beachten, dass wegen einer fehlenden Mitwirkung der Antrag auch abgelehnt werden kann. Hier gilt es Fingerspitzengefühl zu bewahren.

Beim Gespräch mit dem Gutachter kann es vorkommen, dass der Antragsteller gebeten wird bestimmte Tests durchzuführen, wie zum Beispiel:

- die Hände hochhalten oder hinter dem Kopf verschränken
- den Pinzettengriff machen, d.h., der Daumen und der Zeigefinger werden zusammengedrückt, um auch kleinste Gegenstände zu greifen
- eine kleine Strecke von mindestens acht Metern in der Wohnung gehen.

Diese Tests haben das Ziel festzustellen, ob tatsächlich eine Beeinträchtigung der Selbstständigkeit vorliegt. So können das

Hochhalten der Hände oder hinter dem Kopf verschränken sowie der Pinzettengriff dafür sprechen, dass der Antragsteller sich alleine waschen, kämmen, an- und auskleiden oder Zähne putzen kann (vgl. „Modul 4 – Schritt 1: Zuordnung der Einzelpunkte", Seite 59). Das Gehen einer kleineren Strecke kann dahingehend gewertet werden, dass kein Hilfebedarf etwa beim Fortbewegen innerhalb des Wohnbereichs (vgl. „Fortbewegen innerhalb des Wohnbereichs – Ziffer 1.4", Seite 40) besteht. Daher ist es gut, zu wissen, dass der Pflegebedürftige zu solchen oder ähnlichen Tests aufgefordert werden kann. Wichtig ist es, dabei nicht zu schummeln, sondern auch zuzugeben, dass man diese Tätigkeit gut oder eben auch schlecht bzw. nur unter großen Schmerzen oder nur kurz erledigen kann; zum Beispiel, dass das Hochhalten der Hände oder der Pinzettengriff nur mit Schmerzen geht und deshalb nur kurz möglich ist. Ferner kann zum Gehen vorgebracht werden, dass in der Wohnung überall Schwellen oder Treppen vorhanden sind. Scheuen sollte man sich auch nicht, dem Gutachter die in Betracht kommenden Tätigkeiten zu zeigen. Es spricht nichts dagegen einfach aufzustehen und darzustellen, dass das Gehen einer längeren Distanz in der Wohnung nicht möglich ist.

Praxis-Tipp: Einschätzung des Alters des Kindes

Die Beurteilung bei Kindern ist recht schwierig. Gerade der Vergleich der Beeinträchtigungen der Selbstständigkeit und der kognitiven und kommunikativen Fähigkeiten des zu beurteilenden Babys oder Kindes mit altersentsprechend entwickelten Babys oder Kindern stellt eine große Herausforderung dar. Für Eltern oder Angehörige empfiehlt es sich daher, die oben dargestellten Tabellen zur Abbildung der altersentsprechenden Selbstständigkeit bzw. altersentsprechenden Ausprägung von Fähigkeiten von Babys und Kindern unter 11 Jahren für die Module 1, 2, 4 und 6 vor der Begutachtung anzuschauen. In vielen Fällen wirken pflegebedürftige Babys und Kinder viel jünger als sie tatsächlich sind. Es kann dadurch zu Falschbeurteilungen kommen, die zu einem niedrigen Pflegegrad führen.

Ergebnis der Begutachtung

Das Ergebnis der Begutachtung – insbesondere über die Prüfung zur Feststellung der Pflegebedürftigkeit und der Zuordnung zu einem Pflegegrad – teilt der MDK oder der externe Gutachter der Pflegekasse mit (vgl. § 18 Abs. 6 SGB XI). Die Pflegekasse trifft auf Grundlage der Empfehlung eine verbindliche Verwaltungsentscheidung. Weicht die Pflegekasse von der Empfehlung des MDK oder des externen Gutachters ab, muss sie dies begründen. Hier zeigt sich der große Einfluss des Gutachtens, denn eine Abweichung von der Empfehlung des Gutachtens kommt in der Praxis kaum vor.

Dem Antragsteller soll die Entscheidung der Pflegekasse nach § 18 Abs. 3 Satz 2 SGB XI spätestens 25 Arbeitstage nach Antragseingang schriftlich mitgeteilt werden. Es kann aber vorkommen, dass die Entscheidung nicht innerhalb dieser Frist oder bei der verkürzten Begutachtungsfrist unverzüglich nach der Ein- oder Zwei-Wochen-Frist ab Antragstellung erfolgt. Nach § 18 Abs. 3b Satz 1 SGB XI muss dann die Pflegekasse grundsätzlich für jede begonnene Woche der Fristüberschreitung unverzüglich einen Betrag von 70 Euro an den Antragsteller zahlen. Die Frist wird auf der Grundlage des § 26 SGB X in Verbindung mit §§ 187 ff. BGB berechnet.

> **Beispiel: Berechnung der Frist von 25 Arbeitstagen**
>
> Eingang des Antrags bei der Pflegekasse: 08.01.2018
>
> Fristbeginn: 09.01.2018
>
> Fristende: 12.02.2018
>
> **Ergebnis:** Die Frist beginnt einen Tag nach dem Eingang des Antrags bei der Pflegekasse am 09.01.2018 und endet am 12.02.2018.

Die Zahlungspflicht der Pflegekasse entfällt jedoch, wenn

- die Pflegekasse die Verzögerung nicht zu vertreten hat, zum Beispiel, weil der Begutachtungstermin für den Antragsteller nicht früher möglich war oder durch ihn immer wieder verschoben wurde oder er seinen Mitwirkungspflichten, wie die Angabe der entscheidungserheblichen Tatsachen, nicht nachgekommen ist oder

- der Antragsteller sich in vollstationärer Pflege befindet und bereits mindestens den Pflegegrad 2 hat (vgl. § 18 Absatz 3b Satz 2 SGB XI).

> **Beachte: Übergangsregelungen und Ausnahmen im Begutachtungsverfahren**
>
> Für den Zeitraum vom 01.01.2017 bis 31.12.2017 wird § 18 Abs. 3 Satz 2 SGB XI dahingehend abgeändert, dass nur bei einem besonders dringlichen Entscheidungsbedarf die Frist von 25 Arbeitstagen einzuhalten ist (vgl. § 142 Abs. 2 SGB XI). Dies ist der Fall, wenn ein Erstantrag auf Pflegesachleistungen nach § 36 SGB XI oder auf vollstationäre Pflege nach § 43 SGB XI gestellt wurde. Somit sind von der Übergangsregelung nach § 142 Abs. 2 SGB XI nicht die Höherstufungsanträge, Wiederholungs- oder Widerspruchsgutachten und befristeten Leistungsbewilligungen erfasst. Ferner gilt die Übergangsregelung nicht bei Anträgen, für die eine kürze Bearbeitungsfrist von einer oder zwei Wochen nach § 18 Abs. 3 SGB XI gelten. Aufgrund der Übergangsregelung nach § 142 SGB XI enfällt zudem für den Zeitraum vom 01.01.2017 bis 31.12.2017 die oben erwähnte Zahlungspflicht bei einer Fristüberschreitung (vgl. § 18 Abs. 3b Satz 4 SGB XI).

Mit dem Bescheid der Pflegekasse wird auch eine gesonderte positive oder negative Rehabilitationsempfehlung des MDK oder des beauftragten Gutachters abgegeben (vgl. § 18 Abs. 6 SGB XI, § 18a SGB XI). Dies entspricht dem Grundsatz der Pflegeversicherung, dass eine Rehabilitation vor einer Pflegeleistung kommt (vgl. § 31 SGB XI). Sofern eine Rehabilitationsempfehlung vorliegt, wird die Pflegekasse den Antragsteller darüber informieren, dass eine entsprechende Mitteilung an den zuständigen Rehabilitationsträger, zum Beispiel die Krankenkasse oder den Rentenversicherungsträger, erfolgen kann und damit gleichzeitig die vorgeschlagene Maßnahme beantragt wird.

Wichtig: Diesem vereinfachten Verfahren muss der Betroffene zustimmen. Auch hier ist wieder zu bedenken, dass der Pflegebedürftige innerhalb seiner Mitwirkungspflichten aktiv dazu beitragen muss eine Pflegebedürftigkeit zu vermeiden, zu überwinden, zu mindern oder eine Verschlimmerung zu verhindern. Andernfalls kann in begründeten Fällen eine Pflegeversicherungsleistung ganz oder teilweise versagt werden.

Neben der Rehabilitationsempfehlung kann der Feststellungsbescheid über die Pflegebedürftigkeit eine Entscheidung über Hilfs- und Pflegehilfsmittel enthalten (zu den Hilfs- und Pflegehilfsmitteln siehe näher unter „Pflegehilfsmittel nach § 40 Abs. 1 bis 3 und 5 SGB XI", Seite 161). Nach § 18 Abs. 6a SGB XI gehört es zu den Aufgaben des MDK und des beauftragten Gutachters, konkrete Empfehlungen zur Hilfsmittel- und Pflegehilfsmittelversorgung abzugeben. Dienen diese Hilfsmittel den Zielen des § 40 SGB XI, so gelten sie nach Zustimmung des Pflegebedürftigen gegenüber dem Gutachter als beantragt und ihre Notwendigkeit wird vermutet (vgl. § 18 Abs. 6a SGB XI, für Hilfsmittel nach der Krankenversicherung zunächst nur im Zeitraum bis zum 31.12.2020). Eine ärztliche Verordnung für das Hilfsmittel nach der Krankenversicherung ist nicht erforderlich. Zu den Hilfs- und Pflegehilfsmitteln, die den Zielen des § 40 SGB XI dienen, gehören (vgl. BRi-2017, Seite 103 f.):

- Adaptionshilfen, wie etwa Strumpfanziehhilfen und Greifhilfen

- Badehilfen, beispielsweise Badewannenbretter, Badewannenlifter und Duschhocker

- Gehhilfen, wie zum Beispiel Gehböcke, Rollatoren und Deltaräder

- Hilfsmittel gegen Dekubitus, wie zum Beispiel Antidekubitussitzkissen, Antidekubitusauflagen und Antidekubitusmatratzen

- Inkontinenzhilfen, wie zum Beispiel Inkontinenzvorlagen, Netzhosen, Inkontinenzpants, Bettschutzeinlagen

- Kranken- oder Behindertenfahrzeuge, wie etwa Rollstühle

- Krankenpflegeartikel, wie zum Beispiel behindertengerechte Betten, Stehbetten, Aufrichthilfen und Rückenstützen

Ergebnis der Begutachtung

- Lagerungshilfen, beispielsweise Beinlagerungshilfen oder Lagerungskeile
- Mobilitätshilfen, wie etwa Dreh- und Übersetzhilfen, Rutschbretter und Bettleitern
- Stehhilfen
- Stomaartikel
- Toilettenhilfen, wie beispielsweise Toilettensitzerhöhungen, feststehende Toilettenstühle oder Toilettenstühle auf Rollen
- Pflegehilfsmittel zur Körperpflege oder Hygiene, wie zum Beispiel Urinflaschen, Urinschiffchen, saugende Bettschutzeinlagen und Kopfwaschsysteme
- Pflegehilfsmittel zur selbstständigen Lebensführung oder zur Mobilität
- Pflegehilfsmittel zur Linderung von Beschwerden
- zum Verbrauch bestimmte Pflegehilfsmittel, wie Einmalhandschuhe und Desinfektionsmittel
- sonstige unmittelbar alltagsrelevante Pflegehilfsmittel

Der Gutachter legt in seiner Begutachtung für diese Hilfsmittel die Art, die Ausführung und die erforderliche Menge fest. Welches genaue Hilfsmittel für den Pflegebedürftigen in Frage kommt, bestimmt aber letztlich die Pflegekasse allein. Für alle anderen Hilfsmittel, die nicht den Zielen des § 40 SGB XI dienen, muss weiterhin ein Antrag bei der Pflege-/Krankenkasse gestellt und eine eventuell erforderliche Verordnung des Arztes vorgelegt werden. Zu diesen Hilfsmitteln zählen zum Beispiel:

- Kommunikationshilfen, Sehhilfen, Hörhilfen, Orthesen, Prothesen, die dem unmittelbaren Ausgleich einer Behinderung dienen sowie
- Beatmungsgeräte oder Elektrostimulationsgeräte, die die Krankenbehandlung/medizinische Versorgung unterstützen.

> **Praxis-Tipp: Hilfsmittelentscheidung –
> teilweise gesonderter Antrag sinnvoll**
>
> Die Entscheidung über ein Hilfsmittel im Zusammenhang mit einem Gutachten zur Feststellung der Pflegebedürftigkeit ist eine Vereinfachung des Antragsverfahrens. Durch den Wegfall eines zusätzlichen Antrags nebst MDK-Verfahren und einer unter Umständen notwendigen ärztlichen Verordnung werden Zeit und Nerven des Pflegebedürftigen geschont. Zu bedenken ist aber, dass das passende Hilfsmittel aus der Fülle vorhandener Hilfsmittel auf dem Markt nicht immer einfach zu finden ist. Dies birgt Konfliktpotential, wenn beispielsweise der Pflegebedürftige bei einem Rollstuhl andere Erwartungen an das Hilfsmittel hat, als die Kranken-/Pflegekasse. Hier bietet sich die Möglichkeit an, ggf. unter Vorlage einer ärztlichen Verordnung gesondert einen Antrag zu stellen. Dazu kann man einen Hilfsmittelanbieter ansprechen und mit ihm ein passendes Hilfsmittel aussuchen und auch ausprobieren. Es bleibt dann aber immer in Betracht zu ziehen, dass der Antrag abgelehnt werden kann.

Sollte das Ergebnis der Begutachtung und die darauf folgende Entscheidung der Pflegekasse nicht der eigenen Erwartung entsprechen, kann der Antragsteller Widerspruch einlegen und ggf. Klage vor dem Sozialgericht einreichen. Man sollte dazu seine Pflegedokumentation und seine Notizen über die Begutachtung mit den Angaben im Gutachten und dem Bescheid der Pflegekasse vergleichen. Zum Widerspruch und den Klagemöglichkeiten kann näher im Kapitel „Was kann man tun, wenn ein Antrag abgelehnt wurde?" (Seite 223) gelesen werden.

Höherstufung und Abstufung

Ist eine Anerkennung der Pflegebedürftigkeit erfolgt, hat sich aber danach die Situation des Pflegebedürftigen wesentlich ins Negative geändert, kann eine Höherstufung des Pflegegrades beantragt werden. Dabei handelt es sich um einen Neuantrag, sodass das Begutachtungsverfahren neu beginnt. Umgekehrt kann eine Abstufung des Pflegegrades erfolgen, wenn die Pflegebedürftigkeit durch die Leistungen der Rehabilitation gemindert werden konnte. In diesem Fall werden die Leistungen für die Zukunft verringert bzw. aufgehoben, wenn der Pflegegrad 1 nicht mehr vorliegt. Damit die Pflegekasse dies selber kontrollieren kann, wird in regelmäßigen Abständen ein Wiederholungsgutachten durch den MDK oder den gesondert von der Pflegekasse beauftragten Gutachter durchgeführt.

Wechsel der Pflegekasse und Auswirkungen auf das Gutachten

Wechselt der Pflegebedürftige die Pflegekasse, so kann das Gutachten von der neuen Pflegekasse anerkannt werden. Dafür spricht, dass unter anderem für die Feststellung der Pflegebedürftigkeit und der Zuordnung zu einem Pflegegrad ein einheitliches Begutachtungsverfahren gilt. Daher dürfte es keine Abweichung geben, sodass in der Regel die neue Pflegekasse das bestehende Gutachten anerkennt. Die neue Pflegekasse kann aber überprüfen, ob die Leistungsvoraussetzungen für die Pflegeversicherung immer noch vorliegen. Es sollte deshalb vorher bei der neuen Pflegekasse nachgefragt werden, wie dies bei ihr gehandhabt wird.

> **Praxis-Tipp: Kopie des Gutachtens bereithalten**
> Ein Pflegekassenwechsel geht einher mit dem Wechsel der Krankenkasse. Dabei ist leider häufig festzustellen, dass das Gutachten zur Pflegebedürftigkeit nicht zeitnah zur neuen Kasse übersandt wird. Hier zeigt sich, wie wichtig es ist, dass man eine Kopie des Gutachtens hat. In den meisten Fällen reicht das der neuen Kasse aus.

Die Leistungen der Pflegeversicherung

Grundsätze des Leistungsrechts	132
Checkliste zur Einschätzung des Pflegebedarfs	133
Pflegesachleistungen nach § 36 SGB XI	138
Pflegegeld nach § 37 SGB XI	143
Kombination von Pflegesachleistungen und Pflegegeld nach § 38 SGB XI	147
Verhinderungspflege nach § 39 SGB XI	148
Ambulant betreute Wohngemeinschaft als alternative Wohnform	154
Anschubfinanzierung für eine Wohngruppe	160
Pflegehilfsmittel nach § 40 Abs. 1 bis 3 und 5 SGB XI	161
Wohnumfeldverbessernde Maßnahmen nach § 40 Abs. 4 SGB XI	180
Tages- und Nachtpflege nach § 41 SGB XI	185
Kurzzeitpflege nach § 42 SGB XI	188
Vollstationäre Pflege nach § 43 SGB XI	191
Zusätzliche Betreuung und Aktivierung in stationären Pflegeeinrichtungen nach § 43b SGB XI	194
Pflege in vollstationären Einrichtungen der Hilfe für behinderte Menschen nach § 43a SGB XI	194
Entlastungsbetrag nach § 45b SGB XI	196
Überblick zu den Pflegeleistungen	202

Grundsätze des Leistungsrechts

Nach § 1 Abs. 4 SGB XI hat die Pflegeversicherung die Aufgabe, Pflegebedürftigen Hilfe zu leisten, die wegen der Schwere der Pflegebedürftigkeit auf solidarische Hilfe angewiesen sind. Ergänzt wird dieses Ziel durch den Vorrang von Prävention und medizinischer Rehabilitation (vgl. §§ 5, 31 f. SGB XI), um das Eintreten von Pflegebedürftigkeit zu vermeiden.

Das Gesetz sieht vor, dass mit den Leistungen der Pflegeversicherung (vgl. § 21a Abs. 1 SGB I, § 28 SGB XI) vorrangig die häusliche Pflege und die Pflegebereitschaft der Angehörigen und Nachbarn unterstützt wird. Dadurch soll erreicht werden, dass Pflegebedürftige möglichst lange in ihrer häuslichen Umgebung bleiben können (vgl. §§ 3, 4 SGB XI). Die Pflegeversicherung bietet dazu Leistungen für Pflegebedürftige und Pflegepersonen, also Personen nach § 19 SGB XI, die nicht gewerbsmäßig in der häuslichen Umgebung den Pflegebedürftigen pflegen, an. Pflegepersonen sollen ein menschenwürdiges Leben in der häuslichen Umgebung ermöglichen (vgl. § 2 Abs. 1 SGB XI). Die Pflegebedürftigen können ferner nach § 2 Abs. 2 SGB XI zwischen Einrichtungen und Diensten verschiedener Träger wählen.

Die Anspruchsgrundlagen für die einzelnen Pflegeleistungen sind in den §§ 36 ff. SGB XI geregelt. Dabei hängt der Leistungsumfang des jeweiligen Anspruches insbesondere von der Einordnung in die verschiedenen Pflegegrade 1 bis 5 ab.

Grundsatz: Die Leistungen der Pflegeversicherung sollen grundsätzlich nur den Pflegebedürftigen der Pflegegrade 2 bis 5 zur Verfügung stehen (vgl. § 28 SGB XI).

Pflegegrad 1: § 28a SGB XI macht hiervon jedoch eine Ausnahme und sieht für die Pflegebedürftigen des Pflegerades 1 eine Sonderstellung vor. Der Pflegegrad 1 soll Fälle erfassen, in denen nur eine geringe Beeinträchtigung der Selbstständigkeit oder der Fähigkeiten vorliegt (vgl. § 15 Abs. 3 SGB XI). Es wird daher davon ausgegangen, dass Pflegebedürftige mit dem Pflegegrad 1 nicht alle Leistungen der Pflegeversicherung erhalten müssen. Für sie stehen Teilhilfen bei der Selbstversorgung, beim Verlassen der Wohnung, bei der Haushaltsführung oder der Unterstützung durch

Beratung im Vordergrund. Die Pflegebedürftigen mit Pflegegrad 1 können nach § 28a Abs. 1 SGB XI folgende Leistungen erhalten:

- Pflegeberatung nach §§ 7a und 7b SGB XI (Nr. 1)
- Beratung in der eigenen Häuslichkeit gemäß § 37 Abs. 3 SGB XI (Nr. 2)
- zusätzliche Leistungen für Pflegebedürftige in ambulant betreuten Wohngruppen nach § 38a SGB XI (Nr. 3)
- Versorgung mit Pflegehilfsmitteln nach § 40 Abs. 1 bis 3 und Abs. 5 SGB XI (Nr. 4)
- finanzielle Zuschüsse für Maßnahmen zur Verbesserung des individuellen oder gemeinsamen Wohnumfeldes nach § 40 Abs. 4 SGB XI (Nr. 5)
- zusätzliche Betreuung und Aktivierung in stationären Pflegeeinrichtungen gemäß § 43b SGB XI (Nr. 6)
- Pflegekurse für Angehörige und ehrenamtliche Pflegepersonen gemäß § 45 SGB XI (Nr. 7).

Außerdem können Pflegebedürftige mit Pflegegrad 1 den Entlastungsbetrag nach § 45b Abs. 1 Satz 1 SGB XI in Höhe von monatlich 125 Euro geltend machen (vgl. § 28a Abs. 2 SGB XI). Dieser Betrag kann flexibel für die Leistungen der Tages- und Nachtpflege sowie der Kurzzeitpflege, für Pflegesachleistungen nach § 36 SGB XI und anerkannte Angebote zur Unterstützung im Alltag nach § 45a SGB XI eingesetzt werden. Nach Inanspruchnahme einer oder mehrerer der genannten Leistungen sind die entstandenen Kosten auf Antrag bei der Pflegekasse bis zum Betrag von 125 Euro monatlich erstattungsfähig. Ferner erhalten Pflegebedürftige mit Pflegegrad 1 einen monatlichen Zuschuss in Höhe von 125 Euro, wenn sie sich in einer vollstationären Pflege befinden (vgl. § 28a Abs. 3, § 43 Abs. 3 SGB XI).

Checkliste zur Einschätzung des Pflegebedarfs

Die Lebenssituation jedes Pflegebedürftigen stellt sich unterschiedlich dar, sodass die Pflegeleistungen den einzelnen Bedürfnissen angepasst werden müssen. Um eine optimale Pflegesituation sicherzustellen, empfiehlt es sich, einige Aussagen zu den

Die Leistungen der Pflegeversicherung

eigenen Vorstellungen und Wünschen zu beantworten. Dazu stellen wir hier eine Checkliste zur Bestimmung des eigenen Pflegebedarfs zur Verfügung, bevor wir auf die einzelnen Leistungen der Pflegeversicherung eingehen. Die Checkliste ist so aufgebaut, dass die einzelnen Pflegeleistungen durch Fragen bzw. Aussagen dargestellt werden, auf die man mit „Ja" oder „Nein" antworten kann. Anschließend ist zu überprüfen, bei welchen Pflegeleistungen die meisten Antworten bejaht wurden. Dies bietet einen Anhaltspunkt zur Bestimmung der gewünschten Art der Pflegeleistungen. Schließlich kann anhand der Ausführungen zu den einzelnen Pflegeleistungen geprüft werden, ob und wenn ja, welche Leistungen in Betracht kommen. Sollten dann noch Unklarheiten bestehen, empfiehlt es sich eine Pflegeberatung in Anspruch zu nehmen (dazu näher unter „Information und Beratung über die Leistungen", Seite 16).

Leistung	Frage oder Aussage	Ja	Nein
Pflegesachleistungen (§ 36 SGB XI) siehe S. 138	Soll die Pflege in der häuslichen Umgebung erfolgen?		
	Soll die Pflege zu Hause nur durch professionelle Pflegepersonen, wie z. B. von einem Pflegedienst, erfolgen?		
	Wird eine professionelle Hilfe gebraucht, weil zum Beispiel Medikamente oder Injektionen gegeben werden müssen?		
Pflegegeld (§ 37 SGB XI) siehe S. 143	Kann bzw. soll die Pflege in der häuslichen Umgebung zum Beispiel durch Familienangehörigen oder Nachbarn erfolgen?		
	Lässt der Gesundheitszustand eine Pflege des Betroffenen zu Hause zu?		
	Kann die Pflege selber organisiert werden?		

Checkliste zur Einschätzung des Pflegebedarfs

Leistung	Frage oder Aussage	Ja	Nein
Kombination von Pflegesachleistungen und Pflegegeld (§ 38 SGB XI) siehe S. 147	Muss oder soll der Pflegedienst im Rahmen von Pflegesachleistungen nur zeitweise bzw. zur Erfüllung bestimmter Aufgaben (z. B. für Injektionen oder zur Medikamentengabe) kommen?		
	Ist die Pflege nur zu bestimmten Zeiten durch einen Familienangehörigen oder einer sonstigen Pflegeperson sichergestellt?		
	Ist eine vertraute Pflegeperson aus dem persönlichen Umfeld wichtig?		
Wohngruppenzuschlag (§ 38a SGB XI) siehe S. 154	Soll die Pflege in einem vertrauten Umfeld mit anderen Personen in einer WG erfolgen?		
	Gibt es mindestens 2 weitere Personen in der WG, die ebenfalls pflegebedürftig sind?		
	Kann der Haushalt weitgehend selber organisiert werden?		
Verhinderungspflege (§ 39 SGB XI) siehe S. 148	Ist ein Familienangehöriger oder eine andere nicht erwerbsmäßige Pflegeperson zum Beispiel wegen Urlaubs oder Krankheit an der Pflege im häuslichen Umfeld gehindert?		
	Wird stundenweise Ersatzpflege benötigt, damit zum Beispiel der Angehörige Auszeiten von der Pflege hat?		
	Kann die Pflege zeitweilig bis zu 6 Wochen je Kalenderjahr durch eine andere Pflegeperson zu Hause sichergestellt werden?		

Die Leistungen der Pflegeversicherung

Leistung	Frage oder Aussage	Ja	Nein
Pflegehilfsmittel (§ 40 Abs. 1, 2 SGB XI) siehe S. 161	Werden für die monatliche Pflege z. B. Einmalhandschuhe oder Mundschutz gebraucht?		
	Müssen die Hände oder große Flächen desinfiziert werden?		
Technische Pflegehilfsmittel (§ 40 Abs. 3 SGB XI) siehe S. 161	Soll bzw. kann die Pflege zum Beispiel durch ein Pflegebett oder einen Duschstuhl erleichtert werden?		
	Wird ein Hausnotrufsystem benötigt?		
Wohnraumanpassung (§ 40 Abs. 4 SGB XI) siehe S. 180	Sollen Umbaumaßnahmen in der Wohnung oder im Haushalt, in dem der Pflegebedürftige aufgenommen wurde, zur Verbesserung der Pflegesituation durchgeführt werden?		
	Die häusliche Umgebung ist für die Pflege zu 100 % geeignet – es müssen keine Umbaumaßnahmen (z. B. Türschwellen) durchgeführt werden?		
	Die Umbaumaßnahmen dienen nicht der Reparatur z. B. der Treppe oder der Sanierung des Hauses.		
Tages- und Nachtpflege (§ 41 SGB XI) siehe S. 185	Soll die Pflege grundsätzlich in der häuslichen Umgebung stattfinden?		
	Der pflegende Angehörige oder Nachbar hat seine Erwerbstätigkeit wieder aufgenommen, sodass die Pflege nur noch stundenweise am Tag oder in der Nacht erfolgen kann.		
	Die häusliche Pflege ist nicht im ausreichenden Maße sichergestellt, weil der Zustand des Pflegebedürftigen sich verschlechtert hat.		

Checkliste zur Einschätzung des Pflegebedarfs

Leistung	Frage oder Aussage	Ja	Nein
Kurzzeitpflege (§ 42 SGB XI) siehe S. 188	Die Pflege kann kurzzeitig zu Hause nicht gewährleistet werden (z. B. wegen Krankheit oder Urlaub der Pflegeperson oder Umbau der häuslichen Umgebung), sondern muss vollstationär erfolgen?		
	Wird Zeit benötigt, um die Pflege z. B. nach einem stationären Aufenthalt im Krankenhaus zu organisieren?		
Vollstationäre Pflege (§ 43 SGB XI) siehe S. 191	Kann die Pflege generell nicht zu Hause durch Pflegesachleistungen oder durch das Pflegegeld sichergestellt werden?		
	Soll die Pflege rund um die Uhr in einem Pflegeheim erfolgen?		
	Sind genügend Rücklagen für die Kosten des Pflegeheims vorhanden?		
Vollstationäre Pflege in Einrichtungen für behinderte Menschen (§ 43a SGB XI) siehe S. 194	Hat der Pflegebedürftige einen anerkannten Behindertenstatus?		
	Findet eine Betreuung im Rahmen der Eingliederungshilfe nach SGB XII statt?		
	Befindet sich der Pflegebedürftige in einer vollstationären Einrichtung, wie Wohnheim und Werkstatt für Behinderte oder soll zukünftig dort betreut werden?		

Die Leistungen der Pflegeversicherung

Leistung	Frage oder Aussage	Ja	Nein
Zusätzliche Betreuung und Aktivierung in stationären Einrichtungen (§ 43b SGB XI) siehe S. 194	Befindet sich der Pflegebedürftige in einer stationären Einrichtung, wie zum Beispiel in einem Pflegeheim oder in einer Tagespflege?		
	Ist kein Personal vorhanden für Alltagsaktivitäten wie zum Beispiel Malen, Basteln, Lesen, Brett- und Kartenspiele?		
	Sollte mehr Personal für Alltagsaktivtäten bereitstehen?		
Entlastungsbetrag (§ 45b SGB XI) siehe S. 196	Erfolgt die derzeitige Pflege in der häuslichen Umgebung?		
	Soll zum Beispiel der Familienangehörige oder der Nachbar von der Pflege entlastet werden?		
	Wird ein monatlicher Zuschuss für Pflegeleistungen oder für eine Unterstützung im Alltag benötigt?		

Pflegesachleistungen nach § 36 SGB XI

Die in der häuslichen Umgebung oder in einem anderen Haushalt zu erfolgende Sachleistung steht grundsätzlich nur den Pflegegraden 2 bis 5 zu (vgl. § 36 Abs. 1, 4 SGB XI).

Pflegebedürftige des Pflegegrades 1 können jedoch nach § 28a Abs. 2 SGB XI den Entlastungsbetrag nach § 45b Abs. 1 Satz 1 SGB XI in Höhe von bis zu 125 Euro monatlich für Pflegesachleistungen nach § 36 SGB XI verwenden. Dabei ist aber zu beachten, dass die in Anspruch genommenen Leistungen zunächst vom Pflegebedürftigen selbst gezahlt werden müssen. Danach erst kann der gezahlte Betrag in Höhe des Entlastungsbetrags von der Pflegekasse erstattet werden.

Pflegesachleistungen nach § 36 SGB XI

Die Pflegesachleistungen werden nach § 36 Abs. 4 SGB XI durch geeignete professionelle Pflegekräfte erbracht. In erster Linie sind dies angestellte Pflegekräfte von ambulanten Pflegeeinrichtungen bzw. Pflegediensten oder Einzelpersonen, die einen entsprechenden Versorgungsvertrag nach § 77 Abs. 1 SGB XI mit der Pflegekasse geschlossen haben. Die häusliche Pflegehilfe umfasst als Sachleistung körperbezogene Pflegemaßnahmen und pflegerische Betreuungsmaßnahmen, die sich auf die in § 14 Abs. 2 Nr. 1 bis 6 SGB XI genannten sechs Module zur Feststellung der Pflegebedürftigkeit beziehen (siehe dazu Kapitel 2 „Feststellung der Pflegebedürftigkeit in drei Schritten"). Die verrichtungsbezogenen krankheitsspezifischen Pflegemaßnahmen, soweit diese im Rahmen der häuslichen Krankenpflege nach § 37 Abs. 2 SGB V zu leisten sind, gehören jedoch nicht dazu. Außerdem werden die Hilfen bei der Haushaltsführung von den Pflegesachleistungen nach § 36 Abs. 1 SGB XI erfasst.

> **Praxis-Tipp: Chemie zwischen Pflegekraft und zu Pflegenden muss stimmen**
>
> Der menschliche Faktor sollte nicht vergessen werden. Es ist wichtig, dass sich sowohl der Pflegebedürftige als auch die Angehörigen mit dem Pflegepersonal wohlfühlen. Der Wechsel des Pflegepersonals kann sicherlich anstrengend sein. Es lohnt sich aber, wenn hinterher alle Beteiligten zufriedener sind. Natürlich bedarf es manchmal einer schnellen Lösung, das schließt aber nicht aus, dass man sich später anders entscheiden kann. Es geht schließlich um den Pflegebedürftigen als Versicherten!

Zu den körperbezogenen Pflegemaßnahmen gehören die Verrichtungen des täglichen Lebens, wie sie in den Modulen 1 (Mobilität) und 4 (Selbstversorgung) des § 14 Abs. 2 SGB XI beschrieben sind (siehe dazu ausführlich Kapitel 2). Der Anspruch auf häusliche Pflegehilfe umfasst daher Folgendes:

- Mobilität: Positionswechsel im Bett, Halten einer stabilen Sitzposition, Umsetzen, Fortbewegen innerhalb des Wohnbereichs und Treppensteigen

Die Leistungen der Pflegeversicherung

- Selbstversorgung: Waschen des vorderen Oberkörpers, Körperpflege im Bereich des Kopfes, Waschen des Intimbereichs, Duschen und Baden einschließlich Waschen der Haare, An- und Auskleiden des Oberkörpers, An- und Auskleiden des Unterkörpers, mundgerechtes Zubereiten der Nahrung und Eingießen von Getränken, Essen, Trinken, Benutzen einer Toilette oder eines Toilettenstuhls, Bewältigen der Folgen einer Harninkontinenz und Umgang mit Dauerkatheter und Urostoma, Bewältigen der Folgen einer Stuhlinkontinenz und Umgang mit Stoma, Ernährung parenteral oder über Sonde, Bestehen gravierender Probleme bei der Nahrungsaufnahme bei Kindern bis zu 18 Monaten, die einen außergewöhnlich pflegeintensiven Hilfebedarf auslösen.

Neben den körperbezogenen Pflegemaßnahmen umfasst die häusliche Pflege pflegerische Betreuungsmaßnahmen. Der Leistungsinhalt dieser Leistung enthält vielfältige Unterstützungsangebote, die insbesondere in den Bereichen der Module 2 (kognitive und kommunikative Fähigkeiten), 3 (Verhaltensweisen und psychische Problemlagen) und 6 (Gestaltung des Alltagslebens und sozialer Kontakte) liegen (siehe dazu ausführlich Kapitel 2). So werden zum Beispiel unterstützt:

- häusliche Aktivitäten durch Spaziergänge, Ermöglichung des Besuchs von Verwandten und Bekannten oder Begleitung zum Friedhof

- der häusliche Alltag durch Strukturierung und Aufrechterhaltung der Tagesstruktur und des Tages-/Nacht-Rhythmus oder bei Hobby und Spiel

- Hilfen bei der Kommunikation, Stärkung der emotionalen Sicherheit bei bloßer Anwesenheit, Vermeidung und Reduzierung von Selbst- oder Fremdgefährdungen durch Beobachtung und Abgabe von Tipps, kognitiv fördernde Maßnahmen, Durchführung von bedürfnisgerechter Beschäftigung (z. B. Musik hören, Zeitung lesen oder Fotoalben anschauen)

Die Angebote der pflegerischen Betreuung sind damit breit gefächert. Sie sollen vor allem den Pflegebedürftigen die Teilnahme am gesellschaftliches Leben ermöglichen und so eine Ausgrenzung verhindern, die häufig unbewusst und über längere Zeit erfolgt.

Pflegesachleistungen nach § 36 SGB XI

Dadurch wird den Pflegebedürftigen auch das Gefühl des „Sozialaufgehoben-seins" und des „Ich-werde-gebraucht-seins" gegeben.

Die Unterstützungsangebote beziehen sich dabei auf das häusliche Umfeld des Pflegebedürftigen, seiner Familie und anderer ihm nahestehender Personen. Der Personenkreis wird erweitert, wenn die Pflegesachleistungen mit einem anderen Pflegebedürftigen gemeinsam in Anspruch genommen werden (vgl. § 36 Abs. 4 SGB XI). Dann werden die pflegerischen Betreuungsmaßnahmen auch im häuslichen Umfeld des anderen Pflegebedürftigen oder seiner Familie erbracht. Durch die Bezugnahme zum häuslichen Umfeld werden andere Maßnahmen, die außerhalb davon erfolgen, ausgeschlossen. Die Unterstützung zum Beispiel beim Besuch des Kindergartens oder der Schule, der Ausbildung oder der Berufstätigkeit gehören somit nicht zu den Leistungen der pflegerischen Betreuungsmaßnahmen.

Die körperbezogenen Pflegemaßnahmen und die pflegerischen Betreuungsmaßnahmen werden ergänzt durch die Hilfen bei der Haushaltsführung. Die Pflegebedürftigen sollen so weit wie möglich aktiv bei der Haushaltsführung unterstützt werden. Das bedeutet jedoch nicht, dass im Einzelfall eine vollständige Übernahme zum Beispiel durch den Pflegedienst ausgeschlossen wird. Vielmehr kommt es auf den Blickwinkel an, denn im Vordergrund steht die Selbstständigkeit des Pflegebedürftigen, die unterschiedlich ausgeprägt sein kann. Zu den Hilfen bei der Haushaltsführung gehören zum Beispiel:

- Einkaufen
- Kochen
- Reinigen der Wohnung
- Spülen
- Wechseln und Waschen der Wäsche und Kleidung
- Beheizen der Wohnung

Die Leistungen der häuslichen Pflege sind auch zulässig, wenn der Pflegebedürftige nicht in seinem eigenen Haushalt gepflegt wird, sondern zum Beispiel in einer Altenwohnung oder einem Altenwohnheim (vgl. § 36 Abs. 4 SGB XI). Dagegen besteht zum

Die Leistungen der Pflegeversicherung

Beispiel kein Anspruch, wenn die Pflege in einem Pflegeheim erfolgt. In diesem Fall kommen Leistungen nach § 43 SGB XI (vollstationäre Pflege) in Betracht.

Der monatliche Betrag für die Pflegegrade 2 bis 5 nach § 36 Abs. 3 SGB XI und für den Pflegegrad 1 nach § 28a Abs. 2 SGB XI beträgt ab 01.01.2017:

Pflegegrad	Leistungen pro Monat in EUR bis zu
Pflegegrad 1	*125
Pflegegrad 2	689
Pflegegrad 3	1.298
Pflegegrad 4	1.612
Pflegegrad 5	1.995

---

* Als Entlastungsbetrag nach § 45b Abs. 1 Satz 1 SGB XI zur Kostenerstattung von Leistungen der häuslichen Pflege nach § 36 SGB XI.

Die Pflegesachleistungen werden in der Regel vom ambulanten Pflegedienst oder der Einzelperson, mit denen die Pflegekasse einen entsprechenden Versorgungsvertrag nach § 77 Abs. 1 SGB XI geschlossen hat, direkt gegenüber der Kasse abgerechnet. Somit hat der Pflegebedürftige des Pflegegrades 2 bis 5 die entstandenen Kosten nicht vorher selber zu bezahlen, um sie dann bei der Pflegekasse abzurechnen.

> **Praxis-Tipp: Investitionskostenpauschale von ambulanten Pflegediensten prüfen**
>
> Häufig sind Pflegebedürftige erstaunt, wenn der ambulante Pflegedienst zusätzlich zu seinen Leistungen eine Investitionskostenpauschale geltend macht. Damit sollen Aufwendungen des Pflegedienstes wie Miet- und Leasingkosten (z. B. Büromiete, Autos), Abschreibungen auf Inventargegenstände und die Aufwendungen für Instandhaltung bzw. Instandsetzung (z. B. Reparatur von Autos) ausgeglichen werden. Sofern diese Investitionskosten nicht nach Landes-

> recht gefördert werden, können sie von den Pflegediensten gegenüber dem Pflegebedürftigen in Rechnung gestellt werden. Es dürfen aber nur die notwendigen Kosten angesetzt werden. Diese müssen zudem in einem angemessenen Verhältnis zu den tatsächlichen Kosten stehen. In der Regel werden zwischen 2,5 % bis ca. 6 % als Zuschlag auf die Leistungen dem Pflegebedürftigen in Rechnung gestellt. Darüber muss der Pflegedienst aber vorher ausdrücklich informieren.

Im Rahmen der Inanspruchnahme von Pflegesachleistungen ist es dem Pflegebedürftigen des Pflegegrades 2 bis 5 nach § 37 Abs. 3 SGB XI zudem möglich, seine Pflege- und Betreuungssituation halbjährlich bei einer Pflegeberatung überprüfen zu lassen. Sie wird in der Regel von einem Pflegedienst durchgeführt und enthält individuelle Hinweise zu den Problemlagen der Pflegebedürftigkeit und den damit zusammenhängenden Leistungen (dazu näher gleich bei „Pflegegeld nach § 37 SGB XI").

Pflegegeld nach § 37 SGB XI

Pflegebedürftige der Pflegegrade 2 bis 5 können nach § 37 Abs. 1 SGB XI anstelle der Pflegesachleistungen nach § 36 SGB XI Pflegegeld bei der Pflegekasse beantragen; bei Vorliegen eines Pflegegrades 1 steht diese Leistung nicht zur Verfügung.

Voraussetzung dafür ist, dass mit dem Pflegegeld die notwendigen körperbezogenen Pflegemaßnahmen, pflegerischen Betreuungsmaßnahmen und Hilfen bei der Haushaltsführung (vgl. oben § 36 SGB XI) durch den Pflegebedürftigen bzw. bei Babys und Kindern bis zur Volljährigkeit durch die Eltern sichergestellt werden können.

Die Pflege kann im eigenen Haushalt, dem Haushalt der Pflegeperson oder in einem Haushalt stattfinden, in dem der Pflegebedürftige aufgenommen wurde. Auch hier gilt wie bei der Pflegesachleistung nach § 36 SGB XI, dass die häusliche Pflege nach § 37 SGB XI nicht dadurch ausgeschlossen wird, dass der Anspruchsberechtigte in einem Altenwohnheim oder einer Altenwohnung lebt oder von Montag bis Freitag die Schule oder den Kindergarten besucht. Dagegen scheidet der Anspruch nach § 37 SGB XI aus, wenn der Pflegebedürftige sich in einem Pflegeheim befindet.

Die häusliche Pflege kann im Rahmen des § 37 SGB XI durch

- Angehörige,
- Ehe- bzw. Lebenspartner,
- ehrenamtliche oder erwerbsmäßige Pflegepersonen oder
- von einer vom Pflegebedürftigen angestellten Pflegeperson

erbracht werden. Generell gilt, dass mit dem Pflegegeld eine Anerkennung für die Unterstützungs- und Hilfeleistung der oben genannten Pflegepersonen erreicht werden soll. Es handelt sich beim Pflegegeld also nicht um ein (Arbeits-)Entgelt für die erbrachten Pflegeleistungen. Eine Geltendmachung bei der Steuer als Einnahme hat daher nicht zu erfolgen. Die Höhe des monatlichen Pflegegeldes richtet sich nach dem Pflegegrad und beträgt ab 01.01.2017 für den Pflegebedürftigen (vgl. § 37 Abs. 1 SGB XI):

Pflegegrad	Leistungen pro Monat in EUR bis zu
Pflegegrad 1	kein Anspruch
Pflegegrad 2	316
Pflegegrad 3	545
Pflegegrad 4	728
Pflegegrad 5	901

Das Pflegegeld wird grundsätzlich monatlich im Voraus an den Anspruchsberechtigten gezahlt.

Verpflichtendes Beratungsgespräch

Damit der Pflegebedürftige das Pflegegeld in voller Höhe erhalten kann, muss eine Pflegeberatung in der häuslichen Umgebung insbesondere durch zugelassene Pflegedienste durchgeführt werden (§ 37 Abs. 3 SGB XI). Bei den Pflegegraden 2 und 3 findet sie halbjährlich und bei den Pflegegraden 4 und 5 vierteljährlich statt.

> **Praxis-Tipp: Beratungsgespräch auch bei Pflegegrad 1 nutzen**
>
> Pflegebedürftige des Pflegegrades 1 haben nach § 28a Abs. 1 Nr. 2 SGB XI die Möglichkeit eine Beratung in der eigenen Häuslichkeit nach § 37 Abs. 3 SGB XI durchführen zu lassen. Es besteht jedoch keine Verpflichtung dazu.

Der Beratungsbesuch soll sicherstellen, dass der Pflegebedürftige oder seine Pflegeperson(en) in der Lage sind, die Pflege sicherzustellen. Dazu werden die allgemeine Pflege- und Betreuungssituation des Pflegebedürftigen analysiert und Hinweise zu Problemlagen mit anschließenden Empfehlungen zu Verbesserungsmaßnahmen abgegeben. Je nach Bedarf des Pflegebedürftigen sollen zum Beispiel folgende Bereiche angesprochen werden:

- kognitive und kommunikative Fähigkeiten
- Verhaltensweisen und psychische Problemlagen
- Bewältigung und Umgang mit krankheits- oder therapiebedingten Anforderungen und Belastungen
- Gestaltung des Alltagslebens und sozialer Kontakte
- häusliche Pflege nach § 36 SGB XI und mögliche Kombinationsleistungen nach § 38 SGB XI
- Tages- und Nachtpflege nach § 41 SGB XI
- Kurzzeitpflege nach § 42 SGB XI
- Einleitung von Leistungen der medizinischen Rehabilitation
- Einsatz von Pflege- und Hilfsmitteln
- Anpassung des Wohnraumes
- Überprüfung des Pflegegrades bei der Veränderung der Pflegesituation
- Einschaltung eines Arztes oder einer kommunalen Einrichtung (Sozialamt)
- Pflegekurse, auch in der eigenen Häuslichkeit.

Die Leistungen der Pflegeversicherung

Die Kosten der Pflegeberatung trägt die Pflegekasse. Nach § 37 Abs. 3 SGB XI beträgt die zu tragende Vergütung der Pflegekasse bei den Pflegegraden 2 und 3 bis zu 23 Euro und bei den Pflegegraden 4 und 5 bis zu 33 Euro.

> **Praxis-Tipp: Termine zum Beratungsgespräch einhalten**
>
> Hält der Pflegebedürftige entsprechend seines Pflegegrades die verpflichtenden Termine der Pflegeberatung nicht ein, kürzt die Pflegekasse zunächst das Pflegegeld, im Wiederholungsfall wird es ganz entzogen.
>
> Man sollte daher immer die Termine zur sog. Qualitätssicherung im Auge behalten. Sinnvoll kann es sein, im Beratungsgespräch bereits den nächsten Termin mit dem Pflegedienst zu vereinbaren. Einige Pflegedienste rufen – wenn gewünscht – vor dem nächsten anstehenden Gespräch an, um einen Termin zu vereinbaren. Zum Termin selbst wird die Pflegesituation besprochen und ggf. dazu beraten. Anschließend wird ein Protokoll ausgefüllt, das vom Pflegedienst an die Pflegekasse als Nachweis des Beratungseinsatzes gesandt wird. Hier besteht die Chance, auf notwendige Hilfsmittel der Krankenversicherung oder Pflegehilfsmittel hinzuweisen. Der Pflegebedürftige erhält eine Kopie.

Anteilige Gewährung

Das Pflegegeld wird während

- einer Kurzzeitpflege nach § 42 SGB XI für bis zu acht Wochen und
- bei einer Verhinderungspflege nach § 39 SGB XI für bis zu sechs Wochen

je Kalenderjahr anteilig in Höhe der Hälfte des vor Beginn der Kurzzeit- oder Verhinderungspflege geleisteten Betrages fortgewährt (vgl. § 37 Abs. 2 SGB XI, zur Ausnahme bei der Verhinderungspflege siehe unter „Verhinderungspflege nach § 39 SGB XI").

Dagegen haben Pflegebedürftige in vollstationären Einrichtungen der Hilfe für behinderte Menschen nach § 43a SGB XI Anspruch auf ungekürztes Pflegegeld anteilig für die Tage, an denen sie sich in häuslicher Pflege befinden. Dies ist zum Beispiel der Fall, wenn sich der Pflegebedürftige am Wochenende, an Feiertagen oder in den Ferien zu Hause befindet und dort gepflegt wird.

Es kommt zudem häufig vor, dass der Pflegebedürftige zum Beispiel im Krankenhaus vollstationär behandelt wird oder sich in einer Reha-Klinik befindet. Für einen Zeitraum von vier Wochen ab Aufnahmetag wird das Pflegegeld ungekürzt weiter gezahlt. Nach der Vier-Wochen-Frist ruht grundsätzlich der Anspruch auf Pflegegeld und setzt erst mit dem Tag der Entlassung aus einer dieser Einrichtungen wieder ein (vgl. § 34 Abs. 2 SGB XI).

> **Praxis-Tipp: Nachfragen bei der Pflegekasse**
>
> Die Auswirkungen zum Beispiel eines längeren Krankenhausaufenthaltes, der Kurzzeitpflege nach § 42 SGB XI oder der Verhinderungspflege nach § 39 SGB XI auf das Pflegegeld sollten nicht unterschätzt werden. Es empfiehlt sich im Zweifelsfall bei der Pflegekasse nachzufragen.

Kombination von Pflegesachleistungen und Pflegegeld nach § 38 SGB XI

Auf Antrag bei der Pflegekasse können Pflegebedürftige der Pflegegrade 2 bis 5 die Sachleistungen nach § 36 SGB XI mit dem Pflegegeld nach § 37 SGB XI kombinieren (vgl. § 38 SGB XI). Der Pflegebedürftige erhält dadurch die Möglichkeit, die für ihn günstigste Variante zur Sicherung des Pflege- und Betreuungsbedarfs zu wählen. Wird vom Pflegebedürftigen zum Beispiel die ihm nach § 36 Abs. 3 SGB XI zustehende Pflegesachleistung nur teilweise in Anspruch genommen, erhält er daneben ein anteiliges Pflegegeld im Sinne des § 37 SGB XI. Das Pflegegeld berechnet sich nach dem Verhältnis zwischen dem Sachleistungsanspruch und den tatsächlich in Anspruch genommenen

Sachleistungen. Das Pflegegeld wird nach dem errechneten Verhältnis anteilig ausgezahlt.

> **Beispiel:**
>
> Der Pflegebedürftige M wurde in den Pflegegrad 3 eingestuft und hat im Januar 2017 Sachleistungen nach § 36 SGB XI in Höhe von 649 EUR in Anspruch genommen. Der Leistungsanspruch beträgt beim Pflegegrad 3 monatlich bis zu 1.298 EUR. Somit hat M 50 % der ihm monatlich zustehenden Pflegesachleistungen ausgeschöpft. Er kann folglich anteiliges Pflegegeld in Höhe von 272,50 EUR beziehen (50 % von 545 EUR bei Pflegegrad 3 nach § 37 Abs. 1 SGB XI).

Der Anspruchsberechtigte ist an die Entscheidung, in welchem Verhältnis er Geld- und Sachleistung in Anspruch nehmen will, für die Dauer von sechs Monaten gebunden.

Wichtig: Diese Bindungsfrist gilt nicht, wenn der Pflegebedürftige nur noch Pflegesachleistung oder nur noch Pflegegeld in Anspruch nehmen will, also einen „Tausch" bzw. Wechsel der bereits bewilligten Leistung stattfinden soll. In diesem Fall genügt es, dies der Pflegekasse anzuzeigen.

Verhinderungspflege nach § 39 SGB XI

Eine häusliche Pflege kommt auch dann in Betracht, wenn die eigentliche Pflegeperson im Sinne des § 19 SGB XI, wie zum Beispiel Angehöriger, Ehe- bzw. Lebenspartner, Nachbar, Bekannter oder eine sonstige nicht erwerbsmäßige Pflegeperson, nach mindestens sechsmonatiger Pflege (§ 39 Abs. 1 SGB XI) wegen

- Erholungsurlaub,
- Krankheit oder
- aus anderen Gründen (zum Teil auch nur stundenweise)

an der Pflege des Pflegebedürftigen mit mindestens Pflegegrad 2 gehindert ist.

Verhinderungspflege nach § 39 SGB XI

Wichtig: Der Pflegegrad 2 muss erst ab dem Zeitpunkt der Verhinderung vorliegen, sodass die sechsmonatige Vorpflegezeit bereits erfüllt ist, wenn der Pflegebedürftige in diesem Zeitraum in den Pflegegrad 1 eingestuft war. Ein Warten auf die Einhaltung der Vorpflegezeit ab der Höherstufung in den Pflegegrad 2 entfällt daher.

> **Praxis-Tipp: Einsatzbereitschaft professioneller Pflegekräfte**
>
> Pflegekräfte von Pflegediensten oder Personen, mit denen die Pflegekasse einen Einzelvertrag geschlossen hat, können nicht an der Pflege gehindert sein. Es gehört zu ihrem Job, die Pflege sicherzustellen. Deshalb müssen sie entweder einen anderen Mitarbeiter oder einen anderweitigen Ersatz stellen.

Die Pflegeversicherung übernimmt bei der Verhinderung der eigentlichen Pflegeperson für höchstens sechs Wochen pro Kalenderjahr (Höchstdauer von 42 Tagen) die Kosten einer Verhinderungspflege (auch Ersatzpflege genannt). Die Verhinderungspflege muss nicht zu Hause durchgeführt werden. Vielmehr kann sie etwa in Kindergarten, Schule, Wohnheim für behinderte Menschen oder Internat durch

- nicht erwerbsmäßige Pflegepersonen, wie etwa Angehörige und Verwandte oder

- erwerbsmäßige Einrichtungen, wie zum Beispiel ambulante Pflegedienste oder familienentlastende Dienste

erbracht werden. Der jährliche Leistungsumfang für die Verhinderungspflege beträgt nach § 39 Abs. 1 SGB XI für die Pflegegrade 2 bis 5 grundsätzlich bis zu 1.612 Euro im Kalenderjahr. Die eingesetzte Pflegeperson darf jedoch mit dem Pflegebedürftigen nicht bis zum zweiten Grade verwandt oder verschwägert sein oder mit ihm in häuslicher Gemeinschaft leben. Zu den Verwandten des Pflegebedürftigen bis zum zweiten Grad (vgl. § 1589 BGB) gehören:

Die Leistungen der Pflegeversicherung

- Eltern
- Kinder (auch ehelich erklärte oder angenommene Kinder)
- Großeltern
- Enkelkinder und
- Geschwister.

Mit dem Pflegebedürftigen bis zum zweiten Grade verschwägert (vgl. § 1590 BGB) sind:

- Stiefeltern
- Stiefkinder
- Stiefenkelkinder (Enkelkinder des Ehegatten)
- Schwiegereltern
- Schwiegerkinder (Schwiegersohn und Schwiegertochter)
- Schwiegerenkel (Ehegatte der Enkelkinder)
- Großeltern der Ehegatten
- Stiefgroßeltern sowie
- Schwager und Schwägerin.

Der Leistungsbetrag der Verhinderungspflege kann im Rahmen des § 39 Abs. 2 SGB XI unter Anrechnung auf den für die Kurzzeitpflege (§ 42 SGB XI) zustehenden Leistungsbetrag um bis zu 806 Euro (50 % der Kurzzeitpflege in Höhe von 1.612 Euro) auf insgesamt 2.418 Euro erhöht werden. Diese Möglichkeit besteht, soweit für diesen Betrag noch keine Kurzzeitpflege in Anspruch genommen wurde. Verhinderungspflege und Kurzzeitpflege können also miteinander kombiniert werden. Zu beachten ist aber, dass sich nur der Leistungsbetrag erhöht, die Höchstdauer der Verhinderungspflege von 42 Tagen pro Kalenderjahr bleibt bestehen.

Praxis-Tipp: Nachweis der Kosten der Verhinderungspflege

Die Aufwendungen der zeitweisen Ersatzpflege sind gegenüber der Pflegekasse durch eine Quittung, Rechnung oder Kontoauszug nachzuweisen. Viele Krankenkassen bieten auch Vorlagen zum Ausfüllen an.

Bei einer Ersatzpflege durch Personen, die mit dem Pflegebedürftigen bis zum zweiten Grad verwandt oder verschwägert sind oder mit ihm in häuslicher Gemeinschaft leben, können grundsätzlich höchstens die Aufwendungen in Höhe des Betrages des Pflegegeldes nach § 37 Abs. 1 Satz 3 SGB XI für bis zu sechs Wochen geltend gemacht werden (vgl. § 39 Abs. 3 SGB XI). Dazu folgende allgemeine Formel zur Berechnung des Höchstsatzes der Verhinderungspflege bezogen auf sechs Wochen:

Pflegegeld des jeweiligen Pflegegrades

: 28 Tage (4 Wochen Pflegegeld)

x 42 Tage (6 Wochen Dauer der Inanspruchnahme der Verhinderungspflege

= 1,5-fache des Pflegegeldes der Verhinderungspflege

Dies bedeutet für die Verhinderungspflege von bis zu sechs Wochen für die einzelnen Pflegegrade Folgendes:

Pflegegrad	Pflegegeld pro Monat in EUR	1,5-fache des Pflegegeldes als Höchstbetrag für 6 Wochen in EUR
Pflegegrad 1	kein Anspruch	kein Anspruch
Pflegegrad 2	316	474
Pflegegrad 3	545	817,50
Pflegegrad 4	728	1.092
Pflegegrad 5	901	1.351,50

Die Leistungen der Pflegeversicherung

Die Beschränkung auf den jeweiligen Höchstbetrag des Pflegegeldes wird damit begründet, dass diese Pflegepersonen die Ersatzpflege aufgrund ihrer engen familiären Bindung grundsätzlich nicht erwerbsmäßig durchführen. Die Festlegung der Verhinderungspflege auf das 1,5-fache des Pflegegeldes führt aber nicht dazu, dass es einen Tageshöchstsatz für die Verhinderungspflege gibt. Das Gesetz sieht dies ausdrücklich nicht vor. Somit kann auch bei einer kurzzeitigen Ersatzpflege unter sechs Wochen der volle Höchstbetrag der Verhinderungspflege geltend gemacht werden. Der Pflegebedürftige oder der gesetzliche Vertreter haben bei der Vereinbarung des Stundenlohns mit der Ersatzkraft aber zu beachten, dass die Vergütung in einem angemessenen Verhältnis zur Leistung steht (vgl. Urteil des Bundessozialgerichts vom 12.07.2012, Aktenzeichen B 3 P 6/11 R).

Wird die Verhinderungspflege dagegen durch Pflegepersonen, die mit dem Pflegebedürftigen bis zum zweiten Grad verwandt oder verschwägert sind oder mit ihm in häuslicher Gemeinschaft leben, erwerbsmäßig ausgeübt, gilt auch bei ihnen wieder der erhöhte Leistungsbetrag von bis zu 1.612 Euro (vgl. § 39 Abs. 3 Satz 2 SGB XI). Ansonsten können die nicht erwerbsmäßig tätigen Pflegepersonen lediglich zur Kostendeckung ihre zusätzlichen Aufwendungen, wie die notwendigen Fahrt- und Unterkunftskosten oder den Verdienstausfall gegenüber der Pflegekasse in Rechnung stellen. Es gilt aber für alle Aufwendungen insgesamt der Höchstbetrag von 1.612 Euro. Eine ergänzende Anrechnung auf den für die Kurzzeitpflege zustehenden Leistungsbetrag um bis zu 806 Euro kommt in Betracht, wenn die Verhinderungspflege durch die Pflegeperson erwerbsmäßig ausgeübt wird oder die zusätzlichen Aufwendungen der nahen Angehörigen oder Haushaltsmitglieder entsprechend nachgewiesen werden (vgl. Rundschreiben-2017, Seite 158).

Verhinderungspflege nach § 39 SGB XI

Folgender Überblick zur Verhinderungspflege:

Ersatzpflegeperson	Verhinderungspflege für bis zu 6 Wochen je Kalenderjahr
bis zum 2. Grad verwandt oder verschwägert oder in häuslicher Gemeinschaft lebend	■ nicht erwerbsmäßige Pflegeperson: grundsätzlich die Aufwendungen in Höhe des Betrages des Pflegegeldes nach § 37 Abs. 1 Satz 3 SGB XI ■ Aufstockung für zusätzliche Aufwendungen bis zum Betrag von 1.612 EUR plus ggf. 806 EUR aus der Kurzzeitpflege ■ erwerbsmäßige Pflegeperson: Leistungsbetrag bis zu 1.612 EUR plus ggf. 806 EUR aus der Kurzzeitpflege
ab 2. Grad verwandt oder verschwägert und nicht in häuslicher Gemeinschaft lebend	■ Leistungsumfang für die Verhinderungspflege bis zu 1.612 EUR plus ggf. 806 EUR aus der Kurzzeitpflege

Während der Zeit der Verhinderungspflege wird das Pflegegeld nach § 37 Abs. 2 SGB XI für einen Zeitraum von bis zu sechs Wochen je Kalenderjahr grundsätzlich zur Hälfte weitergezahlt. Eine Kürzung des Pflegegeldes erfolgt jedoch nicht für den ersten und den letzten Tag der Ersatzpflege. Der Pflegebedürftige erhält an diesen beiden Tagen das volle Pflegegeld.

Außerdem wird das volle Pflegegeld nach § 37 SGB XI für den gesamten Zeitraum der Verhinderungspflege weiter gezahlt, wenn nur eine stundenweise Verhinderung der Pflegeperson von weniger als acht Stunden am Tag besteht. In diesen Fällen erfolgt allein eine Anrechnung auf den Höchstbetrag von 1.612 Euro plus eventuell 806 Euro aus der Kurzzeitpflege. Die Höchstdauer der Verhinderungspflege von sechs Wochen je Kalenderjahr gilt nicht (vgl. BRi-2017, S. 153).

> **Praxis-Tipp: Stundenweise Verhinderungspflege als Pause vom Pflegealltag**
>
> Die stundenweise Verhinderungspflege ist gerade für kurze Pausen im Pflegealltag geeignet. Sie ermöglicht es einen Ersatzpfleger zu nehmen, damit die Pflegeperson etwa in Ruhe einkaufen, gemeinsam mit Freunden etwas unternehmen, eigene wichtige Termine wahrnehmen oder einfach einmal die Seele baumeln lassen kann. Dies kann auch im vorübergehenden Urlaub von bis zu 6 Wochen im In- oder Ausland geschehen, wenn z. B. Oma oder Opa als Ersatzpfleger und nicht als Mit-Urlauber mitkommen (Urteil des Bundessozialgerichts vom 20.04.2016, Aktenzeichen B 3 P 4/ 14 R zu Fahrt- und Unterkunftskosten). Die zwei großen Pluspunkte dieser stundenweisen Nutzung der Verhinderungspflege sind, dass
>
> - grundsätzlich das volle Budget von 1.612 EUR bzw. die Höhe des Betrages des jeweiligen Pflegegeldes nebst zusätzlichen Aufwendungen bis zum Höchstbetrag von 1.612 EUR plus ggf. 806 EUR aus der Kurzzeitpflege zur Verfügung stehen, ohne dass das Pflegegeld gekürzt wird, und
>
> - die Verhinderungspflege auf das ganze Jahr verteilt werden kann.

Ambulant betreute Wohngemeinschaft als alternative Wohnform

Die zusätzlichen Leistungen für Pflegebedürftige in ambulant betreuten Wohngruppen nach § 38a SGB XI sowie die in diesem Zusammenhang zu nennende Anschubfinanzierung nach § 45e SGB XI (dazu später, Seite 160) sind besonders für erwachsene Kinder nach der Schulzeit und erwachsene Pflegebedürftige interessant.

Mit dem Ende der Schulzeit stehen viele Eltern vor der Herausforderung, dass ihr nunmehr erwachsenes Kind altersentsprechend leben möchte. Auch bei pflegebedürftigen Erwachsenen stellt sich die Frage, ob es nicht besser ist, in einer Wohngemeinschaft zu leben. Die Leistungen des § 38a SGB XI und § 45e SGB XI setzen hier an, die gesetzgeberisch anerkennen, dass es Wohnformen außerhalb der stationären Pflegeeinrichtungen gibt. Dazu gehören unter anderem Jugend- und Senioren-Wohngruppen sowie Pflege-Wohngemeinschaften, aber auch die generationsübergreifende Familien-Wohngemeinschaft (vgl. Urteil des Bundessozialgerichts vom 18.02.2016, Aktenzeichen B 3 P 5/14 R). Sie bieten die Möglichkeit, dass Menschen, ob pflegebedürftig oder nicht, zusammen in derselben Lebenssituation leben und Unterstützung erhalten, ohne auf ihre Privatsphäre und Eigenständigkeit verzichten zu müssen.

> **Praxis-Tipp: Wohngruppenzuschlag als zusätzliches Geld**
>
> Die Ansprüche nach § 38a SGB XI und § 45e SGB XI bestehen zusätzlich zu dem Anspruch auf Pflegesachleistungen nach § 36 SGB XI, Pflegegeld nach § 37 SGB XI, Kombinationsleistungen nach § 38 SGB XI oder dem Entlastungsbetrag nach § 45b SGB XI.

Nach § 38a Abs. 1 SGB XI haben Pflegebedürftige aller Pflegegrade von 1 bis 5 einen pauschalen Anspruch auf Wohngruppenzuschlag ab dem 01.01.2017 in Höhe von jeweils 214 Euro pro Monat (vgl. § 28a Abs. 1 Nr. 3 SGB XI). Der Wohngruppenzuschlag wird nach § 38a Abs. 1 Satz 1 Nr. 3 SGB XI für die gemeinschaftliche Beauftragung einer Person verwendet, die allgemeine organisatorische, verwaltende, betreuende oder das Gemeinschaftsleben fördernde Tätigkeiten verrichtet oder hauswirtschaftliche Unterstützung leistet. Diese Formulierung ist recht ungenau und erschließt sich nur durch das Gegenbeispiel der individuellen Leistungen des Pflegebedürftigen nach §§ 36 bis 38 SGB XI. Der Wohngruppenzuschlag dient nicht dazu, die individuellen Leistungen der Pflegebedürftigen nach §§ 36 bis 38 SGB XI aufzustocken. Deshalb kann der Pflegedienst Leistungen einzelner Pflegebedürftiger nicht mit dem Anspruch nach § 38a SGB XI verrechnen. Vielmehr muss dieser für die Wohngruppe eine zusätzliche Versorgung anbieten, die erkennbar eine andere vertragliche Grundlage hat als diejenige mit den einzelnen Pflegebedürftigen. Dabei muss die gesondert beauftragte Person nicht rund um die Uhr anwesend sein. Sie muss auch keine ausgebildete Pflegekraft sein. Es reicht, wenn sie bei einem Pflegedienst beschäftigt ist. Eine zulässige hauswirtschaftliche Unterstützung der Präsenzkraft kann zum Beispiel darin liegen, dass sie die Bewohner beim gemeinschaftlichen Kochen anleitet oder beaufsichtigt. Eine vollständige Übernahme der Tätigkeiten durch die beauftragte Person ist von § 38a SGB XI aber nicht vorgesehen.

> **Praxis-Tipp: Sonderfall Großfamilie als Wohngruppe**
>
> Die Großfamilie entspricht nicht dem klassischen Bild einer Wohngruppe. Deshalb sollte besonders darauf geachtet werden, dass alle Voraussetzungen des § 38a SGB XI erfüllt sind. Der Knackpunkt ist insbesondere, dass der Eindruck entstehen könnte, dass der Zuschlag der Aufstockung der Leistungen der häuslichen Pflege nach §§ 36 ff. SGB XI dient. Vielmehr müssen die familiär verbundenen Wohngruppenmitglieder zum Zweck der gemeinschaftlich organisierten pflegerischen Versorgung miteinander leben. Dieser innere Wille kommt nur dann nach außen hin zum Ausdruck, wenn dafür gemeinschaftlich eine Präsenzkraft beauftragt wird, die über die Pflege hinaus das Zusammenleben der Mitglieder der Wohngruppe organisiert und verwaltet. Dabei muss der Aufgabenkreis der Präsenzkraft deutlich von der individuellen Pflege und den familiären Verpflichtungen abgegrenzt werden können (vgl. Urteil des Bundessozialgerichts vom 18.02.2016, Aktenzeichen B 3 P 5/14 R).

Die Zahlung des Wohngruppenzuschlags für jede berechtigte Person setzt ferner voraus, dass mindestens drei von insgesamt höchstens zwölf Personen in einer gemeinsamen Wohngruppe mit häuslicher pflegerischer Versorgung wohnen, die pflegebedürftig im Sinne der §§ 14, 15 SGB XI sind. Somit ist es möglich, dass einige Bewohner in der Wohngemeinschaft leben, die diese

Ambulant betreute Wohngemeinschaft als alternative Wohnform

Voraussetzungen nicht oder noch nicht erfüllen. Sie erhalten zwar keinen Wohngruppenzuschlag, werden jedoch bei der Ermittlung der Wohngruppengröße berücksichtigt. Dadurch wird die Bildung einer Wohngruppe erleichtert. Die Durchmischung von Pflegebedürftigen mit nicht pflegebedürftigen Menschen kann zu einer außerordentlichen Bereicherung für alle Seiten führen. Die eine Seite kann helfen, womit ein Stück an Erfüllung und gebraucht sein mit einhergeht und die andere Seite kann ihre sozialen Kontakte in einem gewohnten Umfeld aufrechterhalten, ohne dass ihre Pflege vernachlässigt wird. Es gewinnen somit alle. Für die Angehörigen der Pflegebedürftigen bedeutet dies ein Stück Normalität, mit dem gleichzeitigen Wissen, dass jemand für den Pflegebedürftigen da ist.

Die mindestens drei Pflegebedürftigen müssen zudem Pflegesachleistungen nach § 36 SGB XI, Pflegegeld nach § 37 SGB XI, Kombinationsleistungen nach § 38 SGB XI, Angebote zur Unterstützung im Alltag nach § 45a SGB XI oder den Entlastungsbetrag nach § 45b SGB XI beziehen (§ 38a Abs. 1 Satz Nr. 2 SGB XI). Dem steht nicht entgegen, dass bei einem anspruchsberechtigten Bewohner die Leistungen nach § 34 Abs. 1 Nr. 2 SGB XI ruhen, weil er etwa Entschädigungsleistungen wegen Pflegebedürftigkeit aus der gesetzlichen Unfallversicherung erhält.

Weiterhin müssen die Bewohner nach § 38a Abs. 1 Satz 1 Nr. 1 SGB XI in einer gemeinsamen Wohnung leben. Für das Bestehen einer gemeinsamen Wohnung können der Mietvertrag und der Grundriss der Wohnung zu Hilfe genommen werden. Ist aus diesen Unterlagen ersichtlich, dass der Sanitärbereich, die Küche und der Aufenthaltsraum der abgeschlossenen Wohneinheit von allen Bewohnern jederzeit nutzbar sind, kann von einer gemeinsamen Wohnung ausgegangen werden. Dieser Wohnbereich muss von einer eigenen, Abs. hließbaren Wohnungstür vom Freien, von einem Treppenhaus oder von einem Vorraum zugänglich sein. Dagegen liegt keine gemeinsame Wohnung vor, wenn die Pflegebedürftigen jeweils in Apartments mit einem voll ausgestatteten Sanitärbereich in einer Wohnanlage leben, die zusätzlich nur einen gemeinsamen Aufenthaltsraum hat.

Die Leistungen der Pflegeversicherung

Die wichtigste Voraussetzung des § 38a SGB XI ist das Vorliegen einer ambulanten Versorgungsform innerhalb der Wohngruppe, d. h., dass die Pflegebedürftigen in einer gemeinsamen Wohnung unter gleichzeitiger Inanspruchnahme von externer pflegerischer Versorgung leben. Dies dient der Abgrenzung zu stationären oder quasi stationären Einrichtungen, wie etwa Pflegeheimen. Es soll gewährleistet werden, dass die Beiträge der Bewohner selbst, ihres persönlichen Umfelds oder von bürgerschaftlich tätigen Menschen zur Versorgung notwendig bleiben. Es wird also die Möglichkeit der aktiven Mitarbeit der Bewohner, der Pflegepersonen oder anderer Personen vorausgesetzt. Dabei ist es nicht entscheidend, dass die Bewohner in jedem Fall Angehörige oder ein soziales Umfeld haben, die ihnen helfen können. Die Konstruktion der Wohngruppe als solche ist maßgebend. Es muss vorgesehen sein, dass sich das soziale Umfeld der in der Wohngruppe lebenden Personen in die Leistungserbringung und in den Alltag mit einbringen kann. Dazu kann gehören, dass

- die Arztbesuche sichergestellt werden,
- die Wohnung gestaltet wird,
- kleinere Reparaturen selbst erfolgen können,
- Entscheidungen über neue Bewohner möglich sind,
- neue Geräte angeschafft werden oder
- Lebensmittel gemeinsam eingekauft werden.

In der Praxis kommt es häufig vor, dass nicht die Bewohner, sondern Pflegedienste und Wohnungsanbieter eine Wohngemeinschaft anbieten. Dafür spricht, dass die Bewohner aufgrund ihres Alters oft nicht in der Lage sind eine Wohngemeinschaft, die Pflege und die Betreuung insgesamt zu organisieren. Eine aktive Mitarbeit der Bewohner muss aber im Sinne des § 38a SGB XI auch dann möglich sein, wenn es tatsächlich einen Anbieter von Leistungen gibt. Ist die aktive Mitarbeit zum Beispiel der Bewohner und/oder der Pflegepersonen ausgeschlossen, dann liegt keine der häuslichen Pflege vergleichbare Situation vor und ein Anspruch nach § 38a SGB XI ist ausgeschlossen.

> **Praxis-Tipp: Gesamtkonzept der Wohngruppe entscheidend**
>
> Das Gesamtkonzept der Wohngruppe darf nicht darauf angelegt sein, dass zugleich Leistungen der vollstationären Pflege angeboten werden. Es steht die aktive Einbindung der Wohngruppenmitglieder mit ihren eigenen Ressourcen und ihrem sozialen Umfeld, wie Angehörige oder Nachbarn, im Vordergrund. Der Anspruch nach § 38a SGB XI scheidet daher aus, wenn der Pflegebedürftige Leistungen der vollstationären Pflege nach § 43 SGB XI (z. B. Pflegeheim) erhält oder er sich in einer vollstationären Einrichtung der Hilfe für behinderte Menschen nach § 43a SGB XI befindet. Dort besteht normalerweise nicht die Möglichkeit der Einbringung und des Engagements der Bewohner und des sozialen Umfeldes.

Eine Sonderregelung gilt jedoch für die Inanspruchnahme der teilstationären Pflege im Rahmen der Tages- und Nachtpflege nach § 41 SGB XI. Ihre Leistungen sollen neben dem Wohngruppenzuschlag in Anspruch genommen werden können, wenn der MDK festgestellt hat, dass die Pflege in der ambulant betreuten Wohngruppe ohne teilstationäre Pflege nicht ausreicht (vgl. § 38a Abs. 1 Satz 2 SGB XI). Es muss also nachgewiesen werden, dass die vom Pflegebedürftigen benötigten körperbezogenen Pflegemaßnahmen und pflegerischen Betreuungsmaßnahmen ohne Tages- und Nachtpflege nicht sichergestellt werden können. Dabei werden

- die Leistungen der von der Wohngruppe beauftragten Präsenzkraft und
- des ambulanten Pflegedienstes sowie
- der notwendige Entlastungsbedarf der anderen Mitglieder der Wohngruppe, zum Beispiel aufgrund von Störungen des Tages- und Nachtrhythmus,

in die Prüfung des MDK mit einbezogen. Der Wohngruppenzuschlag in Höhe von 214 Euro wird wie das Pflegegeld monatlich im Voraus an den Anspruchsberechtigten gezahlt. Ein konkreter Nachweis über die tatsächlich entstandenen Kosten muss nicht erbracht werden. Die Pflegekasse kann jedoch die in § 38a Abs. 2 SGB XI genannten Nachweise wie

- den Namen, die vollständige Adresse und Telefonnummer des Beauftragten,
- den Pflegevertrag nach § 120 SGB XI, der mindestens Art, Inhalt und Umfang der Leistungen einschließlich der dafür mit den Kostenträgern nach § 89 SGB XI vereinbarten Vergütungen für jede Leistung oder jeden Leistungskomplex gesondert,

anfordern. Der Anspruch auf Wohngruppenzuschlag endet mit der dauerhaften Unterschreitung der Mindestanzahl von drei Anspruchsberechtigten nach § 38a Abs. 1 Satz 1 Nr. 1 SGB XI. Darüber müssen die verbleibenden Anspruchsberechtigten im Rahmen ihrer Mitwirkungspflichten die Pflegekasse unverzüglich informieren.

Anschubfinanzierung für eine Wohngruppe

Zur Förderung von ambulant betreuten Wohngruppen können die nach § 38a SGB XI anspruchsberechtigten Pflegebedürftigen der Pflegegrade 1 bis 5 bei einer gemeinsamen Gründung für die altersgerechte oder barrierearme Umgestaltung der vorhandenen Wohnung einmalig einen Betrag von bis zu 2.500 Euro pro Person geltend machen (vgl. § 45e Abs. 1 SGB XI). Der Gesamtbetrag ist je Wohngruppe auf 10.000 Euro begrenzt. Er wird bei mehr als vier Anspruchsberechtigten anteilig auf die Versicherungsträger der Anspruchsberechtigten aufgeteilt.

Der Antrag auf Anschubfinanzierung ist innerhalb eines Jahres nach Gründung der Wohngruppe nach § 38a SGB XI zu stellen. Er kann aber auch vor der Gründung der Wohngruppe und dem Einzug für die betreffenden Umgestaltungsmaßnahmen gestellt werden (vgl. § 45e SGB XI). Dadurch wird finanzielle Planungssicherheit geschaffen und die Umbaumaßnahmen können vor dem Einzug stattfinden. Die Bewohner ziehen dann in eine fertige und ihren Bedürfnissen angepasste Wohnung ein. Ihnen bleibt also der Umbaustress nach dem Einzug erspart. Zu den förderfähigen Maßnahmen zählen zum Beispiel:

- das Anbringen von Handläufen
- Türvergrößerungen

- das Verlegen von rutschhemmendem Bodenbelag
- die Installation von Armaturen mit verlängertem Hebel oder Schlaufe.

Außerdem kann der Förderbetrag für Umbaumaßnahmen, die als wohnumfeldverbessernde Maßnahmen nach § 40 Abs. 4 SGB XI anerkannt sind, verwendet werden. Die Förderung eines Neubaus, der wie bei einem betreuten Wohnen für die Pflegebedürftigen errichtet wird, ist dagegen ausgeschlossen, denn in diesem Fall kommen keine Umgestaltungsmaßnahmen an der vorhandenen Wohnung in Betracht.

Der Anspruch auf Anschubförderung endet nach § 45e Abs. 2 SGB XI mit Ablauf des Monats, in dem das Bundesversicherungsamt den Pflegekassen und dem Verband der privaten Krankenversicherung e. V. mitteilt, dass mit der Förderung eine Gesamthöhe von 30 Millionen Euro erreicht worden ist. Eine solche Mitteilung hat es noch nicht gegeben. Der Topf ist noch gefüllt. Außerdem gibt es für die Förderung keine zeitliche Befristung, sondern hier gilt das Sprichwort „Wer zuerst kommt, mahlt zuerst."

Praxis-Tipp: Wohnumfeldverbessernde Maßnahmen nutzen

Eine gute Ergänzung zur Anschubfinanzierung nach § 45e SGB XI sind die wohnumfeldverbessernden Maßnahmen nach § 40 Abs. 4 SGB XI. Sie bieten eine zusätzliche Möglichkeit der Finanzierung beim Aufbau einer ambulant betreuten Wohngruppe. Dazu näher unter „Wohnumfeldverbessernde Maßnahmen nach § 40 Abs. 4 SGB XI", Seite 180.

Pflegehilfsmittel nach § 40 Abs. 1 bis 3 und 5 SGB XI

Pflegebedürftige der Pflegegrade 1 bis 5 haben Anspruch auf Versorgung mit Pflegehilfsmitteln nach § 40 Abs. 1 bis 3 und 5 SGB XI (vgl. § 28a Abs. 1 Nr. 4 SGB XI). Diese sollen die Pflege im häuslichen Bereich erleichtern, Beschwerden lindern oder eine selbstständige Lebensführung des Pflegebedürftigen ermög-

Die Leistungen der Pflegeversicherung

lichen. Eine ärztliche Verordnung ist grundsätzlich nicht erforderlich. Zu den Pflegehilfsmitteln gehören transportable sachliche und technische Produkte, die

- nach § 40 Abs. 2 SGB XI zum Verbrauch bestimmt sind, zum Beispiel Einmalhandschuhe, Mundschutz, Schutzschürze, Hand- und Flächendesinfektion oder
- im Sinne des § 40 Abs. 3 SGB XI technische Hilfsmittel sind, wie etwa Pflegebett, Pflegestuhl, Hausnotrufsystem/-gerät, Urinflasche, Toilettenstuhl oder Rückenstütze.

Nach § 40 Abs. 2 SGB XI kann ein monatlicher Höchstbetrag für die Erstattung der Kosten beim Einsatz zum Verbrauch bestimmter Hilfsmittel in Höhe von bis zu 40 Euro bei der Pflegekasse geltend gemacht werden. Manche Apotheken oder Reha-Lieferanten bieten die Möglichkeit an, dass man über sie die Pflegehilfsmittel bezieht. Sie rechnen dann direkt mit der Pflegekasse ab.

> **Praxis-Tipp: Antrag auf Höchstbetrag stellen**
>
> Da es sich um einen Höchstbetrag nach § 40 Abs. 2 SGB XI handelt, kann es sein, dass nicht alle Pflegebedürftige den vollen Betrag in Höhe von 40 EUR erhalten. Hier sollte vorher mit der Pflegekasse geklärt werden, wie hoch der förderfähige Betrag ist. Es ist daher zu empfehlen, dass ein Antrag auf Pflegehilfsmittel in voller Höhe gestellt wird. Die Antragstellung kann auch über eine Apotheke, einen Reha-Lieferanten oder einen Online-Händler erfolgen, die/der später die Versorgung mit Pflegehilfsmitteln übernehmen soll.

Die Leistungen für technische Pflegehilfsmittel sind in § 40 Abs. 3 SGB XI geregelt. Man kann sie schriftlich oder telefonisch bei der Pflegekasse beantragen. Zur Beantragung bietet sich auch die Überprüfung der Pflegebedürftigkeit und des Pflegegrades durch den MDK oder die bei Bezug von Pflegegeld durchzuführende Beratung nach § 37 Abs. 3 SGB XI an. Sofern dort ein Bedarf für ein technisches Pflegehilfsmittel festgestellt wird, werden die Unterlagen an die Pflegekasse weitergeleitet und als Antrag gewertet. Außerdem gehören zu den technischen Pflegehilfsmit-

Pflegehilfsmittel nach § 40 Abs. 1 bis 3 und 5 SGB XI

teln das Zubehör sowie die im Einzelfall erforderliche Anpassung und Ausbildung des Pflegebedürftigen am Hilfsmittel.

Bei den technischen Pflegehilfsmitteln gibt es keinen Höchstbetrag. Sie sollen dem Pflegebedürftigen jedoch nur leihweise überlassen werden, wenn das Pflegehilfsmittel nicht auf Dauer benötigt wird. Somit kommen die technischen Pflegehilfsmittel meist aus dem Lagerbestand der Pflegekasse oder von einem von ihr beauftragten Hilfsmittellieferanten. Sie werden vorher instand gesetzt und dann dem Pflegebedürftigen zur Verfügung gestellt. Dieser hat grundsätzlich keinen Anspruch auf ein neues Pflegehilfsmittel. Die leihweise Überlassung eines wieder instandgesetzten Hilfsmittels kann daher nicht einfach ablehnt werden, weil der Pflegebedürftige unbedingt ein neues Hilfsmittel möchte. Vielmehr kann er nur aus einem zwingenden Grund das technische Hilfsmittel ablehnen (vgl. § 40 Abs. 3 Satz 7 SGB XI). Dies kommt zum Beispiel in Betracht, wenn das Pflegehilfsmittel auch nach einer Änderung und möglichen Anpassung nicht für seine individuelle Pflege geeignet ist. Liegt kein zwingender Grund für die Ablehnung vor, wird der Antrag abgelehnt und der Pflegebedürftige hat die Kosten selbst zu tragen. Der Pflegebedürftige hat aber die Möglichkeit, über die Kassenleistung hinaus eine zusätzliche Ausstattung des Pflegehilfsmittels zu wünschen. Er muss dann die Mehrkosten der nicht notwendigen Leistung selbst zahlen. Ein solches Vorgehen muss vorher mit der Pflegekasse abgesprochen bzw. so beantragt werden. Dadurch lassen sich Missverständnisse hinsichtlich der Bewilligung des Pflegehilfsmittels vermeiden. Dies gilt auch für Hilfsmittel nach der Krankenversicherung (vgl. § 33 Abs. 1 Satz 5 SGB V, siehe dazu gleich „Hilfsmittel nach der Krankenversicherung").

Versicherte, die das 18. Lebensjahr vollendet haben, müssen für technische Pflegehilfsmittel eine Zuzahlung von zehn Prozent des Abgabepreises, höchstens jedoch 25 Euro je Pflegehilfsmittel zahlen (§ 40 Abs. 3 Satz 4 SGB XI). Eine Zuzahlungspflicht besteht nicht für zum Verbrauch bestimmter Pflegehilfsmittel nach § 40 Abs. 2 SGB XI. Die tatsächliche Höhe der Zuzahlung wird von der Pflegekasse bestimmt. Den Betrag zieht aber der Hilfsmittellieferant ein. Eine Ausnahme der Zuzahlungspflicht besteht zum Beispiel bei einer Zuzahlungsbefreiung des Pflegebedürftigen, die vorher bei der Pflegekasse zu beantragen ist.

Die Leistungen der Pflegeversicherung

Pflegehilfsmittel und Hilfsmittel nach der Krankenversicherung

Ein Versorgungsanspruch mit einem Pflegehilfsmittel besteht nach § 40 Abs. 1 SGB XI nur dann, wenn das Hilfsmittel nicht wegen Krankheit oder Behinderung insbesondere von der Krankenversicherung zu gewähren ist. Somit wird von der Pflegekasse immer vorrangig geprüft, ob medizinische Voraussetzungen gegeben sind, die eine Hilfsmittelversorgung laut Krankenversicherung notwendig machen. Es kommt folglich entscheidend auf die Abgrenzung von Pflegehilfsmitteln und Hilfsmitteln nach der Krankenversicherung an. Die Unterscheidung hat Auswirkungen auf die rechtlichen Voraussetzungen für das Hilfsmittel und den zuständigen Ansprechpartner, also die Pflegekasse oder die Krankenkasse.

> **Praxis-Tipp: Vorrang der Hilfsmittel nach der Krankenversicherung**
>
> Nur wenn tatsächlich medizinisch der Anspruch gegen die Krankenkasse zu verneinen ist, kommt ein (technisches) Pflegehilfsmittel in Betracht. Somit muss das Pflegehilfsmittel allein oder überwiegend der Erleichterung der Pflege, der Linderung der Beschwerden oder der Ermöglichung einer selbstständigen Lebensführung dienen. Außerdem kommt eine Versorgung mit einem Pflegehilfsmittel in Betracht, wenn nur noch geringfügig ein Behinderungsausgleich vorstellbar ist. Zu den Hilfsmitteln, die Pflegehilfsmittel und Hilfsmittel nach der Krankenversicherung sind, siehe unten unter „Doppelfunktionale Hilfsmittel".

Hilfsmittel nach der Krankenversicherung

Nach § 33 Abs. 1 Satz 1 SGB V gehören folgende Bereichsgruppen zu den Hilfsmitteln nach der Krankenversicherung:

- Hörhilfen
- Körperersatzstücke
- orthopädische und andere Hilfsmittel sowie
- die notwendigen Zubehörteile und die Änderung, Instandsetzung und Ersatzbeschaffung des Hilfsmittels

Pflegehilfsmittel nach § 40 Abs. 1 bis 3 und 5 SGB XI

Außerdem sind im Einzelfall noch eine Ausbildung am Hilfsmittel, die notwendigen Wartungen und technischen Kontrollen als Folgeerscheinung vom Hilfsmittelbegriff erfasst. Die Hilfsmittelversorgung nach der Krankenversicherung dient dazu, den Erfolg der Krankenbehandlung zu sichern, einer drohenden Behinderung vorzubeugen oder eine Behinderung auszugleichen.

Die Krankheit ist der zentrale Begriff zur Bestimmung der Versicherungsfälle nach der gesetzlichen Krankenversicherung (vgl. § 11 SGB V). Wann eine Krankheit vorliegt, wird gesetzlich nicht definiert. Nach der Rechtsprechung liegt sie vor, wenn ein regelwidriger Körper- oder Geisteszustand vorhanden ist, der Behandlungsbedürftigkeit und/oder eine Arbeitsunfähigkeit zur Folge hat. Für die Annahme einer Krankheit ist somit eine festzustellende Funktionsbeeinträchtigung erforderlich, die grundsätzlich durch ärztliche Hilfe behandlungsfähig ist. Unheilbare Krankheiten sind im Sinne einer Schmerzlinderung oder der Verlängerung des Lebens noch behandlungsfähig und -bedürftig. Eine Arbeitsunfähigkeit liegt dagegen vor, wenn der Versicherte die bisher ausgeübte Erwerbstätigkeit nicht oder nur mit der Gefahr der Verschlimmerung seines Gesundheitszustandes ausüben kann. Letztlich wird es darauf ankommen, ob man von einem Arzt eine Arbeitsunfähigkeitsbescheinigung erhalten hat oder nicht. Eine Ausnahme liegt in diesem Zusammenhang vor, wenn der Betroffene noch eine ähnliche oder gleichartige Tätigkeit ausüben kann und der Arbeitgeber sie ihm zuweist. Dann ist der Arbeitnehmer nicht arbeitsunfähig und muss deshalb auf Arbeit erscheinen.

Nach § 2 SGB IX sind Menschen behindert, wenn ihre körperlichen Funktionen, geistigen Fähigkeiten oder seelische Gesundheit mit hoher Wahrscheinlichkeit länger als sechs Monate von dem für das Lebensalter typischen Zustand abweichen und daher die Teilhabe am Leben in der Gesellschaft beeinträchtigt ist.

Der GKV-Spitzenverband als Interessenvertretung der gesetzlichen Krankenkassen und Pflegekassen hat zu den Hilfsmitteln generell ein Verzeichnis erstellt. Es ist für alle gesetzlichen Kranken- und Pflegekassen bindend. Das Hilfsmittelverzeichnis ist nach Produktgruppen, Anwendungsort, Untergruppe, Produktart

Die Leistungen der Pflegeversicherung

und Einzelprodukt mit Produktnamen und Herstellerangabe gegliedert (vgl. § 4 HilfsM-RL). Aus dieser Gliederung ergibt sich eine zehnstellige Positionsnummer.

Aufbau einer Positionsnummer, Beispiel

18.50.01.0.XXX Standard-Schieberollstühle

18. ——————— Produktgruppe (Kranken/-Behindertenfahrzeuge)
50. ——————— Anwendungsort
(Innenraum und Außenbereich/Straßenverkehr)
01. ——————— Untergruppe (Schieberollstuhl)
0. ——————— Produktart (Standard)
XXX — Einzelprodukt mit Produktnamen und Herstellerangabe

Zu den weiteren Produktgruppen im Hilfsmittelverzeichnis gehören etwa Absauggeräte, Badehilfen, Einlagen, Gehhilfen, Hörhilfen, Inkontinenzhilfen, Kommunikationshilfen, Kranken-/Behindertenfahrzeuge, Lagerungshilfen, Mobilitätshilfen, Orthesen/Schienen, Prothesen, Sitzhilfen, Sprechhilfen, Schuhe sowie Pflegehilfsmittel zur Erleichterung der Pflege oder zur Körperpflege/Hygiene.

Das Hilfsmittelverzeichnis des GKV-Spitzenverbandes kann im Internet abgerufen werden: http://hilfsmittel.gkv-spitzenverband.de.

Doppelfunktionale Hilfsmittel

Das Handlungsfeld der Hilfsmittel nach der Krankenversicherung ist recht weit und führt dazu, dass die Grenzen zu den Pflegehilfsmitteln fließend sind. Dies geht so weit, dass es doppelfunktionale Hilfsmittel gibt, die Hilfsmittel nach der Krankenversicherung und Pflegehilfsmittel sind. Sie können sowohl bei der Krankenkasse als auch bei der Pflegekasse unter Vorlage einer ärztlichen Verordnung beantragt und bewilligt werden. In diesen Fällen kommt es zu einer Aufteilung der Kosten zwischen der Kranken- und Pflegekasse. Zu den doppelfunktionalen Hilfsmitteln gehören nach der Richtlinie zur Festlegung der doppelfunktionalen Hilfsmittel vom 11.11.2013 (RidoHiMi) beispielsweise:

Pflegehilfsmittel nach § 40 Abs. 1 bis 3 und 5 SGB XI

Doppelfunktionales Hilfsmittel	Anteil	
	Kranken-kasse	Pflege-kasse
Badehilfen (z. B. Badewannenlifter, Badewannensitze, Duschhilfen, Badewanneneinsätze)	65,3 %	34,7 %
Toilettenhilfen (z. B. Toilettensitze, Toilettenstützgestelle, Toilettenstühle, WC-Aufsätze mit Wascheinrichtung)	87 %	13 %
Kranken- und Behindertenfahrzeuge (z. B. Schieberollstühle, verstärkte Rollstühle, Buggys, Reha-Karren)	92,3 %	7,7 %
Pflegehilfsmittel zur Erleichterung der Pflege (z. B. Pflegebetten, Pflegebettenzubehör, spezielle Pflegebetttische, Pflegerollstühle)	8,3 %	91,7 %

Sehhilfen als Hilfsmittel der Krankenversicherung

Ferner zählen zu den Hilfsmitteln nach der Krankenversicherung die Sehhilfen (vgl. § 33 Abs. 2 SGB V). Diese sollen, wie die oben genannten Hilfsmittel nach § 33 Abs. 1 SGB V, den Erfolg einer Krankenbehandlung sichern, eine drohende Behinderung vorbeugen oder eine Behinderung ausgleichen. Eine Kostenübernahme besteht grundsätzlich für die Gläser, die Kontaktlinsen (in medizinischen Ausnahmefällen) und die damit zusammenhängenden Änderungen, die Instandsetzung sowie die Ersatzbeschaffung. Kein Kostenersatz besteht dagegen für das Brillengestell. Allerdings ist bei der Sehhilfenversorgung zu beachten, dass für Versicherte, die das 18. Lebensjahr vollendet haben, ein Anspruch nach § 33 Abs. 2 Satz 2 SGB V nur besteht, wenn sie aufgrund ihrer Sehschwäche oder Blindheit, entsprechend der von der Weltgesundheitsorganisation (WHO) empfohlenen Klassifikation des Schweregrades der Sehbeeinträchtigung auf beiden Augen eine schwere Sehbeeinträchtigung mindestens der Stufe 1 aufweisen (Sehleistung bei bestmöglicher Korrektur ≤ 0,3 auf beiden Augen).

Für therapeutische Sehhilfen gilt bei Versicherten ab Vollendung des 18. Lebensjahres außerdem zu beachten, dass diese der Behandlung von Augenverletzungen oder Augenerkrankungen dienen müssen (vgl. § 33 Abs. 2 Satz 2 SGB V). So können zum Beispiel in folgenden Fällen therapeutische Sehhilfen verordnet werden (vgl. § 17 HilfsM-RL):

- Brillenglas mit Lichtschutz mit einer Transmission ≤ 75 Prozent bei den Blendenschutz herabsetzenden Substanzverlusten der Iris (zum Beispiel Iriskolobom, Aniridie) und Albinismus

- Brillenglas mit UV-Kantenfilter (400 nm) bei Aphakie (Linsenlosigkeit), Iriskolobomen und Albinismus

- Verbandlinsen/Verbandschalen bei/nach Hornhauterosionen, Abrasio bei Operation, Verätzung/Verbrennung und Hornhautverletzungen

- Kunststoffgläser als Schutzgläser, wenn der Versicherte aufgrund seiner Epilepsie und/oder Spastiken erheblich sturzgefährdet ist.

Eine weitere Einschränkung der Kostenübernahme für die Versorgung mit Sehhilfen sieht § 33 Abs. 4 SGB V für Versicherte, die das 14. Lebensjahr vollendet haben, vor. Eine erneute Versorgung mit einer Sehhilfe kommt grundsätzlich nur dann in Betracht, wenn die Sehfähigkeit sich um mindestens 0,5 Dioptrien verändert hat.

Zur Versorgung mit Sehhilfen folgender Überblick:

Lebensjahr	Kostenübernahme
bis vollendetem 18. Lebensjahr	- Sehhilfe - kein Brillengestell
ab vollendetem 14. Lebensjahr	- erneute Versorgung mit Sehhilfe nur, wenn Änderung der Sehfähigkeit um mind. 0,5 Dioptrien vorliegt - kein Brillengestell
ab vollendetem 18. Lebensjahr	- grundsätzlich keine Sehhilfe, wenn nicht § 33 Abs. 2 Satz 2 SGB V vorliegt - kein Brillengestell

Antrag und Bearbeitungsfristen von Hilfsmitteln nach der Krankenversicherung

Die Hilfsmittel nach der Krankenversicherung müssen ärztlich verordnet werden. Die ärztliche Verordnung hat aber gegenüber der Krankenversicherung nur Empfehlungscharakter, sodass diese unter Einschaltung des MDK auch eine andere Entscheidung treffen kann.

Praxis-Tipp: Antragsbegründung spart Bearbeitungszeit und Ärger

Häufig wird der Antrag auf ein Hilfsmittel z. B. über ein Sanitätshaus gestellt. Der Antrag besteht aus dem Rezept, dem Kostenvoranschlag des Hilfsmittels und u. U. einer knappen Begründung. Eine ausführliche Begründung fehlt in der Regel. Bei teuren Hilfsmitteln kann es sich jedoch lohnen, Wert auf eine richtige Begründung zu legen. Man sollte dabei bedenken, dass es mit guten Argumenten für den Bearbeiter der Krankenkasse leichter ist, dem Antrag stattzugeben.

Die Leistungen der Pflegeversicherung

> Dazu empfiehlt es sich im eigenen Antrag mitzuteilen, dass das Hilfsmittel tatsächlich erprobt und z. B. dem Physiotherapeuten gezeigt oder mit ihm zusammen ausgewählt wurde. Ferner bietet es sich an, Fotos vom Pflegebedürftigen mit dem Hilfsmittel zu machen und sich eine Empfehlung vom Physiotherapeuten geben zu lassen, die dem Antrag beigefügt werden. Schließlich sollten das Hilfsmittel und seine Vorzüge für den Pflegebedürftigen in Maßen geschildert werden.

Über den zugegangenen Hilfsmittelantrag hat die Krankenkasse nach § 13 Abs. 3a Satz 1 SGB V bis zum Ablauf von drei Wochen zu entscheiden. Nur, wenn zusätzlich eine gutachterliche Stellungnahme erforderlich ist, muss innerhalb von fünf Wochen entschieden werden. Darüber muss die Krankenkasse vorher informieren. Die Drei- oder Fünf-Wochen-Frist nach § 13 Abs. 3a Satz 1 SGB V beginnt jeweils mit Antragseingang. Dabei ist zu beachten, dass der Tag des Zugangs des Antrags nicht dazu zählt.

Beispiel:
Der Antrag wird am 09.01.2017 persönlich in den Briefkasten bei der Krankenkasse eingeworfen. Die Frist beginnt am 10.01.2017. Die dreiwöchige Frist endet am 30.01.2017 und die fünfwöchige Frist am 13.02.2017, jeweils um 24:00 Uhr.

Der Antrag auf ein Hilfsmittel ist nicht formgebunden. Er kann somit mündlich oder per Brief, E-Mail und Fax gestellt werden. Für den Pflegebedürftigen ist die Entscheidung über die richtige Methode der Antragstellung nicht leicht. Es gilt immer zu beachten, dass er den Zugang des Antrags im Streitfall beweisen muss. Daher empfiehlt sich die Zustellung per Brief. Hier gibt es unterschiedliche Methoden. Eine davon ist die persönliche Zustellung direkt bei der Krankenkasse. Man weiß, wann der Antrag im Briefkasten der Krankenkasse eingeworfen wurde. Aus Beweiszwecken sollte man einen Zeugen, zum Beispiel einen Angehörigen oder eine sonstige Pflegeperson, vor-

Pflegehilfsmittel nach § 40 Abs. 1 bis 3 und 5 SGB XI

her den Brief lesen lassen und bei der Zustellung dabei haben. Von Vorteil ist auch, wenn sich dieser vom Inhalt des Antrags Notizen macht und den Zugangstag notiert. Im Streitfall erinnern sich Zeugen meist einige Monate später nicht mehr an den genauen Ablauf und darauf kommt es bei Fristberechnungen an. Die Zustellung als Einschreiben eigenhändig oder Einschreiben mit Rückschein hat auch ihre Tücken. So kann es passieren, dass der Postbote keinen antrifft oder wahrscheinlicher, dass keiner den Zugang quittieren will. In diesen Fällen nimmt er den Antrag wieder mit und erst mit Abholung von der Poststelle gilt die Zustellung als erfolgt. Bei der Zustellung des Antrags per Post stellt sich häufig die Frage, ob die Krankenkasse den Tag des Zugangs bestätigt. Unterlässt sie es, gilt der Brief spätestens am dritten Tag nach Aufgabe bei der Post als zugegangen. In dem Fall, dass der Brief jedoch länger als drei Tage braucht, zählt der Tag des tatsächlichen Zugangs, sofern die Krankenkasse dies beweisen kann. Auch bei dieser Versandoption sollte ein Zeuge dabei sein.

Die Drei- oder Fünf-Wochen-Frist ist eine Ausschlussfrist, sodass nach § 13 Abs. 3a Satz 6 SGB V der Antrag als bewilligt gilt, wenn keine Mitteilung erfolgt oder hinreichende Gründe für das Fristversäumnis seitens der Krankenkasse vorgebracht werden können. Ein hinreichender Grund liegt nicht bereits dann vor, wenn der Antrag nicht rechtzeitig bearbeitet werden konnte, weil zu wenig Mitarbeiter zum Beispiel aufgrund von Krankheit oder Urlaub vorhanden waren. Bei einem Personalmangel handelt es sich um ein Organisationsverschulden der Krankenkasse. Auch die Klärung von Rechtsfragen zum Antrag rechtfertigt keine Fristüberschreitung, sodass dies zu Lasten der Krankenkasse geht. In Betracht kommen lediglich Gründe, die außerhalb der Sphäre der Krankenkasse liegen. Dazu gehört zum Beispiel, dass der Antragsteller nur unvollständige Angaben macht oder nicht genügend Unterlagen vorlegt, sodass etwa noch ärztliche Befunde eingeholt werden müssen. Auch die fehlende Mitwirkung bei einer notwendigen Untersuchung durch den MDK kann ein Fristversäumnis der Krankenkasse verhindern. Dagegen kann die fehlende rechtzeitige Begutachtung des MDK keinen hinreichenden

Die Leistungen der Pflegeversicherung

Grund für die Überschreitung der Frist darstellen. Hierfür existiert bereits die fünfwöchige Frist. Im Vordergrund der Beurteilung, ob ein hinreichender Grund vorliegt, steht daher, ob die Krankenkasse selber kein Verschulden trägt.

Der Versicherte kann sich nach Fristablauf auf Kosten der Krankenkasse die erforderliche Leistung selbst beschaffen (vgl. § 13 Abs. 3a Satz 7 SGB V). Dabei ist aber Fingerspitzengefühl gefragt, denn es gibt viele Unabwägbarkeiten. Es ist zum Beispiel noch nicht abschließend geklärt, ob alle Voraussetzungen für die Leistungsbewilligung vorliegen müssen. Hier herrscht für den Pflegebedürftigen als Antragsteller Rechtsunsicherheit. Er muss letztlich einschätzen können, dass das Hilfsmittel erforderlich und zudem wirtschaftlich ist (zum Wirtschaftlichkeitsgebot bei Hilfsmitteln siehe den folgenden Abschnitt). Der Pflegebedürftige wird aber kaum in der Lage sein, dies zu bestimmen. Daher empfiehlt es sich, vor der Selbstbeschaffung mit der Krankenkasse Kontakt aufzunehmen und ihr das Fristversäumnis vorzuhalten. Die Krankenkasse wird wissen, dass damit das Hilfsmittel als genehmigt gilt und unter Umständen dem Antrag einfach stattgeben (vgl. § 13 Abs. 3a Satz 6 SGB V). In jedem Fall muss der Antragsteller aber damit rechnen, einen Eigenanteil oder eine Zuzahlung zu leisten (dazu gleich näher unter „Zuzahlung bei Hilfsmitteln nach der Krankenversicherung" und „Eigenanteils- und Zuschussempfehlungen bei Hilfsmitteln mit Gebrauchsgegenstandsanteil").

> **Praxis-Tipp: Frist gilt auch für doppelfunktionale Hilfsmittel**
>
> Die Regelung des § 13 Abs. 3a SGB V ist nicht nur auf die Leistungen der Krankenversicherung beschränkt. Sie umfasst auch alle doppelfunktionalen Hilfsmittel, die Hilfsmittel nach der Krankenversicherung und Pflegehilfsmittel nach der Pflegeversicherung sind. Dagegen gilt die drei- und fünfwöchige Frist des § 13 Abs. 3a SGB V nicht für die restlichen Leistungen der Pflegeversicherung.

Pflegehilfsmittel nach § 40 Abs. 1 bis 3 und 5 SGB XI

Wirtschaftlichkeitsgebot bei Hilfsmitteln

Bei der Beantragung von Hilfsmitteln nach § 33 SGB V sollte beachtet werden, dass die Krankenkasse nach § 12 Abs. 1 SGB V (vgl. auch § 29 SGB XI bei Pflegehilfsmitteln) nur Leistungen bewilligen muss,

- die ausreichend, zweckmäßig und wirtschaftlich sind und

- das Maß des Notwendigen nicht überschreiten (sogenanntes Wirtschaftlichkeitsgebot).

Diese Forderungen des Gesetzgebers haben weitreichende Konsequenzen. Die Krankenkasse ist nicht dazu verpflichtet, jedes vom Antragsteller gewünschte Hilfsmittel und Zubehör zu bewilligen. Der Versicherte muss etwa von seinen körperlichen und geistigen Fähigkeiten in der Lage sein, das beantragte Hilfsmittel voll zu nutzen. Die Krankenkasse kann zudem einen Antrag teilweise oder vollständig mit der Begründung ablehnen, dass mehrere Gerätetypen zur Verfügung stehen und ein preiswerteres Modell ausreichend sei.

Außerdem muss die Krankenkasse nur Hilfsmittel bewilligen, die der Erfüllung der elementaren Grundbedürfnisse des täglichen Lebens dienen, wie zum Beispiel das Gehen, das An- und Auskleiden, das Verlassen der Wohnung, die Aufnahme von Informationen und lebensnotwendigem (Schul-)Wissen. Der Betroffene darf deshalb nur in die Lage versetzt werden, diese Grundbedürfnisse auszuüben. So kann zum Beispiel dem Versicherten kein Hilfsmittel zur Verfügung gestellt werden, welches es ihm ermöglicht, längere Wegstrecken zurückzulegen, als dies ein nicht behinderter Mensch beim normalen Gehen zu Fuß könnte. Auch ist es gefestigte Rechtsprechung, dass private, gesellschaftliche oder berufliche Nachteile nicht durch eine Hilfsmittelversorgung auszugleichen sind. Somit scheiden beispielsweise folgende Hilfsmittel aus:

- Trainings- und Fitnessgeräte

- Badebekleidung für den Freizeitsport

- Reiserollstühle

Die Leistungen der Pflegeversicherung

> **Praxis-Tipp: Eingliederung in den Kreis der Gleichaltrigen**
>
> Die Bewilligung von Hilfsmitteln, die auf die elementaren Grundbedürfnisse beschränkt sind, ist bei Babys, Kindern und Jugendlichen zum Teil anders zu bewerten als bei Erwachsenen. Eine soziale Einteilung nach Freizeit, Gesellschaft und Beruf gibt es bei ihnen nicht. Für sie zählt, je nach Entwicklungsphase, insbesondere die Eingliederung in den Kreis der Gleichaltrigen. Somit muss das Hilfsmittel nur die gleichberechtigte Teilhabe am Leben in der Gemeinschaft wesentlich fördern.

Ferner werden von der Krankenkasse keine Hilfsmittel übernommen, die von geringem oder umstrittenem therapeutischen Nutzen sind oder einen geringen Abgabepreis haben. Dazu hat das Bundesministerium für Gesundheit nach § 34 Abs. 4 SGB V eine entsprechende Rechtsverordnung erlassen (vgl. §§ 1 f. VO-Hilfsmittel). Danach müssen zum Beispiel keine Kosten übernommen werden für:

- Kompressionsstücke für Waden und Oberschenkel; Knie- und Knöchelkompressionsstücke
- Wärmeflaschen und Kühl-/Eisbeutel
- Alkoholtupfer
- Armtragetücher
- Salbenpinsel

Zuzahlung bei Hilfsmitteln nach der Krankenversicherung

Schließlich müssen nach § 33 Abs. 8 SGB V Versicherte, die das 18. Lebensjahr vollendet haben, eine Zuzahlung in Höhe von zehn Prozent des Abgabepreise, mindestens 5 Euro jedoch höchstens 10 Euro für jedes Hilfsmittel leisten. Dies gilt auch bei zum Verbrauch bestimmten Hilfsmitteln wie Windeln. Der Zuzahlungsbetrag ist aber auf höchstens 10 Euro je Monat beschränkt. Der Hilfsmittellieferant zieht den Betrag direkt beim Versicherten ein.

Wichtig: Keine Zuzahlungspflicht besteht bei Babys, Kindern und Jugendlichen unter 18 Jahren. Außerdem kann der Pflegebedürftige eine Zuzahlungsbefreiung bei der Krankenkasse beantragen.

Eigenanteils- und Zuschussempfehlungen bei Hilfsmitteln mit Gebrauchsgegenstandsanteil

Bei der Beantragung und dem Bezug von Hilfsmitteln nach der Pflege- und/oder der Krankenversicherung ist immer zu beachten, dass es Produkte gibt, die alltägliche Gebrauchsgegenstände sein können. Ein sogenannter Gebrauchsgegenstand liegt vor, wenn er nicht allein für kranke oder behinderte sowie pflegebedürftige Menschen gedacht ist. Das Produkt kann somit von allen Menschen erworben und genutzt werden. Dabei spielt es keine Rolle, ob das Produkt für den Betroffenen besser geeignet ist als für einen gesunden Menschen. Auch der Preis ist unerheblich. Entscheidend für die Bestimmung als Gebrauchsgegenstand ist nur der Zweck, den der Hersteller gewollt hat.

> **Praxis-Tipp: Gebrauchseigenschaft als Ablehnungsgrund**
>
> Leider berufen sich insbesondere die Krankenkassen häufig auf die Gebrauchseigenschaft, wenn es um neue Technik geht, wie zum Beispiel ein iPad/Tablet für die sog. unterstützte Kommunikation von behinderten Menschen. Es kommt jedoch bei den Gerichten gerade Bewegung in diese Angelegenheit. So hat das Sozialgericht Berlin in seinem rechtskräftigen Urteil vom 22.01.2016 (Aktenzeichen S 89 KR 1636/14) ein GPS-System als „Blinden-Navi" nicht als Gebrauchsgegenstand angesehen, sodass die Krankenkasse es genehmigen musste. Das „Blinden-Navi" ist ein Navigationssystem, das es blinden Menschen u. a. ermöglicht Routen selbstständig einzugeben und über die Lautsprecherfunktion zu erfahren, auf welcher Straße man sich befindet und ob man an einer Kreuzung, Supermarkt, Bank oder Bushaltestelle steht.

Die Leistungen der Pflegeversicherung

Eine Kostenübernahme des Produktes scheidet vollständig aus, wenn es sich nur um einen Gebrauchsgegenstand, wie zum Beispiel Fieberthermometer, normalen Autokindersitz, Computer, Schreibmaschine, normalen Geh- und Spazierstock, iPad bzw. Tablet, handelt. Dagegen gibt es Produkte, die spezielle Hilfsmittel sind, aber auch einen normalen Gebrauchsfaktor aufweisen. Dazu gehören zum Beispiel Schuhe, Therapie-Fahrräder, Reha-Autokindersitze, Wecker, Badeanzüge, Reha-Kinderwagen oder Reha-Buggys. Diese Gegenstände können im Einzelfall als Hilfsmittel bei der Kranken-/Pflegekasse beantragt werden. Der Anspruchsberechtigte muss jedoch damit rechnen, dass er einen Kostenanteil in Form eines Eigenanteils oder einen Zuschuss für den Gebrauchsgegenstandsanteil zu zahlen hat. Nach Abzug des Gebrauchsgegenstandsanteils vom Abgabepreis des Hilfsmittels wird der oben genannte Zuzahlungsbetrag berechnet.

Zu den Eigenanteils- und Zuschussempfehlungen bei Hilfsmitteln mit Gebrauchsfaktor folgender Überblick (vgl. Anhang II des Gemeinsamen Rundschreibens der Spitzenverbände der Krankenkassen zur Versorgung mit Hilfsmitteln und Pflegehilfsmitteln vom 18.12.2007 in der Fassung vom 20.12.2012: Eigenanteils- und Zuschussempfehlungen bei Hilfsmitteln mit Gebrauchsgegenstandsanteil):

Produkt	Empfohlener Eigenanteil
Orthopädische Schuhe für Erwachsene, Maßschuhe:	pro Paar
▪ Straßenschuhe	76 EUR
▪ Hausschuhe	40 EUR
▪ Sportschuhe	30 EUR
▪ Badeschuhe	14 EUR
▪ Interimsschuhe	keine Empfehlung

Pflegehilfsmittel nach § 40 Abs. 1 bis 3 und 5 SGB XI

Produkt	Empfohlener Eigenanteil
Orthopädische Schuhe für Erwachsene, Konfektionsschuhe:	pro Paar
■ Stabilisationsschuhe bei Sprunggelenkbeschädigung	76 EUR
■ Stabilisationsschuhe bei Achillessehnenschädigung	76 EUR
■ Stabilisationsschuhe bei Lähmungszuständen	76 EUR
■ Verbandsschuhe (Kurzzeit/Langzeit), Fußteilentlastungsschuh, Korrektursicherungsschuhe	keine Empfehlung
■ Schuhe über Beinorthese	76 EUR
■ Konfektionierte Schutzschuhe für Diabetiker (Straßenschuh)	76 EUR
■ Konfektionierte Schutzschuhe für Diabetiker (Hausschuh)	40 EUR
Orthopädische Schuhe für Kinder, Maßschuhe:	pro Paar
■ Straßenschuhe	45 EUR
■ Hausschuhe	20 EUR
■ Sportschuhe	20 EUR
■ Badeschuhe	14 EUR
■ Interimsschuhe	keine Empfehlung
Orthopädische Schuhe für Kinder, Konfektionsschuhe:	pro Paar
■ Stabilisationsschuhe bei Sprunggelenkbeschädigung	45 EUR
■ Stabilisationsschuhe bei Achillessehnenschädigung	45 EUR

Die Leistungen der Pflegeversicherung

Produkt	Empfohlener Eigenanteil
▪ Stabilisationsschuhe bei Lähmungszuständen	45 EUR
▪ Verbandsschuhe (Kurzzeit/Langzeit), Fußteilentlastungsschuh	keine Empfehlung
▪ Korrektursicherungsschuhe	45 EUR
▪ Schuhe über Beinorthese	45 EUR
Zwei-/Dreirad	255 EUR pro Stück
Therapiedreiräder für Erwachsene	255 EUR pro Stück
Behindertengerechter Autokindersitz	100 EUR bis zur Vollendung des 12. Lebensjahres
Personenstandwaage	30 EUR pro Stück
Reha-Karren/-Buggy	100 EUR bis zur Vollendung des 3. Lebensjahres
Spreizkinderwagen	200 EUR bei Eigentumsübergang auf den Versicherten

Produkt	Empfohlener Zuschuss
Badehose oder Badeanzug für Inkontinente	175 EUR pro Stück
Badeanzug für Brustprothesenträgerinnen	50 EUR pro Stück
Schlupfsack (z.B. für Rollstuhlfahrer)	max. 125 EUR
Prothesenfixierung (für Brustprothesenträgerinnen)	40 EUR pro Stück

Pflegehilfsmittel nach § 40 Abs. 1 bis 3 und 5 SGB XI

Praxis-Tipp: Den richtigen Hilfsmittellieferanten finden

Hat man eine ärztliche Verordnung für ein Hilfsmittel, zum Beispiel einen Rollstuhl, bekommen, sollte sich darum gekümmert werden, wen man als Leistungserbringer (z. B. Sanitätshaus oder Reha-Lieferant) „beauftragen" möchte, einem dieses Hilfsmittel zu beschaffen. Nun stellen sich hier, wie auch bei anderen Sachen, Fragen wie: Wen nehme ich? Wer ist kompetent? Wer berät mich gut? Wem vertraue ich? Man selbst ist auf diesem Gebiet meist Laie und auf die Erfahrungen von Medizintechnikern usw. angewiesen. Häufig gibt es in einer Stadt ein, zwei große Hilfsmittelhändler/-anbieter oder Sanitätshäuser, die führend sind. Aber sind die gut? Sind sie das, was ich suche? Ähnlich wie bei anderen größeren Anschaffungen im Leben sollte man sich umhören, Bekannte fragen und sich mit anderen beraten.

Eine getroffene Entscheidung für einen Leistungserbringer ist nicht lebenslang bindend, man kann wechseln, wenn einem der Service bzw. im weiteren Sinne die Zusammenarbeit nicht gefällt. Was bei dem einen passt, muss auf einen selber nicht unbedingt zutreffen. Vielleicht gibt es ja in einer anderen Stadt eine gute Alternative. Ein Anruf lohnt sich, vielleicht beliefert dieses Sanitätshaus ja auch die eigene Stadt. Wichtig bei der Entscheidung sollte unserer Erfahrung nach sein, ob man menschlich zusammenpasst, d. h. ähnlich wie bei einer größeren Anschaffung im „normalen" Leben sollte man sich in Gegenwart des „Verkäufers" wohl fühlen. Nimmt er mich, mein Anliegen, meine Fragen und Wünsche ernst und hat er genug Zeit, um auf mich und mein Problem individuell einzugehen? Wie ist die Erreichbarkeit, wenn ich eine Nachfrage habe, etwas an meinem Hilfsmittel kaputt ist? Kennt er sich mit den gesetzlichen Bestimmungen, was mein Hilfsmittel angeht, aus? Manche Sachen sind Zusatzleistungen, die ich privat bezahlen müsste. Will ich das? Weist mich der Techniker bzw. der Mitarbeiter darauf hin? Gibt es die Möglichkeit, das Hilfsmittel vorher auf „Herz und Nieren" zu testen? Man sollte auch unbedingt daran denken, dass es eine Weile dauern kann, bevor man sein Hilfsmittel bekommt. Da ist zunächst die Bearbeitungszeit der Kranken-/Pflegekasse (ca. drei Wochen), bei Begutachtung des MDK noch mal länger. Anschließend muss das Hilfsmittel bestellt werden und später erfolgt dann noch das Finetuning.

Wohnumfeldverbessernde Maßnahmen nach § 40 Abs. 4 SGB XI

Zur Verbesserung des Wohnumfeldes können die Pflegebedürftigen der Pflegegrade 1 bis 5 einen Zuschuss je Maßnahme in Höhe von bis zu 4.000 Euro bei der Pflegekasse beantragen (vgl. § 40 Abs. 4, § 28a Abs. 1 Nr. 5 SGB XI). Leben mehrere Pflegebedürftige zusammen, so kann je Pflegebedürftiger ein Zuschuss in Höhe von bis zu 4.000 Euro geltend gemacht werden. Der Gesamtzuschuss nach § 40 Abs. 4 SGB XI ist auf 16.000 Euro begrenzt (z. B. bei fünf pflegebedürftigen WG-Bewohnern). Die Entscheidung über die Gewährung eines Zuschusses liegt im Ermessen der Pflegekasse. Sie prüft, ob es sich um wohnumfeldverbessernde Maßnahmen handelt, die

- die häusliche Pflege überhaupt erst ermöglichen,
- die häusliche Pflege erheblich erleichtern oder
- zu einer größtmöglichen Wiederherstellung der selbstständigen Lebensführung des Pflegebedürftigen führen.

> **Praxis-Tipp: Absprache mit dem Vermieter beachten**
>
> Die wohnumfeldverbessernden Maßnahmen können bei Umbaumaßnahmen auch mit Eingriffen in die Bausubstanz verbunden sein. Sie sollten daher, sofern notwendig, mit dem Vermieter abgesprochen und schriftlich dokumentiert werden. Es sollte auch eine Absprache für den Fall des Auszugs geben, da grundsätzlich der ursprüngliche Zustand der Wohnung wieder hergestellt werden muss.

Wohnumfeldverbessernde Maßnahmen nach § 40 Abs. 4 SGB XI

Die Pflegekasse gewährt einen Zuschuss nur für die jeweilige Maßnahme, bezogen auf die Ist-Pflegesituation. Ausschlaggebend ist daher die Pflegesituation zum Zeitpunkt der Zuschussgewährung. So werden zum Beispiel die Verbreiterung der Tür und der Einbau eines Treppenlifters nicht als getrennte Verbesserungsmaßnahmen gewertet, sondern als eine zuschussfähige Maßnahme. Nur, wenn sich die Pflegesituation nach der Zuschussgewährung ändert oder ein Umzug zur Verbesserung der Wohnsituation des Pflegebedürftigen erforderlich ist, kann ein neuer Antrag nach § 40 Abs. 4 SGB XI gestellt werden. Dies gilt auch dann, wenn bereits in dem Jahr ein Zuschuss bewilligt wurde. Eine Deckelung gibt es laut Gesetz nicht.

Der Zuschuss gilt für die Wohnung des Pflegebedürftigen oder für den Haushalt, in den er aufgenommen wurde, solange der Lebensmittelpunkt dort auf Dauer ist. Lebt der Anspruchsberechtigte in einem Altenheim, Pflegeheim oder in einer Wohneinrichtung, die vom Vermieter gewerbsmäßig an Pflegebedürftige vermietet wird, liegt keine Wohnung oder Haushalt im Sinne des § 40 Abs. 4 SGB XI vor. Ein Anspruch auf wohnumfeldverbessernde Maßnahmen scheidet aus.

Beispiele von wohnumfeldverbessernden Maßnahmen

Für folgende Maßnahmen können Zuschüsse beantragt werden (vgl. BRi-2017, Seite 256 ff.; Rundschreiben-2017, Seite 183 ff.)

wohnumfeldverbessernde Maßnahme	zu dieser Maßnahme gehört/gehören
Aufzug	■ Einbau eines Personenaufzugs im eigenen Haus ■ Anpassungsmaßnahmen, wie Verbreiterung der Türen, Schalterleiste in Greifhöhe, Haltestange
Armaturen	■ Installation von Armaturen mit verlängertem Hebel oder Schlaufe in Küche und Bad
Bett	■ sämtliche Umbaumaßnahmen für die Bettbenutzung

Die Leistungen der Pflegeversicherung

wohnumfeldverbessernde Maßnahme	zu dieser Maßnahme gehört/gehören
Briefkasten	- Anpassung auf Greifhöhe
Badewanne	- Einstiegshilfen
Bodenbelag	- rutschhemmender Belag - Entfernung von Stolperquellen
Dusche	- bodengleicher Zugang zur Dusche - Dusche als Ersatz für nicht mehr nutzbare Badewanne - Veränderung der Wasseranschlüsse
Fenster	- Anpassung der Fenstergriffe an Greifhöhe (zum Beispiel für Rollstuhlfahrer) - elektrische Rollläden
Heizung	- z. B. Einbau einer Heizung, wenn nur Kohleofen vorhanden ist
Küche	- Anpassung der Kücheneinrichtung an die Greifhöhe oder für Rollstuhlfahrer - maschinelle Absenkungsvorrichtungen - herausfahrbare Unterschränke
Lichtschalter/Steckdosen/Heizungsventile	- Anpassung an Greifhöhe - ertastbare Heizungsventile für Sehbehinderte
Orientierungshilfen	- Orientierungshilfen für Sehbehinderte, wie z. B. ertastbare Hinweise
Reorganisation der Wohnung	- Anpassung der Wohnungsaufteilung für eine bessere Pflege - Stockwerktausch, z. B. Verlegung des Bades von der oberen Etage ins Erdgeschoss

Wohnumfeldverbessernde Maßnahmen nach § 40 Abs. 4 SGB XI

wohnumfeldverbessernde Maßnahme	zu dieser Maßnahme gehört/gehören
Treppe	- Anbau von beidseitigen Handläufen - farbige Stufenmarkierung - Rampe - Treppenlifter
Toilette	- Sockel für Toilette
Türen, Türanschläge, Schwellen	- Verbreiterung der Türen zum Beispiel bei Rollstuhlfahrern - Beseitigung von Türschwellen - Anpassung der Türanschläge, des Türspions
Waschtisch	- höhenverstellbarer Waschtisch - Anpassung des Waschtisches an Greifhöhe
Wohnungsveränderung	- Kosten für Umzug in eine andere Wohnung (zum Beispiel vom Obergeschoss ins Untergeschoss)

Zu den berücksichtigungsfähigen Kosten der Maßnahme gehören auch die Durchführungshandlung, die Materialkosten, der Arbeitslohn und sonstige Kosten, wie etwa Gebühren, Fahrtkosten oder Verdienstausfall von Angehörigen. Sie müssen gegenüber der Pflegekasse nachgewiesen werden.

Dagegen sind keine zuschussfähigen Maßnahmen nach § 40 Abs. 4 SGB XI solche, die keinen direkten Bezug zur Pflege des Anspruchsberechtigten haben. Dazu gehören zum Beispiel (vgl. BRi-2017, Seite 255 f.; Rundschreiben-2017, Seite 182):

- Ausstattung der Wohnung mit einem Telefon, einem Kühlschrank oder einer Waschmaschine
- Austausch der alten Heizungsanlage
- Beseitigung von Feuchtigkeitsschäden

Die Leistungen der Pflegeversicherung

- Brandschutzmaßnahmen, wie zum Beispiel Herdsicherungssysteme
- Errichtung eines überdachten Sitzplatzes
- Reparatur der Treppe
- Rollstuhlgarage
- Sanierung des Hauses mit Wärmedämmung und Schallschutz
- sonstige Schönheitsreparaturen, wie das Streichen der Wände

> **Praxis-Tipp: Kostenvoranschlag, Gespräch mit dem Pflegeberater**
>
> Vor der Beantragung eines Zuschusses für wohnumfeldverbessernde Maßnahmen sollte ein Kostenvoranschlag eingeholt werden. Dieser wird dann bei der Pflegekasse eingereicht. So weiß man schon vorher, ob eine Kostendeckung besteht, und kann entsprechend planen. Ein Rezept vom Arzt ist nicht erforderlich. Unter Umständen prüft der MDK für die Pflegekasse, ob die Maßnahme erforderlich und wirtschaftlich ist.
>
> Ferner sollte mit dem Pflegeberater besprochen werden, ob in diesem Zusammenhang zusätzliche Hilfsmittel oder Pflegehilfsmittel in Betracht kommen. Denn die Beantragung von wohnumfeldverbessernden Maßnahmen schließt den Anspruch auf Pflegehilfsmittel nach § 40 Abs. 1 SGB XI und Hilfsmittel nach § 33 SGB V nicht aus. Zum Beispiel kann für eine Maßnahme wie den Einbau einer bodengleichen Dusche als Austausch für eine Badewanne zusätzlich ein Duschsitz als Hilfsmittel geltend gemacht werden.

Wohnumfeldverbessernde Maßnahmen bei einem Neubau

Die Maßnahmen zur Verbesserung des individuellen Wohnumfeldes beziehen sich nicht allein auf den vorhandenen Wohnraum, sondern kommen auch dann in Betracht, wenn in diesem Zusammenhang neuer Wohnraum geschaffen wird. Die Höhe des Zuschusses bemisst sich dann nach den durch die wohnumfeldverbessernde Maßnahme entstandenen Mehrkosten. So können zum Beispiel für einen Rollstuhlfahrer die Mehrkosten, die durch den Einbau breiterer Türen oder durch die Installation einer bodengleichen Dusche entstehen, bei einem Neubau geltend gemacht werden.

> **Praxis-Tipp: Geltendmachung von Mehrkosten**
> Zur Abrechnung der Mehrkosten gegenüber der Pflegekasse kommen insbesondere die erhöhten Materialkosten und der Arbeitslohn in Betracht. Sie müssen eindeutig auf die wohnumfeldverbessernde Maßnahme zurückzuführen sein. Somit sollte der Kostenvoranschlag oder die spätere Rechnung eine gesonderte Auszeichnung dieser Kosten enthalten.

Tages- und Nachtpflege nach § 41 SGB XI

Wenn die häusliche Pflege nicht mehr ausreicht, kann teilstationäre Pflege nach § 41 SGB XI in Einrichtungen der Tages- oder Nachtpflege durch Pflegebedürftige der Pflegegrade 2 bis 5 in Anspruch genommen werden. Pflegebedürftige des Pflegegrades 1 können den Entlastungsbetrag nach § 45b Abs. 1 Satz 1 SGB XI in Höhe von bis zu 125 Euro monatlich zur Kostenerstattung von Leistungen der Tages- und Nachtpflege verwenden.

Eine Tages- und Nachtpflege kommt in Betracht, wenn

- die häusliche Pflege nicht in ausreichendem Umfang sichergestellt werden kann, wie zum Beispiel bei einer zeitweisen Verschlimmerung des Zustandes des Pflegebedürftigen oder

- dies zur Ergänzung oder Stärkung der häuslichen Pflege erforderlich ist, beispielsweise bei Aufnahme einer Erwerbstätigkeit der Pflegeperson und die damit zusammenhängende ständige Beaufsichtigung des Pflegebedürftigen begrenzt auf wenige Stunden am Tag oder in der Nacht.

Damit dienen die Leistungen der Tages- und Nachtpflege nach § 41 SGB XI insbesondere Pflegebedürftigen, die zwar zu Hause durch eine Pflegeperson versorgt werden, aber bei Abwesenheit

Die Leistungen der Pflegeversicherung

dieser Person wegen ihrer körperlichen oder seelischen Beeinträchtigung nicht allein zu Hause sein können. Dadurch kann die Pflege weiterhin im Kern in der häuslichen Umgebung stattfinden und wird nur zeitweise verlagert. Dies entspricht dem Grundsatz, dass die Pflege zu Hause einer vollstationären Pflege vorzuziehen ist.

Die Leistungen der Tages- und Nachtpflege betragen für die Pflegegrade 2 bis 5 nach § 41 Abs. 2 SGB XI und für den Pflegegrad 1 nach § 28a Abs. 2 SGB XI ab 01.01.2017:

Pflegegrad	Leistungen pro Monat in EUR bis zu
Pflegegrad 1	*125
Pflegegrad 2	689
Pflegegrad 3	1.298
Pflegegrad 4	1.612
Pflegegrad 5	1.995

* Als Entlastungsbetrag nach § 45b Abs. 1 Satz 1 SGB XI zur Kostenerstattung von Leistungen der Tages- und Nachtpflege.

Die monatlichen Pflegeleistungen werden bei den Pflegegraden 2 bis 5 grundsätzlich direkt von der Einrichtung der Tages- oder Nachtpflege gegenüber der Pflegekasse abgerechnet. Dagegen müssen Pflegebedürftige des Pflegegrades 1 zunächst die Leistungen der Tages- und Nachtpflege selber bezahlen und können erst dann die entstandenen Kosten bei der Pflegekasse in Höhe des Entlastungsbetrages von bis zu 125 Euro monatlich geltend machen.

Die monatlichen Leistungsbeträge sollen die Aufwendungen, die durch die Pflege (z. B. Körperpflege, Ernährung und Mobilität), die Betreuung und die medizinische Behandlungspflege in der teilstationären Pflegeeinrichtung entstehen, decken. Außerdem sind die Fahrtkosten zur Pflegeeinrichtung Bestandteil der monatlichen Leistungen. Sie werden nicht gesondert abgerechnet.

Tages- und Nachtpflege nach § 41 SGB XI

Neben der teilstationären Tages- und Nachtpflege können nach § 41 Abs. 3 SGB XI die Pflegebedürftigen der Pflegegrade 2 bis 5 Pflegesachleistungen nach § 36 SGB XI, Pflegegeld nach § 37 SGB XI oder Kombinationsleistungen nach § 38 SGB XI beziehen. Somit steht die Tages- und Nachtpflege diesen Pflegebedürftigen zusätzlich und ohne Anrechnung zu den anderen ambulanten Pflegeleistungen zur Verfügung. Der Pflegebedürftige des Pflegegrades 2 bis 5 kann daher die Tages- und Nachtpflege mit den Leistungen nach §§ 36 bis 38 SGB XI kombinieren und an Versorgung dazu gewinnen. So bietet sich für den zu Hause wohnenden oder betreut wohnenden bzw. in einer Wohngemeinschaft lebenden Pflegebedürftigen ab Pflegegrad 2 zum Beispiel folgende Möglichkeit:

- Versorgung morgens und abends durch den Pflegedienst bzw. durch den Angehörigen/Pflegeperson
- Aufenthalt am Tag in der Tagespflege

Die Tages- und Nachtpflege kann dadurch zu einer guten Alternative zum Pflegeheim werden. Die Angehörigen oder Pflegepersonen müssen sich etwa nur noch am Wochenende um den Pflegebedürftigen des Pflegegrades 2 bis 5 kümmern. Das schafft Stabilität in der Versorgung und führt für die Angehörigen sowie Pflegepersonen zu einer besseren Vereinbarkeit von Familie, Beruf und Pflegetätigkeit. Außerdem kann der anspruchsberechtigte Pflegebedürftige weiterhin sein gewohntes Wohnumfeld und die Sicherheit der Familie behalten.

> **Praxis-Tipp: Ausgleich von zusätzlichen Kosten**
>
> Für den Pflegebedürftigen ist zu beachten, dass die Kosten der Unterkunft und der Verpflegung sowie die Investitionskosten der Tages- und Nachtpflegeeinrichtung privat zu finanzieren sind. Sie sind nicht Bestandteil der Versicherungsleistung. Diese privat zu finanzierenden Kosten können jedoch durch den Entlastungsbetrag nach § 45b Abs. 1 Satz 1 SGB XI in Höhe von bis zu 125 Euro monatlich teilweise ausgeglichen werden.

Wird die Tages- und Nachtpflege nach § 41 SGB XI durch den Pflegebedürftigen des Pflegegrades 2 bis 5 monatlich nicht in Anspruch genommen, verfällt sie. Es gibt keine Übertragung auf einen anderen Zeitraum oder die Möglichkeit der Verrechnung mit anderen Leistungen.

Kurzzeitpflege nach § 42 SGB XI

Kann die häusliche Pflege trotz Pflegesachleistungen (§ 36 SGB XI), Pflegegeld (§ 37 SGB XI) oder Kombinationsleistungen (§ 38 SGB XI) sowie den zeitweisen Ausgleich durch Verhinderungspflege (§ 39 SGB XI) und teilstationäre Pflege (§ 41 SGB XI) nicht abgedeckt werden, kann ein Pflegebedürftiger der Pflegegrade 2 bis 5 zeitweilig in vollstationäre Pflege (Kurzzeitpflege) nach § 42 SGB XI aufgenommen werden. Die Pflegebedürftigen des Pflegegrades 1 können auch hier den Entlastungsbetrag nach § 45b Abs. 1 Satz 1 SGB XI in Höhe von bis zu 125 Euro monatlich für Leistungen der Kurzzeitpflege einsetzen (vgl. § 28a Abs. 2 SGB XI).

Eine Kurzzeitpflege nach § 42 SGB XI kommt zum Beispiel in Betracht, wenn

- sie für eine Übergangszeit im Anschluss an eine stationäre Behandlung erfolgt,
- die Wohnung des Pflegebedürftigen behindertengerecht umgebaut wird oder
- die Pflegeperson die Pflege noch nicht übernehmen kann oder zeitweilig komplett ausfällt (zum Beispiel bei Krankheit).

Zu den Leistungsbeträgen der Kurzzeitpflege für die Pflegegrade 2 bis 5 nach § 42 Abs. 2 SGB XI und für den Pflegegrad 1 nach § 28a Abs. 2 SGB XI folgende Übersicht:

Pflegegrad	Leistungen in EUR bis zu
Pflegegrad 1	125 monatlich für die Inanspruchnahme von Entlastungsleistungen nach § 45b Abs. 1 Satz 1 SGB XI
Pflegegrad 2 bis 5	1.612 für Kosten einer notwendigen Kurzzeitpflege für bis zu 8 Wochen pro Kalenderjahr

Kurzzeitpflege nach § 42 SGB XI

Der monatliche Leistungsbetrag von maximal 1.612 Euro wird wie bei der Tages- und Nachtpflege nach § 41 SGB XI für notwendige Aufwendungen, die durch die Pflege und Betreuung sowie die medizinische Behandlungspflege entstehen, gezahlt. Dieser Betrag kann nach § 42 Abs. 2 SGB XI um den noch nicht verbrauchten Leistungsbetrag der Verhinderungspflege erhöht werden. Somit besteht für die Pflegebedürftigen ab Pflegegrad 2 die Möglichkeit, den Leistungsumfang der Kurzzeitpflege von bis zu 1.612 Euro auf maximal 3.224 Euro im Kalenderjahr zu verdoppeln. Der für die Kurzzeitpflege in Anspruch genommene Erhöhungsbetrag wird dann auf den Leistungsbetrag für die Verhinderungspflege angerechnet.

> **Praxis-Tipp: Pflegegeld während der Kurzzeitpflege**
> Während der Kurzzeitpflege wird nach § 37 Abs. 2 Satz 2 SGB XI hälftiges Pflegegeld für einen Zeitraum von bis zu 8 Wochen je Kalenderjahr ohne zusätzliche Beantragung weitergezahlt.

Der Leistungsbetrag der Kurzzeitpflege für Pflegebedürftige der Pflegegrade 2 bis 5 wird von der Pflegekasse direkt an die zugelassene Kurzzeitpflegeeinrichtung gezahlt. Mit diesen Einrichtungen hat die Pflegekasse eine sogenannte Abwesenheitsvergütung vereinbart, die zur Abgeltung der Aufwendungen bis zu einem Betrag von grundsätzlich 1.612 Euro bzw. bei Erhöhung maximal 3.224 Euro bestimmt ist. Bei den Pflegebedürftigen des Pflegegrades 1 kann gegenüber der Pflegekasse allein im Wege der Kostenerstattung bis zu einem Betrag von 125 Euro monatlich ein Ausgleich der zuvor privat getragenen Kosten verlangt werden.

Nach § 42 Abs. 3 SGB XI ist es aber auch möglich, dass der Pflegebedürftige, unabhängig vom Alter, statt in einer vollstationären Einrichtung in einer geeigneten Einrichtung der Hilfe für behinderte Menschen oder anderen geeigneten Einrichtungen untergebracht werden kann. Dazu muss die Pflege in einer zur Kurzzeitpflege zugelassenen Einrichtung nicht möglich oder unzumutbar ist. Die Regelung des § 42 Abs. 3 SGB XI hat den

Die Leistungen der Pflegeversicherung

Vorteil, dass jüngere Menschen nicht mehr in Einrichtungen untergebracht werden müssen, die nur für ältere pflegebedürftige Menschen ausgelegt sind. Ist beim Pflegebedürftigen eine Maßnahme der medizinischen Vorsorge oder Rehabilitation notwendig und muss während dieser Maßnahme für eine Pflegeperson eine Unterbringung gestellt werden sowie eine Pflege des Pflegebedürftigen erfolgen, besteht der Anspruch auf Kurzzeitpflege auch in diesen Einrichtungen (vgl. § 42 Abs. 4 SGB XI). Die entstandenen Aufwendungen werden in diesen Fällen nicht direkt von der Pflegekasse an die jeweilige Einrichtung gezahlt. Vielmehr erfolgt eine Rechnungsstellung der Aufwendungen der Kurzzeitpflege gegenüber dem Pflegebedürftigen. Dieser kann sich den zu zahlenden Betrag unter Berücksichtigung des § 42 Abs. 3 oder Abs. 4 SGB XI von der Pflegekasse erstatten lassen. Daher sollte sich vorher genau über die Kosten informiert und mit der Pflegekasse abgesprochen werden.

Praxis-Tipp: Kurzzeitpflege bei jüngeren Pflegebedürftigen

Andere Einrichtungen nach § 42 Abs. 3 und Abs. 4 SGB XI haben keinen Vertrag – wie die zugelassenen Kurzzeitpflegeeinrichtungen – mit der Pflegekasse geschlossen. Sie sollen nur in Ausnahmefällen eine Kurzzeitpflege erbringen. Eine Kurzzeitpflege in einer Einrichtung der Hilfe für behinderte Menschen kommt in Betracht, wenn zum Beispiel der jüngere Pflegebedürftige altersentsprechend in dieser Einrichtung untergebracht werden kann und die zugelassene Kurzzeitpflegeeinrichtung, wie ein Pflegeheim, von der Altersstruktur her nicht auf diese Pflegebedürftigen eingerichtet ist. In normalen Kurzzeitpflegeeinrichtungen fühlen sich viele jüngere Pflegebedürftige meist völlig allein, was auch psychische Folgen haben kann. Eine Unzumutbarkeit in diesem Sinne muss gegenüber der Pflegekasse, etwa durch ein ärztliches Gutachten, nachgewiesen werden. Außerdem sollte man vorher eine Alternative zu einer normalen Kurzzeitpflegeeinrichtung anbieten und begründen, warum der Pflegebedürftige nur in dieser gepflegt werden sollte.

Ist der Leistungsbetrag der Kurzzeitpflege in Höhe von bis zu 1.612 Euro und bei Erhöhung um den Betrag der Verhinderungspflege auf bis zu 3.224 Euro für die Pflegebedürftigen der Pflegegrade 2 bis 5 ausgeschöpft, können die Leistungen der vollstationären Pflege nach § 43 SGB XI in Anspruch genommen werden. Allerdings müssen dazu die Voraussetzungen des § 43 SGB XI vorliegen.

Vollstationäre Pflege nach § 43 SGB XI

Pflegebedürftige der Pflegegrade 2 bis 5 haben einen Anspruch auf vollstationäre Pflege nach § 43 SGB XI (zum Beispiel im Pflegeheim), wenn die häusliche oder teilstationäre Pflege nicht möglich ist oder im Einzelfall nur diese Art der Pflege in Betracht kommt. Dagegen können die Pflegebedürftigen des Pflegegrades 1 nach § 43 Abs. 3, § 28a Abs. 3 SGB XI lediglich einen Zuschuss in Höhe von 125 Euro monatlich für die entstandenen Aufwendungen der vollstationären Pflege bei der Pflegekasse im Wege der Kostenerstattung geltend machen; grundsätzlich trägt dieser Personenkreis also sämtliche Kosten der Vollzeitpflege selbst.

Ein Anspruch auf vollstationäre Pflege kann vorliegen, wenn zum Beispiel

- die Wohnsituation des Pflegebedürftigen eine Pflege nicht zulässt, weil etwa die Wohnung nicht behindertengerecht umgebaut werden kann,
- dem Pflegebedürftigen eine Pflegeperson fehlt,
- Selbst- oder Fremdgefährdungstendenzen des Pflegebedürftigen vorliegen oder
- die vorhandene Pflegeperson mit der Pflege völlig überfordert ist und so eine Verwahrlosung des Pflegebedürftigen droht oder bereits eingetreten ist.

In diesen Situationen ist davon auszugehen, dass eine vollstationäre Pflege notwendig ist. Die Pflegekasse übernimmt nach § 43 Abs. 2 SGB XI für die Pflegegrade 2 bis 5 und für Pflegebedürftige des Pflegegrades 1 nach § 43 Abs. 3 SGB XI die pflegebedingten Aufwendungen einschließlich der Aufwendungen für die Betreuung und die Aufwendungen für Leistungen der medizinischen Behandlungspflege pro Kalendermonat wie folgt:

Die Leistungen der Pflegeversicherung

Pflegegrad	Leistungen pro Monat in EUR
Pflegegrad 1	*125
Pflegegrad 2	770
Pflegegrad 3	1.262
Pflegegrad 4	1.775
Pflegegrad 5	2.005

* Als monatlich erstattungsfähiger Zuschuss in Höhe von 125 Euro nach § 43 Abs. 3, § 28a Abs. 3 SGB XI.

Es werden jedoch nicht alle Aufwendungen der vollstationären Pflege durch die jeweiligen Leistungsbeträge abgedeckt. Vielmehr muss der Pflegebedürftige einen Eigenanteil zahlen, der insbesondere die Kosten für die Unterkunft und Verpflegung erfasst; dies gilt auch für Investitionskosten. Damit der Eigenanteil der Pflegebedürftigen der Pflegegrade 2 bis 5 nicht mit der Schwere der Pflegebedürftigkeit steigt, wird von der jeweiligen Pflegeeinrichtung mit den Pflegekassen ein einrichtungseinheitlicher Eigenanteil vereinbart (vgl. § 84 Abs. 2 SGB XI). Die Einstufung in einen höheren Pflegegrad führt daher dazu, dass zwar die Pflegekasse mehr zahlt, aber der Pflegebedürftige zum Schluss keinen höheren Eigenanteil zu zahlen hat.

> **Beispiel:**
>
> Der Pflegebedürftige W. ist in einem Pflegeheim. Er hatte anfänglich den Pflegegrad 2 und dann den Pflegegrad 3. Nunmehr hat sich seine Pflegebedürftigkeit auf den Pflegegrad 4 erhöht. Sein Eigenanteil am Pflegesatz wird ab dem 01.01.2017 gleich bleiben.

Die Pflegekasse erlässt gegenüber dem pflegebedürftigen Heimbewohner der Pflegegrade 2 bis 5 einen Leistungsbescheid, in dem die Höhe des zu zahlenden Leistungsbetrages festgelegt ist. Die Zahlung der Pflegekasse erfolgt zum 15. des laufenden Monats direkt an das Pflegeheim.

Ist der Pflegebedürftige vorübergehend abwesend, weil er zum Beispiel im Krankenhaus oder in einer Rehabilitationseinrichtung

Vollstationäre Pflege nach § 43 SGB XI

ist, werden die Zahlungen der pauschalen Leistungsbeträge der Pflegekasse nicht eingestellt (vgl. § 43 Abs. 4 SGB XI). In den ersten drei Tagen wird der volle Betrag gezahlt. Danach sieht der jeweilige Rahmenvertrag zwischen der Pflegekasse und dem Pflegeheim Abschläge vor. Der Pflegebedürftige behält in der Abwesenheitszeit von bis zu 42 Tagen im Kalenderjahr und für den gesamten Zeitraum des Aufenthaltes in einem Krankenhaus oder einer Rehabilitationseinrichtung seinen Anspruch auf vollstationäre Pflege nach § 43 SGB XI. Somit muss der Pflegebedürftige nicht befürchten, dass er für die Ausfallzeit voll zahlt oder seinen Pflegeplatz verliert.

Der Pflegebedarf des Pflegebedürftigen im Pflegeheim kann sich ändern. In diesem Fall wird bereits das Pflegeheim aus Kostengründen auf den Pflegebedürftigen zukommen und zu einer Änderung des Pflegegrades auffordern. Das Pflegeheim muss aber seine Aufforderung wegen des erhöhten Pflegeaufwands etwa durch eine Pflegedokumentation begründen. Die Höherstufung des Pflegegrades wird durch den Pflegebedürftigen bei der Pflegekasse beantragt. Wird zum Beispiel statt dem Pflegegrad 3 nunmehr der Pflegegrad 4 zuerkannt, ist der höhere pauschale Leistungsbetrag ab dem ersten des Monats der Anerkennung seitens der Pflegekasse zu zahlen. Dies gilt selbst dann, wenn die Höherstufung mitten im Monat liegt.

> **Praxis-Tipp: Höherstufung des Pflegegrades**
>
> Der Pflegebedürftige kann immer selber entscheiden, ob bzw. wann er einen Antrag auf einen höheren Pflegegrad stellt. Bestehen aber nachweislich Gründe, dass der Pflegeaufwand nicht mehr dem anerkannten Pflegegrad entspricht, kann das Pflegeheim ab dem ersten Tag des zweiten Monats nach der Aufforderung einen höheren Pflegesatz berechnen. Die Pflegekasse bezahlt aber weiterhin nur den aktuellen Leistungsbetrag. Nur wenn sich bei der Pflegestufenprüfung später herausstellt, dass der höhere Pflegesatz zu Unrecht angesetzt wurde, muss das Pflegeheim dem Pflegebedürftigen den überbezahlten Betrag zurückzahlen. Dieser Betrag ist zu verzinsen.

Zusätzliche Betreuung und Aktivierung in stationären Pflegeeinrichtungen nach § 43b SGB XI

§ 43b SGB XI enthält einen Anspruch der Pflegebedürftigen aller Pflegegrade von 1 bis 5 (vgl. § 28a Abs. 1 Nr. 6 SGB XI) gegenüber der Pflegekasse auf Maßnahmen der zusätzlichen Betreuung und Aktivierung in stationären Einrichtungen. Zu den stationären Einrichtung gehören die teil- und vollstationären Einrichtungen, wie zum Beispiel Kurzzeitpflegeeinrichtung, Tages- und Nachtpflegeeinrichtung oder Pflegeheim. Durch den Individualanspruch der Pflegebedürftigen nach § 43b SGB XI soll erreicht werden, dass die Pflegeeinrichtungen zusätzliches Personal für Alltagsaktivitäten anstellen oder bereitstellen, weil die Pflegekasse die volle Finanzierung dafür übernimmt. Zu den aktivierenden Alltagsaktivitäten gehören zum Beispiel:

- Anfertigen von Erinnerungsalben
- Besuche von kulturellen Veranstaltungen und Sportveranstaltungen
- Brett- und Kartenspiele
- Malen und Basteln
- Spaziergänge
- Lesen und Vorlesen
- Musik hören und Tanzen

Pflege in vollstationären Einrichtungen der Hilfe für behinderte Menschen nach § 43a SGB XI

Die Leistungen der Pflege in vollstationären Einrichtungen der Hilfe für behinderte Menschen ist in § 43a SGB XI zu finden. Sie erfassen Einrichtungen, in denen

- die Teilhabe am Arbeitsleben und am Leben in der Gemeinschaft,
- die schulische Ausbildung oder
- die Erziehung behinderter Menschen

Pflege in vollstationären Einrichtungen für behinderte Menschen

im Vordergrund stehen. Da es sich um vollstationäre Einrichtungen handelt, werden die Pflegebedürftigen dort ganztätig (Tag und Nacht) untergebracht und gepflegt. In vielen Fällen wird es sich um eine Betreuung im Rahmen der Eingliederungshilfe nach §§ 53 ff. SGB XII handeln. Sie erfolgt in Kooperation mit dem Sozialhilfeträger. Zu solchen Einrichtungen zählen zum Beispiel Wohnheime und Werkstätten für behinderte Menschen.

Die Pflegekasse übernimmt allein für die Pflegebedürftigen der Pflegegrade 2 bis 5 zur Abgeltung des Anspruchs auf Leistungen bei vollstationärer Pflege 10 Prozent des vereinbarten Heimentgelts, das der Träger der Sozialhilfe mit der Einrichtung vereinbart hat. Der maximale zu zahlende Betrag der Pflegekasse beträgt 266 Euro je Kalendermonat. Der Leistungsbetrag wird direkt von der Pflegekasse an die jeweilige Einrichtung der Hilfe für behinderte Menschen gezahlt. Den Rest der Kosten trägt grundsätzlich der Träger der Sozialhilfe. Bei Pflegebedürftigen des Pflegegrades 1 wird davon ausgegangen, dass die Leistungen der Eingliederungshilfe sich auch auf die pflegebedingten Aufwendungen erstrecken (vgl. § 55 SGB XII).

Die Leistungen der Pflege in vollstationären Einrichtungen der Hilfe für behinderte Menschen können zum Beispiel auch mit

- Pflegesachleistungen nach § 36 SGB XI,
- Pflegegeld nach § 37 SGB XI,
- Verhinderungspflege nach § 39 SGB XI oder
- Kurzzeitpflege nach § 42 SGB XI

kombiniert werden. Dies kommt in Betracht, wenn der Pflegebedürftige am Wochenende, an Feiertagen oder in den Ferien zu Hause oder in der Kurzzeitpflegeeinrichtung gepflegt wird. Die zusätzlichen Leistungen werden für die Zeit der häuslichen Pflege oder Ersatzpflege bzw. Kurzzeitpflege erbracht. Bei der Verhinderungspflege und der vollstationären Kurzzeitpflege kann eine Leistungserbringung jedoch nur stattfinden, wenn keine Pflege zu Hause möglich ist und der Pflegebedürftige nicht in derselben Einrichtung für behinderte Menschen untergebracht werden kann. Die Aufwendungen sind dann bereits durch § 43a SGB XI abgegolten.

Entlastungsbetrag nach § 45b SGB XI

Nach § 45b Abs. 1 SGB XI können Pflegebedürftige der Pflegegrade 1 bis 5, die sich in häuslicher Pflege befinden, einen Entlastungsbetrag in Höhe von bis zu 125 Euro monatlich in Anspruch nehmen (vgl. § 28a Abs. 2 SGB XI). Der Entlastungsbetrag soll helfen, dass Pflegebedürftige ihren Alltag selbstbestimmter gestalten und planen können. Außerdem kann gleichzeitig erreicht werden, dass die häufig sehr hohe Belastung der Pflegepersonen reduziert wird. Die Eigenschaft der häuslichen Pflege als Grundvoraussetzung für die Inanspruchnahme des Entlastungsbetrages liegt bei einer Pflege

- zu Hause,
- im Haushalt der Pflegeperson oder
- einem Haushalt, in dem der Pflegebedürftige aufgenommen wurde,

vor. Dazu gehören auch die Altenwohnung oder das Altenheim. Der Entlastungsbetrag kann jedoch nicht von Pflegebedürftigen in Pflegeheimen in Anspruch genommen werden. Vielmehr kommt hier zum Beispiel ein Anspruch auf zusätzliche Betreuung und Aktivierung nach § 43b SGB XI in Betracht.

Der Anspruch auf Aufwendungsersatz steht den Pflegebedürftigen als Zuschuss für

- Leistungen der Tages- oder Nachtpflege nach § 41 SGB XI (vgl. § 45b Abs. 1 Satz 3 Nr. 1 SGB XI),
- Leistungen der Kurzzeitpflege nach § 42 SGB XI (vgl. § 45b Abs. 1 Satz 3 Nr. 2 SGB XI),
- Leistungen der ambulanten Pflegedienste im Sinne des § 36 SGB XI, in den Pflegegraden 2 bis 5 jedoch keine Leistungen im Bereich der Selbstversorgung (vgl. § 45b Abs. 1 Satz 3 Nr. 3 SGB XI, zum Begriff Selbstversorgung siehe unter „Pflegesachleistungen nach § 36 SGB XI", Seite 138) und
- Leistungen der nach Landesrecht anerkannten Angebote zur Unterstützung im Alltag im Sinne des § 45a SGB XI (vgl. § 45b Abs. 1 Satz 3 Nr. 4 SGB XI)

Entlastungsbetrag nach § 45b SGB XI

zur Verfügung. Den Pflegebedürftigen werden die zusätzlichen finanziellen Mittel für diese Leistungen nur auf Antrag von der zuständigen Pflegekasse erstattet (vgl. § 45b Abs. 2 SGB XI). Der Antrag auf Kostenerstattung ist nicht bereits vor Beginn des Bezugs der Leistungen nach § 45b Abs. 1 Satz 3 SGB XI zu stellen. Vielmehr reicht es aus, wenn der Pflegebedürftige später die Rechnung und ggf. die Quittung der in Anspruch genommenen Leistungen bei der Pflegekasse einreicht. Dies gilt als Antrag auf Erstattung der Aufwendungen. Der Pflegebedürftige muss aber beachten, dass er die Kosten zunächst allein zu tragen hat. Er sollte daher immer die entstandenen Kosten im Blick haben, denn der Entlastungsbetrag beträgt nur bis zu 125 Euro monatlich. Alles was darüber hinaus anfällt, muss grundsätzlich der Pflegebedürftige selber tragen. Die Erstattung erfolgt auch, wenn für die Finanzierung der genannten Leistungen Mittel der Verhinderungspflege gemäß § 39 SGB XI eingesetzt werden (vgl. § 45b Abs. 1 Satz 4 SGB XI). Dies kann zum Beispiel der Fall sein, wenn der Pflegebedürftige des Pflegegrades 2 bis 5 die Leistungen der Kurzzeitpflege nach § 42 SGB XI voll ausgeschöpft hat und nunmehr diese Leistungen mit der Verhinderungspflege nach § 39 SGB XI finanziert.

> **Praxis-Tipp: Abtretungserklärung möglich**
>
> Einige Pflegedienste bieten die Möglichkeit an, dass die erbrachten Leistungen über sie abgerechnet werden. Dafür muss der Pflegebedürftige eine Abtretungserklärung unterschreiben. Dadurch entfällt das in Vorkasse gehen des Pflegebedürftigen gegenüber der Pflegekasse.

Der Entlastungsbetrag in Höhe von bis zu 125 Euro wird monatlich zur Verfügung gestellt. Er kann nicht im Voraus geltend gemacht werden, sodass für den Pflegebedürftigen zum Beispiel im Monat Juni nicht die Möglichkeit besteht, die Ansprüche für die folgenden Monate Juli bis Dezember geltend zu machen. Der monatliche Entlastungsbetrag muss nicht voll ausgeschöpft werden. Vielmehr kann der nicht verbrauchte Betrag in den folgenden Monaten des Kalenderjahres genutzt werden. Weiterhin

Die Leistungen der Pflegeversicherung

besteht die Möglichkeit, dass der Pflegebedürftige bei Nichtausschöpfung der Leistungen in einem Kalenderjahr den nicht verbrauchten Gesamtbetrag in das folgende Kalenderhalbjahr (Stichtag 30.06.) überträgt (vgl. § 45b Abs. 2 Satz 2 SGB XI). Ein Antrag hierzu muss nicht gestellt werden, sondern die Pflegekasse soll vorrangig im ersten Halbjahr des Kalenderjahres die nicht verbrauchten Ansprüche für Aufwendungen verwenden. Nach dem 30.06. verfallen die aus dem Vorjahr nicht verbrauchten Beträge.

In den Bereichen der Tages- und Nachtpflege nach § 41 SGB XI und der Kurzzeitpflege nach § 42 SGB XI kann der zusätzliche Entlastungsbetrag ein Mehr an Leistungen oder eine Verlängerung des Leistungszeitraums der Inanspruchnahme bewirken. Außerdem fallen bei diesen Leistungen immer Entgelte für Unterkunft, Verpflegung und Investitionskosten an. Diese müssen nach § 4 Abs. 2 Satz 2 SGB XI vom Pflegebedürftigen gezahlt werden. Über den Entlastungsbetrag bietet sich jedoch die Möglichkeit, diese Kosten als Aufwendungen geltend zu machen. Auch die Fahrt- und Transportkosten sind als Aufwendungen erstattungsfähig, da sie ebenfalls der Entlastung der pflegenden Angehörigen oder der Pflegeperson dienen.

Der Entlastungsbetrag kann auch für Leistungen der ambulanten Pflegedienste im Sinne des § 36 SGB XI (zum Beispiel körperbezogene Pflegemaßnahmen, Hilfen bei der Haushaltsführung) eingesetzt werden. Dabei ist aber zu beachten, dass Pflegebedürftige der Pflegegrade 2 bis 5 den Entlastungsbetrag nicht für Leistungen im Bereich der Selbstversorgung im Sinne des § 14 Abs. 2 Nr. 4 SGB XI geltend machen können. Dies wird unter anderem damit begründet, dass ihnen der Leistungsbereich der Selbstversorgung bereits über § 36 SGB XI eröffnet wird. Bei den Pflegebedürftigen des Pflegegrades 1 gilt diese Leistungsbeschränkung nicht. Ihnen steht bereits nach § 28a Abs. 2 SGB XI der Entlastungsbetrag unter anderem für die vollständigen Pflegesachleistungen nach § 36 SGB XI zur Verfügung, sodass § 45b Abs. 1 Satz 3 Nr. 3 SGB XI dies nur bestätigt.

Entlastungsbetrag nach § 45b SGB XI

> **Praxis-Tipp: Inhalt der Rechnung kontrollieren**
>
> Die Rechnung sowie ggf. die Quittung sollten für die spätere Kostenerstattung gegenüber der Pflegekasse so gestaltet sein, dass nachvollzogen werden kann, wann und in welchem Umfang Leistungen bezogen wurden und welche Kosten dadurch entstanden sind. Nur so kann später die Pflegekasse erkennen, ob insbesondere bei den Pflegebedürftigen der Pflegegrade 2 bis 5 nicht abrechenbare Leistungen im Bereich der Selbstversorgung erbracht wurden. Außerdem ermöglicht eine übersichtlich ausgestaltete Rechnung dem Pflegebedürftigen einen Überblick über die Höhe des eventuell noch offenen Entlastungsbetrags zu erlangen bzw. zu wissen, wie viel er noch selber zu zahlen hat.

Weiterhin kann der Entlastungsbetrag für Leistungen der nach dem Landesrecht anerkannten Angebote zur Unterstützung im Sinne des § 45a SGB XI eingesetzt werden (vgl. § 45b Abs. 1 Satz 3 Nr. 4 SGB XI). Dazu gehören:

- **Betreuungsangebote**, in denen insbesondere ehrenamtliche Helferinnen und Helfer unter pflegefachlicher Anleitung die Betreuung von Pflegebedürftigen mit allgemeinem oder besonderem Betreuungsbedarf in Gruppen oder im häuslichen Bereich übernehmen, zum Beispiel bei einer Tagesbetreuung in Kleingruppen oder Einzelbetreuung durch anerkannte Helferinnen (§ 45a Abs. 1 Satz 2 Nr. 1 SGB XI)

- **Entlastungsangebote für Pflegende**, die zur gezielten Entlastung und beratenden Unterstützung von pflegenden Angehörigen und vergleichbar nahestehenden Pflegepersonen gedacht sind, wie zum Beispiel durch Pflegebegleiter, die Ehegatten oder Lebenspartner teilweise emotional unterstützen und für eine bessere Vernetzung und Organisation mit anderen Angeboten, unter anderem der Pflegeversicherung, sorgen (§ 45a Abs. 1 Satz 2 Nr. 2 SGB XI)

- **Entlastungsangebote für Pflegebedürftige**, die sie bei der Bewältigung von allgemeinen oder pflegebedingten Anforderungen des Alltags oder im Haushalt sowie bei der eigen-

Die Leistungen der Pflegeversicherung

verantwortlichen Organisation von Hilfeleistungen unterstützen, zum Beispiel in Form von praktischen Hilfen durch Alltagsbegleiter, die zum Einkauf oder zum Gottesdienst begleiten, Vorlesen, Zuhören und Kaffeetrinken vorbereiten (§ 45a Abs. 1 Satz 2 Nr. 3 SGB XI).

> **Praxis-Tipp: Information über Angebote einholen**
>
> Es sollte sich vorher beim Anbieter informiert werden, welche Leistungen ihre Unterstützungsangebote abdecken und wie hoch die Kosten für den Pflegebedürftigen sind. So vermeidet man Überschneidungen mit anderen Pflegeversicherungsleistungen und kann die Leistungen allgemein besser miteinander kombinieren.

Für Pflegebedürftige in häuslicher Pflege mit mindestens Pflegegrad 2, die Pflegesachleistungen nach § 36 SGB XI erhalten, bietet § 45a Abs. 4 SGB XI noch eine Umwandlungsmöglichkeit im Bereich der Unterstützungsleistungen im Alltag an. Danach kann der Pflegebedürftige bei Ausschöpfung des Leistungsbetrags nach § 45b SGB XI je Kalendermonat zusätzlich bis maximal 40 Prozent der ihm zustehenden Pflegesachleistungen nach § 36 SGB XI für Angebote zur Unterstützung im Alltag geltend machen. Voraussetzung dafür ist, dass er für den entsprechenden Leistungsbetrag seinen Anspruch auf ambulante Pflegesachleistung noch nicht voll ausgeschöpft hat.

Dabei ist aber zu beachten, dass die körperbezogenen Pflegemaßnahmen und pflegerischen Betreuungsmaßnahmen sowie Hilfen bei der Haushaltsführung des Pflegebedürftigen sichergestellt sein müssen. Dies dient dem Schutz des Pflegebedürftigen, der nicht durch die Anrechnungsmöglichkeit auf wichtige Pflegesachleistungen nach § 36 SGB XI verzichten soll.

Außerdem ist die Vergütung für ambulante Pflegesachleistungen vorrangig abzurechnen. Der Pflegedienst hat somit erst die Sachleistungen bei der Pflegekasse abzurechnen, bevor der Restbetrag in Höhe von maximal 40 Prozent der Sachleistung für die weitergehenden Unterstützungsangebote im Alltag verwendet werden kann.

Entlastungsbetrag nach § 45b SGB XI

> **Beispiel:**
>
> Ein Pflegebedürftiger mit Pflegegrad 3, der seinen Entlastungsbetrag bereits ausgeschöpft hat und Pflegesachleistungen nach § 36 Abs. 3 SGB XI bezieht, die aber nur zum Teil genutzt wurden, erhält zusätzlich:
>
> | | |
> |---|---:|
> | Sachleistungen bei Pflegegrad 3: | 1.298 EUR |
> | erbrachte Sachleistungen: | 1.000 EUR |
> | freier Betrag für Unterstützungsangebote: | 298 EUR |
>
> Der freie Betrag für zusätzliche Unterstützungsangebote beträgt 298 EUR. Der mögliche Höchstbetrag würde bei Pflegegrad 3 insgesamt 519,20 EUR (40 % von 1.298 EUR) betragen.

Nimmt der Pflegebedürftige die Umwandlungsmöglichkeit nach § 45a Abs. 4 SGB XI regelmäßig in Anspruch, müssen im Sinne des § 37 Abs. 3 SGB XI Beratungseinsätze durchgeführt werden. Somit sind für Pflegebedürftige

- der Pflegegrade 2 und 3 halbjährlich,
- der Pflegegrade 4 und 5 vierteljährlich

eine Beratung nachzuweisen.

Kommt der Pflegebedürftige der Beratungspflicht nicht nach, kann es zu einer Kürzung oder Entziehung in Bezug auf die Kostenerstattung im Rahmen des Umwandlungsanspruchs kommen. Davon nicht betroffen ist der Anspruch auf den Entlastungsbetrag nach § 45b SGB XI in Höhe von bis zu 125 Euro.

> **Praxis-Tipp: Umwandlungsanspruch**
>
> Die Verwendung von bis zu 40 % der Pflegesachleistungen für Angebote zur Unterstützung im Alltag muss für den gleichen Abrechnungsmonat beantragt werden. Der zusätzliche Betrag kann monatlich schwanken, da die Pflegesachleistungen erst abgerechnet werden müssen, um festzustellen, welche Mittel zur Erstattung der Aufwendungen zur Verfügung

stehen. Daher sollte der Pflegebedürftige oder der Angehörige richtig rechnen. Dies gilt umso mehr, wenn die Kombinationsleistung nach § 38 SGB XI in Anspruch genommen wird, da der Umwandlungsanspruch die dem Pflegebedürftigen nach § 36 Abs. 3 SGB XI zustehende Sachleistung betrifft.

Überblick zu den Pflegeleistungen

Leistung	Pflegegrade				
	1	2	3	4	5
Pflegesachleistungen (§ 36 SGB XI)	*	bis zu 689 EUR mtl.	bis zu 1.298 EUR mtl.	bis zu 1.612 EUR mtl.	bis zu 1.995 EUR mtl.
Pflegegeld (§ 37 SGB XI)	0	316 EUR mtl.	545 EUR mtl.	728 EUR mtl.	901 EUR mtl.
Wohngruppenzuschlag (§ 38a SGB XI)	Zuschlag in Höhe von 214 EUR mtl.				
Verhinderungspflege (§ 39 SGB XI)	0	<ul><li>bis zu 1.612 EUR für bis zu 6 Wochen im Kalenderjahr (Beachte: u. U. geringerer Betrag bei Ersatzpflegeperson, die mit dem Pflegebedürftigen bis zum 2. Grade verwandt oder verschwägert ist oder mit ihm in häuslicher Gemeinschaft lebt)</li><li>Erhöhung des Leistungsbetrages unter Anrechnung auf die Kurzzeitpflege auf insgesamt 2.418 EUR möglich</li></ul>			
Pflegehilfsmittel (§ 40 Abs. 1, 2 SGB XI)	zum Verbrauch bestimmte Pflegehilfsmittel bis zum Höchstbetrag von 40 EUR mtl.				

Überblick zu den Pflegeleistungen

Leistung	Pflegegrade				
	1	2	3	4	5
Technische Pflegehilfsmittel (§ 40 Abs. 3 SGB XI)	■ technische Hilfsmittel ohne Höchstbetrag, aber grundsätzlich aus Lagerbestand (Beachte: Hilfsmittel nach der Krankenversicherung) ■ Zuzahlung beachten				
Wohnraumanpassung (§ 40 Abs. 4 SGB XI)	■ Zuschuss in Höhe von bis zu 4.000 EUR je Maßnahme ■ Zuschuss bei mehreren Pflegebedürftigen im gemeinsamen Wohnumfeld auf 16.000 EUR beschränkt				
Tages-/Nachtpflege (§ 41 SGB XI)	0	bis zu 689 EUR mtl.	bis zu 1.298 EUR mtl.	bis zu 1.612 EUR mtl.	bis zu 1.995 EUR mtl.
Kurzzeitpflege (§ 42 SGB XI)	*	■ Gesamtbetrag von bis zu 1.612 EUR für bis zu 8 Wochen im Kalenderjahr ■ Erhöhung des Leistungsbetrages auf bis zu 3.224 EUR bei Verrechnung mit der Verhinderungspflege			
Vollstationäre Pflege (§ 43 SGB XI)	**	770 EUR mtl.	1.262 EUR mtl.	1.775 EUR mtl.	2.005 EUR mtl.
Vollstationäre Pflege in Einrichtung für behinderte Menschen (§ 43a SGB XI)	0	bis zu 266 EUR mtl. zur Abgeltung der in § 43 Abs. 2 SGB XI genannten Aufwendungen			

Die Leistungen der Pflegeversicherung

Leistung	Pflegegrade				
	1	2	3	4	5
zusätzliche Betreuung und Aktivierung in stationären Einrichtungen (§ 43b SGB XI)	individueller Anspruch auf zusätzliche Betreuung und Aktivierung gegenüber der Pflegekasse				
Entlastungsbetrag (§ 45b SGB XI)	bis zu 125 EUR mtl. als Kostenerstattungsanspruch				

* Entlastungsbetrag in Höhe von bis zu 125 EUR monatlich nach § 45b Abs. 1 SGB XI, § 28a Abs. 2 SGB XI.

** Zuschuss von 125 EUR monatlich nach § 43 Abs. 3 SGB XI, § 28a Abs. 3 SGB XI.

Welche Leistungen gibt es für Pflegepersonen?

Pfeiler der Pflege	206
Renten-, Unfall- und Arbeitslosenversicherung für Pflegepersonen	206
Auszeiten nach Pflegezeitgesetz und Familienpflegezeitgesetz	212
Pflegeschulungen nach § 45 SGB XI	221

Pfeiler der Pflege

Die Angehörigen, Freunde oder Nachbarn nehmen als Pflegepersonen nach § 19 SGB XI eine wichtige Aufgabe bei der Pflege des Pflegebedürftigen wahr. Ohne sie wäre vielfach eine Pflege zu Hause nicht möglich. Daher gibt es für die Pflegepersonen eine Reihe von Leistungen von der Pflegekasse.

Renten-, Unfall- und Arbeitslosenversicherung für Pflegepersonen

Nach § 44 SGB XI werden für Pflegepersonen, die einen Pflegebedürftigen mit mindestens Pflegegrad 2 pflegen, Leistungen zur sozialen Sicherung erbracht. Dazu gehören Leistungen der Rentenversicherung (vgl. § 44 Abs. 1 SGB XI), der Unfallversicherung (vgl. § 44 Abs. 2a SGB XI) sowie der Arbeitsförderung nach dem SGB III (vgl. § 44 Abs. 2b SGB XI). Bei Pflegebedürftigen des Pflegegrades 1 wird generell davon ausgegangen, dass der Pflegebedarf nur sehr gering sein wird. Daher sind deren Pflegepersonen nicht von § 44 SGB XI erfasst.

Außerdem gelten die Regelungen zur sozialen Sicherung nicht für Pflegepersonen, die ihre Tätigkeit erwerbsmäßig ausüben. Zu diesem Personenkreis zählen unter anderem berufsmäßige Pflegekräfte aus Pflegeeinrichtungen oder Pflegediensten oder Jugendliche im Freiwilligen Sozialen Jahr, die die Pflege im Rahmen ihrer Beschäftigung ausüben. Sie erhalten für ihre Pflegetätigkeit Arbeitsentgelt oder finanzielle Zuwendungen.

> **Praxis-Tipp: Pflegegeld und Pflegeperson**
>
> Erhält der Pflegebedürftige das Pflegegeld nach § 37 SGB XI, kann er diesen Betrag an die Pflegeperson weitergeben. Das Pflegegeld gilt nicht als Arbeitsentgelt. Zahlt der Pflegebedürftige jedoch mehr Geld an die Pflegeperson, liegt eine erwerbsmäßige Tätigkeit vor. Eine soziale Sicherung durch § 44 SGB XI scheidet dann aus.

Renten-, Unfall- und Arbeitslosenversicherung für Pflegepersonen

Die Pflegekasse des Pflegebedürftigen mit mindestens Pflegegrad 2 zahlt für die nicht erwerbsmäßig tätige Pflegeperson Beiträge an den zuständigen Träger der gesetzlichen Rentenversicherung, wenn

- die Pflegetätigkeit bei den pflegerischen Maßnahmen zum Beispiel in Form von Mobilitäts-, Selbstversorgungs- oder Betreuungsmaßnahmen sowie Hilfen bei der Haushaltführung mindestens 10 Stunden wöchentlich, verteilt auf regelmäßig mindestens zwei Tage in der Woche, beträgt und

- die Pflege in der häuslichen Umgebung, wie der eigenen Wohnung, auch in einem Altenheim oder im Haushalt, in dem der Pflegebedürftige aufgenommen wurde,

stattfindet (vgl. § 44 Abs. 1 SGB XI). Die Ausübung des Berufes der Pflegeperson ist neben der Pflegetätigkeit in einem begrenzten Umfang von maximal 30 Stunden wöchentlich zulässig. Eine Ausnahme besteht für Pflegepersonen, die nach dem Recht der Rentenversicherung versicherungsfrei sind. Für sie müssen von der Pflegekasse keine Beiträge in die Rentenversicherung gezahlt werden. Zu den versicherungsfreien Personen gehören zum Beispiel (vgl. § 5 SGB VI):

- Bezieher von Altersrente (Vollrente)

- Bezieher einer Pension oder eines Ruhegehalts nach beamten- oder kirchenrechtlichen Regelungen einer berufsständigen Versorgungseinrichtung (zum Beispiel selbstständige Ärzte, Architekten).

Der von der Pflegekasse an die gesetzliche Rentenversicherung zu zahlende Versicherungsbeitrag berechnet sich aus der Höhe des für die Rentenversicherung geltenden Beitragssatzes (2016: 18,7 Prozent) von den beitragspflichtigen Einnahmen (sogenannte Beitragsbemessungsgrundlage). Die beitragspflichtigen Einnahmen werden für Pflegepersonen nach § 166 Abs. 2 SGB VI berechnet. Entscheidend dabei ist der Pflegegrad des Pflegebedürftigen und, ob dieser Leistungen in Form von Pflegegeld nach § 37 SGB XI, Kombinationsleistungen nach § 38 SGB XI oder Pflegesachleistungen nach § 36 SGB XI erhält. Danach richtet sich, wie viel Prozent von der monatlichen Bezugsgröße der Sozialversicherung als beitragspflichtige Einnahme der Pflegeperson gilt. Die Bezugsgröße ist die Grundlage für die Beitragsberechnung. Der Wert der

Welche Leistungen gibt es für Pflegepersonen?

Bezugsgröße wird jährlich neu ermittelt und festgelegt (für 2016: Ost 30.240 Euro jährlich bzw. 2.520 Euro mtl./West: 34.860 Euro jährlich bzw. 2.905 Euro mtl.; für 2017 voraussichtlich: Ost 31.920 Euro jährlich bzw. 2.660 Euro mtl./West 35.700 Euro jährlich bzw. 2.975 Euro mtl.). Er entspricht damit dem durchschnittlichen Brutto-Lohn oder -gehalt eines beschäftigten Arbeitnehmers in der Bundesrepublik Deutschland. Die jeweilige Bezugsgröße kann im Internet nachgelesen, bei der Rentenversicherung oder zuständigen Pflegekasse erfragt werden. Zur Berechnung der beitragspflichtigen Einnahmen von Pflegepersonen folgender Überblick:

Pflegegrad	Bezug von Pflegegeld	Bezug von Kombinationsleistungen	Bezug von Pflegesachleistungen
2	27 %	22,95 %	18,9 %
3	43 %	36,55 %	30,1 %
4	70 %	59,5 %	49 %
5	100 %	85 %	70 %
% von der monatlichen Bezugsgröße			

Die Zahlung der zusätzlichen Rentenversicherungsbeiträge ist nicht davon abhängig, dass die Pflegeperson bei derselben Pflegeversicherung versichert ist. Es reicht, dass der Pflegebedürftige bei seiner Pflegekasse eine Versicherung hat. Außerdem besteht die Zahlungspflicht von Rentenversicherungsbeiträgen unabhängig davon, ob der Pflegende sich für die Pflege in Pflegezeit nach dem Pflegezeitgesetz oder in Familienpflegezeit nach dem Familienpflegezeitgesetz befindet.

Praxis-Tipp: Automatische Meldung der Pflegeperson

Der MDK oder ein anderer von der Pflegekasse beauftragter Gutachter stellt bei der Begutachtung der Pflegebedürftigkeit fest, wer in welchem Umfang als Pflegeperson die Pflege unterstützt. Die Pflegekasse wendet sich dann automatisch an die Pflegeperson, um weitere Angaben zur Rentenversicherung zu erfahren.

Renten-, Unfall- und Arbeitslosenversicherung für Pflegepersonen

Wird der Pflegebedürftige durch mehrere Pflegepersonen gepflegt (sogenannte Mehrfachpflege), so können diese gemeinsam von der Absicherung in der Rentenversicherung profitieren. Zusätzlich zu den oben genannten drei Voraussetzungen muss für jede Pflegeperson durch den MDK oder durch einen anderen von der Pflegekasse beauftragten Gutachter eine Aussage dazu getroffen werden, welchen Anteil diese zur Pflege beiträgt. Der prozentuale Umfang der jeweiligen Pflegetätigkeit muss dabei im Verhältnis zum Gesamtpflegeaufwand je pflegebedürftiger Person ermittelt werden. Die Angaben der beteiligten Pflegepersonen bilden die Grundlage für die Beurteilung, in welchem Verhältnis die beitragspflichtigen Einnahmen aufgeteilt werden (vgl. § 166 Abs. 2 Satz 2 SGB VI). Machen die Pflegepersonen zum Umfang ihrer Pflegetätigkeit keine Angaben oder widersprechen sich die Aussagen, findet eine gleichmäßige Aufteilung des Rentenversicherungsanspruchs statt. Bei der Aufteilung ist zu beachten, dass auch Pflegepersonen berücksichtigt werden, die nicht versicherungspflichtig sind, weil sie etwa nicht die 10-Stunden-Grenze für die Pflegetätigkeit erreichen oder aufgrund des Bezuges von Altersrente versicherungsfrei sind. Zur Berechnung beitragspflichtiger Einnahmen bei Mehrfachpflege folgendes Beispiel:

Beispiel:
Wird der Pflegebedürftige durch 2 Pflegepersonen jeweils zur Hälfte gepflegt, so wird der je nach Pflegegrad zustehende Anteil der Bezugsgröße hälftig aufgeteilt und davon der von der Pflegekasse zu zahlende Rentenbeitrag berechnet. Das bedeutet bei Pflegegrad 4 und Bezug von Pflegegeld für jede Pflegeperson 35 % (70 % : 2) der Bezugsgröße (siehe dazu obige Tabelle zur Berechnung der beitragspflichtigen Einnahmen von Pflegepersonen). Bezieht z. B. eine der beiden Personen Altersrente, wird die Pflegetätigkeit zwar bei der Berechnung des Rentenbeitrags berücksichtigt, der Anteil „verfällt" aber.

Die Mehrfachpflege kann auch in der Form erfolgen, dass eine nicht erwerbsmäßig tätige Pflegeperson mehrere Pflegebedürftige mit mindestens Pflegegrad 2 pflegt. Dies kann zum Beispiel

Welche Leistungen gibt es für Pflegepersonen?

der Fall sein, wenn die Pflegeperson als naher Angehöriger ihre Eltern pflegt. Auch hier müssen die oben genannten Voraussetzungen erfüllt sein, nur dass die Pflegezeiten zusammen betrachtet werden und der Anteil der Bezugsgröße je pflegebedürftiger Person berechnet wird (vgl. § 166 Abs. 2 Satz 3 SGB VI).

> **Beispiel:**
> Pflegt die Pflegeperson die Pflegebedürftige A mit dem Pflegegrad 5 zu 40 % und den Pflegebedürftigen B mit Pflegegrad 4 zu 45 %, so berechnet sich die Höhe der beitragspflichtigen Einnahmen in Bezug auf A nach 40 % des maßgebenden Bezugsgrößenwertes des Pflegegrades 5 und bei B auf der Grundlage von 45 % des maßgebenden Bezugsgrößenwertes des Pflegegrades 4.

Die Pflegepersonen, die einen Pflegebedürftigen mit mindestens Pflegegrad 2 pflegen, sind nach § 44 Abs. 2a SGB XI während ihrer Tätigkeit in der gesetzlichen Unfallversicherung versichert. Diese Versicherung ist beitragsfrei. Sie setzt jedoch wie bei der Rentenversicherung voraus, dass die Pflegeperson eine oder mehrere Pflegebedürftige wenigstens 10 Stunden wöchentlich, verteilt auf regelmäßig mindestens zwei Tage in der Woche, in der häuslichen Umgebung pflegt (vgl. § 19 SGB XI). Die Unfallversicherung erfasst für die Pflegeperson folgende Bereiche:

- Pflegeunfälle als Arbeitsunfälle, die im Zusammenhang mit den pflegerischen Maßnahmen in den Modulen 1 bis 6 (vgl. § 14 Abs. 2 SGB XI) und der Hilfe bei der Haushaltsführung im Sinne des § 18 Abs. 5a SGB XI stehen, wenn sie überwiegend dem Pflegebedürftigen zugute kommen

- Wegeunfälle, also das Hin- und Zurückfahren zur Pflegetätigkeit

- Pflegetätigkeitskrankheiten als Berufskrankheiten, die während der Pflegetätigkeit entstehen und als solche anerkannt sind, wie zum Beispiel Hauterkrankungen und Infektionskrankheiten.

Die Pflegeperson nach § 19 SGB XI erhält bei einem Unfall während der Pflegetätigkeit sämtliche Leistungen der Unfallversicherung, wie etwa die ärztliche Behandlung, Arzneimittel, Physiotherapie, Verletztengeld, Versichertenrente und Hilfe im Haushalt.

> **Praxis-Tipp: Meldung des Unfalls**
>
> Verletzt sich die Pflegeperson, sollte dem später behandelnden Arzt mitgeteilt werden, dass der Unfall während der Pflegetätigkeit passiert ist und der Gepflegte von der Pflegekasse als pflegebedürftig anerkannt wurde. Der Unfall muss später vom Pflegebedürftigen innerhalb von 3 Tagen seiner Pflegekasse angezeigt werden. Die Mitteilung über den Unfall kann auch durch Familienangehörige oder die Pflegeperson erfolgen, wenn der Pflegebedürftige dazu nicht in der Lage ist.

Nach § 44 Abs. 2b SGB XI besteht zugunsten der Pflegepersonen, die einen Pflegebedürftigen der Pflegegrade 2 bis 5 pflegen und dafür aus dem Beruf aussteigen oder den Leistungsbezug aus der Arbeitslosenversicherung unterbrechen, eine Pflicht der Pflegekasse zur Zahlung von Beiträgen in die Arbeitsförderung nach dem SGB III (sogenannte Arbeitslosenversicherung). Die Beiträge zur Arbeitslosenversicherung werden nach § 345 SGB III aus 50 Prozent der monatlichen Bezugsgröße der Sozialversicherung (siehe dazu oben Ausführungen zur Rentenversicherung) festgesetzt. Die Arbeitslosenversicherung der Pflegeperson setzt nicht voraus, dass sie sich während dieser Zeit in Pflegezeit nach dem Pflegezeitgesetz befindet. Zu beachten ist aber, dass nach § 26 Abs. 2b SGB III unmittelbar vor der Pflegetätigkeit eine Versicherungspflicht in der Arbeitslosenversicherung oder ein Anspruch auf Entgeltersatzleistungen nach dem SGB III, wie zum Beispiel Arbeitslosengeld, bestanden haben muss. Außerdem muss die nicht erwerbsmäßige Pflegeperson, wie bei der Renten- und Unfallversicherung, eine oder mehrere Pflegebedürftige wenigstens 10 Stunden wöchentlich, verteilt auf regelmäßig mindestens zwei Tage in der Woche, in der häuslichen Umgebung pflegen (vgl. § 26 Abs. 2b SGB III). Die Pflegeperson hat nach Beendigung ihrer Pflegetätigkeit einen Anspruch auf Arbeitslosengeld und Leistungen der aktiven Arbeitsförderung, wie zum Beispiel Berufsberatung oder berufliche Weiterbildungen.

Praxis-Tipp: Ausnahme bei der Zahlungspflicht

Eine Pflicht zur Zahlung in die Arbeitslosenversicherung besteht nach der Regelung des § 26 Abs. 2b SGB III nicht, wenn etwa die Pflegeperson weiter in Teilzeit arbeitet oder weiterhin Arbeitslosengeld bezieht. Denn in diesen Fällen liegt bereits eine hinreichende Absicherung vor.

Auszeiten nach Pflegezeitgesetz und Familienpflegezeitgesetz

In vielen Fällen kann eine Pflegeperson neben der Beschäftigung in einem Arbeits- oder Ausbildungsverhältnis sowie arbeitsähnlichen Beschäftigungsverhältnis, wie zum Beispiel bei Heimarbeit, die Pflege eines Angehörigen nicht mehr leisten. Auch kann es sein, dass die Pflegebedürftigkeit zum Beispiel durch einen Schlaganfall plötzlich eintritt und nur durch eine Auszeit vom Beruf die Pflege organisiert oder eine pflegerische Versorgung sichergestellt werden kann. Um der beschäftigten Pflegeperson die Möglichkeit zu geben, sich um die Pflege des nahen Angehörigen zu kümmern, gibt es das Pflegezeitgesetz (PflegeZG) und das Familienpflegezeitgesetz (FPfZG).

Zu den nahen Angehörigen der Pflegeperson gehören nach § 7 Abs. 3 PflegeZG, § 2 Abs. 3 FPfZG:

- Großeltern, Eltern, Schwiegereltern, Stiefeltern

- Ehegatten, Lebenspartner, Partner einer eheähnlichen oder lebenspartnerschaftsähnlichen Gemeinschaft, Geschwister, Ehegatten der Geschwister und Geschwister der Ehegatten, Lebenspartner der Geschwister und Geschwister der Lebenspartner

- Kinder, Adoptiv- oder Pflegekinder, die Kinder, Adoptiv- oder Pflegekinder des Ehegatten oder Lebenspartners, Schwiegerkinder und Enkelkinder.

Diese nahen Angehörigen müssen pflegebedürftig im Sinne des § 14 und § 15 SGB XI sein (vgl. § 7 Abs. 4 PflegeZG, § 2 Abs. 3

FPfZG). Es reicht deshalb für die Anwendung des PflegeZG oder FPfZG nicht aus, wenn allein eine schwere Krankheit des Angehörigen vorliegt. Eine Ausnahme gilt nur bei einer schweren Erkrankung, die in wenigen Wochen oder Monaten zum Sterben des nahen Angehörigen führen wird. In diesem Fall muss kein Pflegegrad vorliegen (vgl. § 3 Abs. 6 PflegeZG).

> **Praxis-Tipp: Kurzfristige Pflegebedürftigkeit**
> Tritt die Pflegebedürftigkeit kurzfristig ein, sollte sich schnellstmöglich mit der Pflegekasse des Pflegebedürftigen in Verbindung gesetzt werden, um den Pflegegrad zu beantragen. Befindet sich der Pflegebedürftige zu diesem Zeitpunkt z. B. im Krankenhaus und kündigt die Pflegeperson in diesen Zusammenhang Pflegezeit an, ist eine Eilbegutachtung des MDK innerhalb einer Woche ab Antrag durchzuführen (vgl. § 18 Abs. 3 SGB XI). Diese Begutachtung dient der Feststellung, ob überhaupt eine Pflegebedürftigkeit vorliegt und wenn ja, ob mindestens der Pflegegrad 2 erfüllt ist (siehe hierzu näher Kapitel 3 „Begutachtung durch den MDK oder einen beauftragten Gutachter"). Für diesen Zeitraum empfiehlt es sich Urlaub zu nehmen, da bei einer MDK-Begutachtung auch festgestellt werden kann, dass kein Pflegegrad vorliegt. Handelt es sich beim Pflegebedürftigen um ein Baby oder Kind, können Krankentage für das Baby oder Kind nach der Krankenversicherung mit der Zahlung von Krankengeld genommen werden.

Zu den Möglichkeiten einer Auszeit des Pflegenden von der Arbeit nach dem Pflegezeitgesetz (PflegeZG) und Familienpflegezeitgesetz (FPfZG) folgende Überblicke:

Welche Leistungen gibt es für Pflegepersonen?

Kurzfristige Arbeitsverhinderung zur Pflege von bis zu 10 Tagen (vgl. § 2 PflegeZG)

Anspruch

Angehörige können bis zu 10 Arbeitstage der Arbeit ohne Arbeitslohn fernbleiben, um in einer akuten Pflegesituation eine bedarfsgerechte Pflege zu organisieren oder eine pflegerische Versorgung in dieser Zeit sicherzustellen.

Unternehmensgröße

Es handelt sich um einen Rechtsanspruch gegenüber dem Arbeitgeber unabhängig von der Größe des Unternehmens.

Nachweis

Die Pflegesituation wird unter Vorlage einer ärztlichen Bescheinigung des Angehörigen dem Arbeitgeber angezeigt.

Pflegeunterstützungsgeld

Für die Zeit der Arbeitsverhinderung kann eine Lohnersatzleistung geltend gemacht werden (sog. Pflegeunterstützungsgeld), sofern der Arbeitgeber keine Entgeltfortzahlung leistet oder kein Kranken- oder Verletztengeld bei Erkrankung oder Unfall des Kindes beansprucht werden kann (vgl. § 44a Abs. 3 SGB XI, § 2 Abs. 3 PflegeZG).

Beantragung des Pflegeunterstützungsgeldes

Das Pflegeunterstützungsgeld kann bei der Pflegeversicherung des nahen Angehörigen unter Vorlage einer ärztlichen Bescheinigung zur Pflegesituation beantragt werden.

Höhe des Pflegeunterstützungsgeldes

Die Höhe des Pflegeunterstützungsgeldes wird wie die Höhe des Kinderkrankengeldes nach § 45 Abs. 2 Satz 3 bis 5 SGB V berechnet (vgl. § 44a Abs. 3 SGB XI). Davon werden die Kranken-, Renten- und Arbeitslosenversicherung abgezogen.

Pflegeunterstützungsgeld für eine Pflegeperson bzw. für mehrere Pflegepersonen

Das Pflegeunterstützungsgeld wird für einen Pflegebedürftigen gezahlt, sodass bei mehreren Pflegepersonen der Anspruch geteilt werden muss.

Begleitung in der letzten Lebensphase
(vgl. § 3 Abs. 6, § 4 Abs. 3 PflegeZG)

Anspruch

Für die Begleitung eines pflegebedürftigen nahen Angehörigen in der letzten Lebensphase kann eine bis zu 3-monatige vollständige oder teilweise Auszeit genommen werden.

Unternehmensgröße

Der pflegende Angehörige hat gegenüber einem Arbeitgeber mit mehr als 15 Beschäftigten einen Rechtsanspruch auf Begleitungszeit (vgl. § 3 Abs. 6 und Abs. 1 PflegeZG).

Nachweis

Es ist ein ärztliches Attest über die schwere Erkrankung vorzulegen (Prognose über die Lebenserwartung).

Ankündigungsfrist

Der Arbeitgeber ist spätestens 10 Arbeitstage vor Beginn der Pflegezeit über Dauer und Umfang der Auszeit schriftlich zu informieren.

Teilweise Freistellung

Bei einer teilweisen Freistellung ist eine schriftliche Vereinbarung zwischen Arbeitgeber und beschäftigtem Pflegenden über die Verringerung der Arbeitszeit zu schließen. Dem Wunsch des pflegenden Angehörigen hat der Arbeitgeber grundsätzlich zu entsprechen.

Lohn

Der pflegende Beschäftigte bekommt während der Begleitzeit grundsätzlich keinen Lohn, nur wenn dieser vertraglich mit dem Arbeitgeber vereinbart wurde oder im Tarifvertrag vorgesehen ist.

Ende der Pflegezeit

Die Pflegezeit endet nach dem beantragten Zeitraum; bei Ende der Sterbebegleitung oder bei Pflege außerhalb der häuslichen Umgebung (zum Beispiel im Pflegeheim) 4 Wochen nach dem Eintritt der veränderten Situation. Der Arbeitgeber ist darüber zu informieren.

Welche Leistungen gibt es für Pflegepersonen?

Verkürzung und Verlängerung der Begleitzeit

Die Verkürzung der Begleitzeit bedarf der Zustimmung des Arbeitgebers. Dies gilt auch bei einer Verlängerung der Begleitzeit auf bis zu 3 Monate.

Darlehen

Es besteht die Möglichkeit, für diese Zeit ein zinsloses Darlehen beim Bundesamt für Familie und zivilgesellschaftliche Aufgaben zu beantragen, um Einkommensverluste in dieser Zeit abzufedern. Nach dem Ende der Pflegezeit muss es in Raten wieder zurückgezahlt werden.

Pflegezeit von bis zu 6 Monaten
(vgl. § 3 Abs. 1, § 4 Abs. 1 PflegeZG)

Anspruch

Beschäftigte können zur Pflege eines pflegebedürftigen nahen Angehörigen in häuslicher Umgebung bis zu 6 Monaten teilweise oder ganz aus dem Job aussteigen.

Unternehmensgröße

Der pflegende Angehörige hat gegenüber einem Arbeitgeber mit mehr als 15 Beschäftigten einen Rechtsanspruch auf Pflegezeit (vgl. § 3 Abs. 1 PflegeZG).

Nachweis

Es ist die Pflegebedürftigkeit mindestens des Pflegegrades 1 durch den Feststellungsbescheid der Pflegekasse oder das MDK-Gutachten gegenüber dem Arbeitgeber nachzuweisen.

Ankündigungsfrist

Der Arbeitgeber ist spätestens 10 Arbeitstage vor Beginn der Pflegezeit schriftlich über Dauer und Umfang der Freistellung von der Arbeit zu informieren.

Ankündigungsfrist bei Pflegezeit nach Familienpflegezeit

Schließt sich die Pflegezeit nach dem PflegeZG an eine Familienpflegezeit nach FPfZG an, dann beträgt die Ankündigungsfrist 8 Wochen (§ 3 Abs. 3 PflegeZG, § 2a Abs. 1 FPfZG).

Auszeiten nach Pflegezeitgesetz und Familienpflegezeitgesetz

Ankündigungsfrist bei Familienpflegezeit nach Pflegezeit

Die Ankündigungsfrist beträgt 3 Monate, wenn die Familienpflegezeit im Anschluss an eine Pflegezeit genommen werden soll (§ 2a Abs. 1 FPfZG).

Teilweise Freistellung

Bei einer teilweisen Freistellung ist eine schriftliche Vereinbarung zwischen Arbeitgeber und pflegendem Angehörigen über die Verringerung der Arbeitszeit zu schließen. Dem Wunsch des Pflegenden hat der Arbeitgeber grundsätzlich zu entsprechen.

Lohn

Der pflegende Beschäftigte bekommt während der Pflegezeit grundsätzlich keinen Lohn, nur wenn dieser vertraglich mit dem Arbeitgeber vereinbart wurde oder im Tarifvertrag vorgesehen ist.

Ende der Pflegezeit

Die Pflegezeit endet nach dem beantragten Zeitraum; bei Ende der Pflegebedürftigkeit oder bei Pflege außerhalb der häuslichen Umgebung (zum Beispiel im Pflegeheim) 4 Wochen nach dem Eintritt der veränderten Situation. Der Arbeitgeber ist darüber zu informieren.

Verkürzung und Verlängerung der Pflegezeit

Die Verkürzung der Pflegezeit bedarf der Zustimmung des Arbeitgebers. Dies gilt auch bei einer Verlängerung der Pflegezeit auf bis zu 6 Monate (vgl. § 4 Abs. 1 PflegeZG).

Darlehen

Ein zinsloses Darlehen kann für diese Zeit in Anspruch genommen werden (siehe dazu oben unter „Begleitung in der letzten Lebensphase").

Welche Leistungen gibt es für Pflegepersonen?

Familienpflegezeit von bis zu 24 Monaten (vgl. §§ 2 ff. FPfZG)

Anspruch

Müssen nahe Angehörige längerfristig gepflegt werden, können Beschäftigte bis zu 24 Monate ihre Arbeit auf bis zu 15 Stunden pro Woche reduzieren, um diese in häuslicher Umgebung zu pflegen.

Unternehmensgröße

Es besteht ein Rechtsanspruch gegenüber dem Arbeitgeber auf Familienpflegezeit, wenn die Betriebsgröße mindestens 26 Beschäftigte ausschließlich der Auszubildenden beträgt.

Nachweis

Es ist die Pflegebedürftigkeit mindestens des Pflegegrades 1 durch den Feststellungsbescheid der Pflegekasse oder das MDK-Gutachten gegenüber dem Arbeitgeber nachzuweisen.

Ankündigungsfrist

Der Arbeitgeber ist spätestens 8 Wochen vor Beginn der Familienpflegezeit schriftlich über Dauer und Umfang der Familienpflegezeit zu informieren (§ 2a Abs. 1 FPfZG).

Ankündigungsfrist bei Pflegezeit nach Familienpflegezeit

Schließt sich die Pflegezeit nach dem PflegeZG nach einer Familienpflegezeit nach FPfZG an, beträgt die Ankündigungsfrist 8 Wochen (§ 3 Abs. 3 PflegeZG, § 2a Abs. 1 FPfZG).

Ankündigungsfrist bei Familienpflegezeit nach Pflegezeit

Die Ankündigungsfrist beträgt 3 Monate, wenn die Familienpflegezeit im Anschluss an eine Pflegezeit genommen werden soll (§ 3 Abs. 3 PflegeZG, § 2a Abs. 1 FPfZG).

Lohn

Der pflegende Arbeitnehmer bekommt nur für tatsächlich geleistete Arbeitsstunden Lohn. Etwas anderes gilt nur, wenn er für die Familienpflegezeit eine andere vertragliche Regelung mit dem Arbeitgeber geschlossen hat oder im Tarifvertrag dies anders vorgesehen ist.

Auszeiten nach Pflegezeitgesetz und Familienpflegezeitgesetz

Verringerung der Arbeitszeit

Die Verringerung der Arbeitszeit muss schriftlich vereinbart werden. Dem Wunsch des Pflegenden hat der Arbeitgeber grundsätzlich zu entsprechen.

Ende der Familienpflegezeit

Die Familienpflegezeit endet nach dem beantragten Zeitraum; bei Ende der Pflegebedürftigkeit oder bei Pflege außerhalb der häuslichen Umgebung (zum Beispiel Pflegeheim) 4 Wochen nach Eintritt der veränderte Situation. Der Arbeitgeber ist darüber zu informieren.

Verkürzung und Verlängerung der Familienpflegezeit

Die Verkürzung der Familienpflegezeit bedarf der Zustimmung des Arbeitgebers. Dies gilt auch bei einer Verlängerung der Familienpflegezeit auf bis zu 24 Monate.

Darlehen

Es kann während der Familienpflegezeit ein zinsloses Darlehen beim Bundesamt für Familie und zivilgesellschaftliche Aufgaben beantragt werden, um Einkommensverluste in dieser Zeit abzufedern. Nach dem Ende der Familienpflegezeit muss es in Raten wieder zurückgezahlt werden.

Entscheidet sich der Pflegende, nach der Pflegezeit von sechs Monaten Familienpflegezeit in Anspruch zu nehmen oder umgekehrt, gilt es zu beachten, dass die Freistellung insgesamt nur 24 Monate betragen kann (vgl. § 4 Abs. 3 PflegeZG, § 2 Abs. 1 FPfZG). Wurden beispielsweise sechs Monate Pflegezeit genommen, können nur noch 18 Monate Familienpflegezeit geltend gemacht werden. Dabei sind jedoch immer die Ankündigungsfristen gegenüber dem Arbeitgeber zu beachten (siehe dazu oben), da die Pflegezeit bzw. Familienpflegezeit sonst nicht rechtzeitig anfangen kann. Außerdem besteht nach § 5 Abs. 1 PflegeZG, § 2 Abs. 3 FPfZG von der Ankündigung, höchstens jedoch 12 Wochen vor dem angekündigten Termin, bis zur Beendigung der kurzzeitigen Arbeitsverhinderung oder dem Ende der Freistellung ein Sonderkündigungsschutz. Der Arbeitgeber kann folglich nicht ordentlich kündigen. Eine Ausnahme besteht

Welche Leistungen gibt es für Pflegepersonen?

nur dann, wenn etwa die für den Arbeitsschutz zuständige oberste Landesbehörde eine Ausnahmegenehmigung erteilt.

Während einer vollständigen Freistellung für die Zeit der Begleitung in der letzten Lebensphase oder der Pflegezeit von bis zu sechs Monaten nach dem Pflegezeitgesetz gilt die Beschäftigung beim Arbeitgeber im versicherungsrechtlichen Sinne als nicht fortbestehend. Somit endet die Pflicht des Arbeitgebers Versicherungsbeiträge für den Pflegenden zu zahlen. Versicherungsschutz der Kranken- und Pflegeversicherung genießt der Pflegende nur noch, wenn er als

- Ehegatte,
- Lebenspartner,
- Kind von einem Mitglied der Krankenversicherung oder
- Kind eines familienversicherten Kindes

nach § 10 SGB V kostenlos familienversichert und damit auch pflegeversichert (vgl. § 25 SGB XI) ist. Kann sich der Pflegende nicht familienversichern lassen, muss er sich freiwillig weiterversichern.

Um die Kosten dafür abzufedern, kann die Pflegeperson bei der Pflegekasse des Pflegebedürftigen nach § 44a Abs. 1 SGB XI bei einer vollständigen Arbeitsfreistellung für die Zeit der Begleitung in der letzte Lebensphase oder der Pflegezeit von bis zu sechs Monaten nach dem Pflegezeitgesetz (vgl. § 3 PflegeZG) Zuschüsse zur Kranken- und Pflegeversicherung bis zur Höhe des Mindestbeitrags beantragen. Diese Möglichkeit besteht auch bei einer Reduzierung der Arbeitszeit im Rahmen der Pflegezeit, wenn dadurch eine geringfügige Beschäftigung entsteht (vgl. 8 Abs. 1 SGB IV, Entgelt von monatlich bis zu 450 Euro).

Bei einer kurzzeitigen Arbeitsverhinderung von bis zu zehn Tagen nach § 2 PflegeZG kann im Rahmen des § 44a Abs. 4 SGB XI bei Bezug von Pflegeunterstützungsgeld ein Zuschuss für die Krankenversicherung beantragt werden.

Dagegen erhalten Pflegende, die nur teilweise von der Arbeit freigestellt werden, keine Zuschüsse zur Kranken- und Pflegeversicherung. Für sie besteht während dieser Zeit eine Versicherungspflicht. Es werden daher weiterhin Kranken- und Pflegeversicherungsbeiträge bezogen auf das niedrigere Arbeitsentgelt gezahlt.

Während der Familienpflegezeit bleibt der beschäftigte Pflegende in allen Sozialversicherungszweigen, wie Kranken- und Pflegeversicherung, Rentenversicherung und Arbeitslosenversicherung, versicherungspflichtig. Die Beiträge dazu werden von dem niedrigeren Arbeitsentgelt berechnet und vom Arbeitgeber mit Arbeitnehmeranteil gezahlt. Hinzu kommt noch die Möglichkeit der Ergänzung durch die Zuschüsse von Rentenversicherungsbeträgen nach § 44 SGB XI, sodass es in vielen Fällen zu keinen Einbußen bei der Rentenanwartschaft kommt.

> **Praxis-Tipp: Außerhäusliche Pflege bei minderjährigen Kindern**
>
> Viele pflegebedürftige Kinder sind zum Beispiel längerfristig in einer Klinik oder Reha-Einrichtung. Eine Betreuung soll auch dort stattfinden. Daher können minderjährige, pflegebedürftige nahe Angehörige während der Pflegezeit und/oder Familienpflegezeit neben der häuslichen Pflege auch in außerhäuslicher Umgebung gepflegt werden (vgl. § 3 Abs. 5 PflegeZG, § 2 Abs. 5 FPfZG).

Pflegeschulungen nach § 45 SGB XI

Die Pflegekassen müssen unentgeltlich Pflegeschulungen anbieten, damit sich die Pflegepersonen besser mit der Pflegesituation des Pflegebedürftigen auseinandersetzen können (vgl. § 45 SGB XI). Die Angehörigen und ehrenamtlichen Pflegepersonen der Pflegebedürftigen der Pflegegrade 1 bis 5 sollen dort die theoretischen und praktischen Grundlagen für die Pflegetätigkeit erlernen oder vertiefen (vgl. § 28a Abs. 1 Nr. 7 SGB XI). Sie können in den Pflegeschulungen zum Beispiel Kenntnisse zu den Hilfen bei der Körperpflege, Ernährung oder Medikamenteneinnahme erlangen. Auch zu speziellen Krankheitsbildern, wie etwa Demenz, Multipler Sklerose, Parkinson oder zur Betreuung pflegebedürftiger Kinder werden Pflegeschulungen angeboten.

Welche Leistungen gibt es für Pflegepersonen?

Um eine Pflegeschulung besuchen zu können, sollte sich die Pflegeperson bei der Pflegekasse des Pflegebedürftigen informieren. Pflegeschulungen werden zum Beispiel von Pflegediensten oder freien Trägern wie der Caritas, dem Deutschen Roten Kreuz, der Arbeiterwohlfahrt, der Diakonie oder der Volkssolidarität angeboten. Diese rechnen in der Regel direkt mit der Pflegekasse des Pflegebedürftigen ab.

Es ist aber auch möglich eine Pflegeschulung zu Hause zu machen, denn häufig stellt sich die Pflegesituation zu Hause anders dar, als in den allgemeinen Pflegeschulungen. Deshalb kann es sinnvoll sein, die Pflegesituation zu Hause analysieren zu lassen und sich zum Beispiel über rückenschonendes Heben des Pflegebedürftigen, Pflegetechniken, den Umgang mit Pflegehilfsmitteln oder die Möglichkeit von Veränderungen der Wohnraumsituation zur besseren Pflege zu informieren. Damit die individuelle Schulung des Pflegenden kostenfrei erfolgen kann, sollte sich vorher mit der Pflegekasse abgesprochen werden. Sie kann auch Pflegedienste vermitteln, die diese Leistungen anbieten.

Was kann man tun, wenn ein Antrag abgelehnt wurde?

Ablehnung eines Antrags und was nun? 224

Neuantrag oder Widerspruch? 224

Recht zur Akteneinsicht 226

Der Widerspruch 229

Checkliste für einen Widerspruch 231

Die Klage 236

Ablehnung eines Antrags und was nun?

Die Ablehnung eines Antrages durch die Pflegekasse, zum Beispiel hinsichtlich einer Höherstufung des Pflegegrades oder bei den einzelnen Pflegeleistungen, ist unbefriedigend. Dies gilt auch, wenn etwa die Krankenkasse ein wichtiges Hilfsmittel abgelehnt hat. Vielfach steckt hinter Anträgen die Erwartung an die Pflege- oder Krankenkasse, dass diese den Anspruch aufgrund der Pflegebedürftigkeit bzw. Krankheit und/oder Behinderung anerkennt. Wenn sie dies nicht tut, kann die Angelegenheit sehr emotional werden und es stellt sich die Frage „Was nun?" Wichtig ist es, die Ruhe zu bewahren und erst einmal die Ablehnung für einen Tag wegzulegen. Wenn sich die Sache etwas beruhigt hat, sollte man sich das Schreiben kopieren, damit man es beim Lesen mit seinen Anmerkungen versehen kann.

Beim Lesen der Ablehnung sollte man zunächst wissen, dass es sich bei einem Ablehnungsschreiben um einen sozialen Verwaltungsakt nach § 31 SGB X handelt. Dieser Verwaltungsakt unterliegt bestimmten Formerfordernissen. Dazu gehört es unter anderem, dass die Pflege- oder Krankenkasse ihre Ablehnung ordentlich begründet. Der Antragsteller soll dadurch in die Lage versetzt werden, nachvollziehen zu können, warum sein Antrag abgelehnt wurde. Ist die Ablehnung nicht schlüssig oder fehlt die Begründung ganz, sollte über einen Widerspruch nachgedacht werden. Vielfach wird in diesem Zusammenhang aber auch geraten, statt einen Widerspruch und ggf. später eine Klage einzureichen, einen neuen Antrag zu stellen. Dazu folgende Überlegungen:

Neuantrag oder Widerspruch?

Das Ablehnungsschreiben wird gegenüber dem Antragsteller zu dem Zeitpunkt wirksam, in dem es ihm bekanntgegeben wird. Ab diesem Zeitpunkt ist die Ablehnung für beide Seiten, den Antragsteller und die Pflege-/Krankenkasse, rechtlich verbindlich. Ist zudem die oben genannte Rechtsbehelfsfrist von einem Monat abgelaufen, ist die Ablehnung bestandskräftig. Dies gilt für alle entscheidungserheblichen Tatsachen, wie zum Beispiel die Voraussetzungen der Pflegebedürftigkeit oder die Erforder-

Neuantrag oder Widerspruch?

lichkeit von Hilfsmitteln, und die rechtliche Begründung des Bescheides. Durch die inhaltliche Bindungswirkung kann die Pflege-/Krankenkasse nur ausnahmsweise von ihrer Ablehnung abweichen. Somit muss der Antragsteller bei einem Neuantrag begründen, was sich zu seinem vorherigen Antrag wesentlich geändert hat. In Betracht kommt zum Beispiel ein Sturz oder eine Verschlimmerung des Krankheitsverlaufes. Ist aber absehbar, dass die gesundheitlichen Einschränkungen gleichbleibend sind, wird es schwierig sein, den Neuantrag erfolgversprechend zu stellen.

Allein die Einlegung eines Widerspruchs verhindert die Bestandskraft des Ablehnungsschreibens. In diesem Verfahren wird der gesamte Vorgang vom Antrag bis hin zum Ablehnungsschreiben kontrolliert. So können unzutreffende Feststellungen und Beurteilungen korrigiert werden. Hilft der ursprüngliche Bearbeiter der Pflege-/Krankenkasse dem Widerspruch nicht ab, so muss er diesen einem anderen, höher gestellten Sachbearbeiter vorlegen. Es befasst sich also eine andere Person mit dem Widerspruch. Der zeitliche Aufwand für das Verfassen des Widerspruchs ist meist überschaubar und vergleichbar mit einem Neuantrag. In beiden Fällen wird der gesamte Vorgang genau unter die Lupe genommen. Dazu muss insbesondere geprüft werden, was im gesamten Schriftverkehr geäußert wurde und was im MDK-Gutachten steht.

Der Widerspruch und der Neuantrag verfolgen unterschiedliche Ziele. Im Fall des Widerspruchs wird versucht, die fehlerhafte Entscheidung direkt zu ändern. Dabei werden mögliche Fristen gewahrt und der Beginn des Antragsverfahrens wird nicht verzögert. Geht es um Geldleistungen, werden diese ab diesem Zeitpunkt gezahlt. Bei einem Neuantrag ist das anders. Das Verfahren beginnt von neuem, sodass die Zeit nicht einfach auf den Zeitpunkt des ersten Antrages zurückgedreht werden kann. Das macht sich insbesondere bei Geldleistungen bemerkbar. Sie werden erst ab dem Eingang des Neuantrags gezahlt. Wer auf diese Leistungen angewiesen ist und voraussichtlich keine Verschlimmerung zum Erstantrag nachweisen kann, verliert an wertvollen Pflegeleistungen.

Die Entscheidung einen Neuantrag zu stellen oder einen Widerspruch einzulegen sollte daher gut abgewogen werden. In der

Was kann man tun, wenn ein Antrag abgelehnt wurde?

Regel empfiehlt es sich einen Widerspruch einzulegen, da eine Änderung der gesundheitlichen Situation kaum vorhergesehen werden kann und meist auch nicht kurzfristig geschieht. Außerdem bleiben die Geldleistungen ab dem Zeitpunkt des Antrages bestehen und werden bei einem positiven Widerspruchsbescheid nachträglich gezahlt. So können zum Beispiel in Anspruch genommene Pflegesachleistungen nach § 36 SGB XI ausgeglichen werden. Sie hätten ansonsten privat gezahlt werden müssen.

Recht zur Akteneinsicht

Zu den weiteren Überlegungen zur Einlegung eines Widerspruchs gehört auch die Frage, ob die Pflege- oder Krankenkasse der Ablehnung ein fremdes Gutachten oder eine unbekannte ärztliche Aussage des behandelnden oder vorbehandelnden Arztes zu Grunde gelegt hat. Besteht ein dahingehender Verdacht, sollte bei der Pflege-/Krankenkasse eine Akteneinsicht durchgeführt werden. Dieses Recht steht nur dem Antragsteller als Beteiligtem am Verfahren und seinen bevollmächtigten gesetzlichen Vertretern, wie den Eltern bei minderjährigen Kindern, oder dem Betreuer zu. Dagegen haben der Pflegedienst oder das Pflegeheim grundsätzlich kein Recht auf Akteneinsicht bei der Pflege-/Krankenkasse, es sei denn, der Antragsteller hat sie ausdrücklich dazu bevollmächtigt.

Die Pflege- oder Krankenkasse ist nach § 25 Abs. 1 Satz 1 SGB X zur Gestattung der Akteneinsicht verpflichtet, wenn dies zur Geltendmachung oder Verteidigung der Rechte des Antragstellers erforderlich ist. Dazu reicht grundsätzlich die Begründung aus, dass der Antrag abgelehnt wurde und dagegen vorgegangen werden soll. Der Antragsteller hat bei Gestattung der Akteneinsicht auf seine Kosten die Kopien bei der Pflege-/Krankenkasse selbst zu fertigen oder lässt sie sich von ihr erstellen. Soweit die Unterlagen jedoch auch Angaben zur Gesundheit des Antragstellers enthalten und zu befürchten ist, dass die Akteneinsicht insbesondere zu gesundheitlichen Nachteilen führen kann, muss die Pflege-/Krankenkasse den Inhalt der Akten durch einen Arzt vermitteln lassen (vgl. § 25 Abs. 2 SGB X). Sie kann generell eine Akteneinsicht nur dann verweigern, wenn berechtigte Interessen der Beteiligten oder dritter Personen, wie zum Beispiel Familienangehörigen, geheim gehalten werden müssen. Dieser von § 25 Abs. 3 SGB X beschriebene Fall sollte jedoch im Verfahren bei der Pflege- oder Krankenkasse kaum vorkommen und sich nur sehr schwer von ihnen begründen lassen.

Das Recht zur Einsichtnahme besteht auch hinsichtlich der Patientenakten beim Arzt (vgl. §§ 630a ff. BGB, § 10 Abs. 2 BO Ärzte BW und § 10 Abs. 2 BO Ärzte Sachsen). Somit kann der Antragsteller auch direkt beim Arzt Einsicht in seine vollständige Patientenakte nehmen oder die Herausgabe der Kopien gegen Erstattung der Kosten verlangen. Dies ist bereits direkt nach der Behandlung möglich. Eine detaillierte Begründung hat der Antragsteller als Patient nicht anzugeben. Es ist vielmehr eine Nebenpflicht des Behandlungsvertrages. Es besteht aber keine Verpflichtung dazu, die Kopien der Unterlagen dem Antragsteller zuzusenden oder die Originalunterlagen zur Ablichtung zu übergeben. Es reicht, wenn die vollständigen Unterlagen zur Abholung beim Arzt bereit gehalten werden. Der Arzt kann die Patientenakte vollständig oder teilweise dem Patienten nur dann vorenthalten, wenn es ihm schaden würde. Der therapeutische Vorbehalt des Arztes gegen die Einsichtnahme ist nur in drastischen Ausnahmefällen, wie zum Beispiel bei einer diagnostizierten Depression des Patienten und gleichzeitiger Suizidgefährdung, möglich. Ansonsten muss die Einsichtnahme durch einen sachkundigen Arzt erfolgen, der einzelfallabhängig entscheidet, wie viel an Informationen dem Pflegebedürftigen nicht schaden. Außerdem kann die Einsichtnahme zum Teil verweigert werden, wenn gesundheitliche Belange von Familienangehörigen in den Patientenakten erwähnt werden.

Bei der Prüfung der lesbaren handschriftlichen oder elektronischen Patientenakte ist darauf zu achten, dass sie insbesondere folgende Daten enthält:

- Anamnese
- Diagnose
- Therapie
- Medikation und Aufklärung

Was kann man tun, wenn ein Antrag abgelehnt wurde?

- Ärztliche Hinweise und Anweisungen
- Untersuchungen
- Verlaufsdaten
- bei Operationen das Operations-/Anästhesieprotokoll, Sicherheitsvorkehrungen, unerwartete Zwischenfälle, Überweisungen und Namen mit-/weiter-/nachbehandelnder Ärzte und Wiedervorstellung
- unter Umständen persönliche Eindrücke und Bemerkungen über den Patienten und Angehörige

Die Patientenunterlagen muss der Arzt grundsätzlich zehn Jahre aufbewahren. Dazu gehören zum Beispiel:

- eigene und fremde Arztbriefe
- allgemeine ärztliche Aufzeichnungen und Behandlungsunterlagen
- Befunde und Befundmitteilungen
- Berichte
- EEG-, EKG- und Langzeit-EKG-Auswertungen
- Gutachten
- Kinderkrankheitsfrüherkennungen U1 bis J2
- Krankenhausberichte und Krankenhauseinweisungen
- Laborbefunde und Laborbücher
- OP- und Entlassungsberichte (ambulant bzw. stationär)
- Sonografieaufnahmen

Einzelne Unterlagen wie etwa Abrechnungsscheine (bei EDV-Abrechnung) oder Arbeitsunfähigkeitsbescheinigungen unterliegen dagegen der kürzeren Aufbewahrungsfrist von einem Jahr. Dagegen gilt zum Beispiel eine längere Aufbewahrungspflicht von 15 Jahren für Blutkonservennachweise und für Durchgangs-Arzt-Behandlungsunterlagen einschließlich der Röntgenbilder.

> **Praxis-Tipp: Recht auf Einsichtnahme der Patientenakte**
>
> Das Recht zur Einsichtnahme der Patientenakte wird meist vom Arzt als eine zeitraubende Aufgabe empfunden. Sie ist auch mit dem teilweise nicht unbegründeten Gefühl verbunden, dass das ärztliche Handeln infrage gestellt wird und man verklagt werden soll. Verweigert der Arzt aber unbegründet die Einsicht in die Krankenunterlagen, muss er die zur Durchsetzung anfallenden Kosten tragen sowie eventuell Schadensersatz leisten.

Der Widerspruch

Ein Widerspruch muss grundsätzlich innerhalb eines Monats nach Zugang des Schreibens bei der Pflege-/Krankenkasse eingelegt werden (Rechtsbehelfsfrist). Die Bestimmung des Zeitpunktes des Zuganges des Ablehnungsschreibens wird durch die Zugangsfiktion des § 37 Abs. 2 SGB X erleichtert. Danach wird grundsätzlich das Ablehnungsschreiben als schriftlicher Verwaltungsakt am dritten Tag nach Aufgabe bei der Post bekannt gegeben. Dies gilt auch dann, wenn das Schreiben dem Antragsteller schon vorher zugegangen ist. Der dritte Tag muss nicht ein normaler Arbeitstag (Montag bis Freitag) sein, sondern kann außerdem auf einen Samstag, Sonntag oder Feiertag fallen. Der Antragsteller kann den Zeitpunkt zur Fristberechnung jedoch widerlegen, wenn ihm das Ablehnungsschreiben tatsächlich später zugegangen ist. Ein entsprechender Nachweis fällt jedoch recht schwer, da die Pflege-/Krankenkasse häufig Briefumschläge verwendet, die keinen Poststempel enthalten. Außerdem ist in der Regel das im Schreiben angegebene Datum nicht identisch mit dem Zeitpunkt der Versendung, da die Post meist zentral gesammelt und dann erst abgesandt wird. Es bleibt daher nur der nachvollziehbare Nachweis durch die Hinzuziehung eines Dritten, wie zum Beispiel die Pflegeperson oder den Nachbarn.

Die einmonatige Widerspruchsfrist gilt nur, wenn der Antragsteller über die Möglichkeit des Widerspruchs in einer sogenannten Rechtsbehelfsbelehrung aufgeklärt wurde (vgl. § 36 SGB X, § 66 SGG, § 84 SGG). Fehlt die Rechtsbehelfsbelehrung, verlängert

Was kann man tun, wenn ein Antrag abgelehnt wurde?

sich die Widerspruchsfrist auf ein Jahr (vgl. § 66 Abs. 2 SGG). Nach Ablauf der Widerspruchsfrist hat die Ablehnung Bestandskraft. Somit kann selbst bei einer Unrichtigkeit die Ablehnung nicht mehr angefochten werden. Nur die Pflege-/Krankenkasse kann dann noch die getroffene Entscheidung ändern.

> **Praxis-Tipp: Kostenfreiheit bei Antrags- und Widerspruchsverfahren**
>
> Das Antragsverfahren und das anschließende Widerspruchsverfahren sind kostenfrei. Es fallen daher in der Regel keine Gebühren und Auslagen, wie zum Beispiel für ein medizinisches Gutachten, an (vgl. § 64 SGB X). Davon ausgeschlossen sind die Kosten eines beauftragten Rechtsanwalts. Seine Kosten sind grundsätzlich zu zahlen. Ist der Widerspruch gegen die Ablehnung aber erfolgreich, besteht nach § 63 SGB X ein Aufwendungsersatzanspruch, der auch die entstandenen Anwaltskosten erfasst.

Der Widerspruch kann schriftlich per Post oder mündlich/persönlich in der Geschäftsstelle der Pflege-/Krankenkasse eingelegt werden. Im letzteren Fall wird der Widerspruch von einem Mitarbeiter schriftlich aufgenommen. Die Pflege-/Krankenkasse entscheidet dann über den Widerspruch.

Muster eines Widerspruchs

Name und Adresse des Pflegebedürftigen

Adresse der eigenen Pflege-/Krankenkasse

Betreff: Widerspruch gegen die Ablehnung vom ...

Versicherungsnummer/Aktenzeichen: ....

Ort, Datum

Sehr geehrte(r) Frau/Herr ..., sehr geehrte Damen und Herren,

ich nehme Bezug auf Ihr Schreiben vom ...
Ich habe das Schreiben ordnungshalber als Kopie beigefügt.
Hiermit lege ich

> **Widerspruch**
>
> gegen die Ablehnung mit Schreiben vom ... ein.
>
> Begründung:
>
> Mit Schreiben vom ... teilen Sie mit, dass ...
>
> ...
>
> Ich hoffe, dass nunmehr rasch positiv entschieden wird.
>
> Mit freundlichen Grüßen
>
> Unterschrift des Pflegebedürftigen/Eltern/Bevollmächtigter

Checkliste für einen Widerspruch

Aus der Praxis ist bekannt, wie schwierig es ist, einen Widerspruch zu formulieren. So wird zum Beispiel gesagt, dass es reiche, einen Widerspruch komplett ohne Begründung einzulegen. Die Pflege-/Krankenkasse werde es sich schon überlegen und dem Antrag stattgeben. Mit einem Widerspruch ohne nähere Begründung gibt man aber der anderen Seite die Möglichkeit, nur deren Auffassung darzulegen. Erfolgt dann eine Ablehnung mit einem Widerspruchsbescheid, ist man schon im Klageverfahren. Das muss aber nicht sein. Vielmehr gilt es, seine Argumente bereits im Widerspruchsverfahren vorzubringen. Deshalb wird im Folgenden der obige Beispielswiderspruch Stück für Stück aufgegriffen und mit Kommentaren versehen. Nur wenn man weiß, warum bestimmte Formulierungen verwendet werden, ist man auch in der Lage, den Brief für seinen Einzelfall abzuändern.

> Name und Adresse des Pflegebedürftigen

Mit dem Namen und der Adresse des Pflegebedürftigen wird bereits klargestellt, wer der Anspruchsberechtigte ist. Dies kann bei Schreiben von Eltern oder Kindern des Pflegebedürftigen schon einmal durcheinander kommen.

> Adresse der Pflege-/Krankenkasse

Was kann man tun, wenn ein Antrag abgelehnt wurde?

Der Brief sollte an die richtige Adresse, hier entweder an die Pflege- oder die Krankenkasse, gesandt werden. Es ist auch möglich, dass man den Widerspruch persönlich in der Geschäftsstelle der Pflege-/Krankenkasse aufnehmen lässt. Er wird dann zur Niederschrift aufgenommen und weitergeleitet. Man sollte sich diese Niederschrift schriftlich geben lassen. Siehe dazu die Ausführungen zu § 16 SGB I – „Krankenkasse oder Pflegekasse?" (Seite 15).

Betreff: (Teil-)Widerspruch gegen die Ablehnung vom ...

Versicherungsnummer/Aktenzeichen:

Es sollte aus der Betreffzeile ersichtlich sein, was überhaupt Gegenstand des Schreibens ist. So könnte es zum Beispiel sein, dass nur gegen den ablehnenden Teil des Schreibens der Pflege-/Krankenkasse Widerspruch erhoben werden soll. Dann kommt ein sog. Teilwiderspruch in Betracht. Der nicht angegriffene Teil wird mit Ablauf der Widerspruchsfrist bestandskräftig.

Außerdem dürfen die Versicherungsnummer und das Aktenzeichen nicht fehlen. Ansonsten kann die Zuordnung des Schreibens zur Ablehnung länger dauern oder ganz fehlschlagen.

Ort, Datum

Mit der Angabe des Ortes und des Datums zeigt man, dass man die Fristen eingehalten hat. Dazu gehört insbesondere die Rechtsbehelfsfrist von einem Monat ab Zugang der Ablehnung des Antrags (siehe dazu oben unter „Der Widerspruch"). Natürlich zählt der Poststempel, aber man kann die Post auch persönlich bei der Pflege-/Krankenkasse zur Tageszeit abgeben oder im dortigen Briefkasten einwerfen. Dann zählt dieser Tag als Zugang. Siehe dazu näher unter „Antragspflicht ist zu beachten!" (Seite 14) und „Antrag und Bearbeitungsfristen von Hilfsmitteln nach der Krankenversicherung" (Seite 169).

Checkliste für einen Widerspruch

> Sehr geehrte(r) Frau/Herr ..., sehr geehrte Damen und Herren,

Die richtige Anrede wird gern vergessen. Wenn man aber einen Ansprechpartner durch das Ablehnungsschreiben erfährt, sollte man diesen Namen verwenden und den Widerspruch an ihn/zu seinen Händen senden. Er kennt den Sachverhalt und sollte auch wissen, warum er den gestellten Antrag abgelehnt hat.

> ... ich nehme Bezug auf Ihr Schreiben vom ...

Hier wird noch einmal deutlich gemacht, welches Schreiben angegriffen wird.

Ich habe das Schreiben ordnungshalber als Kopie beigefügt.

Die Unterlagen werden bei der Pflege-/Krankenkasse grundsätzlich digitalisiert und müssten jedem Mitarbeiter bei der Bearbeitung des Vorgangs vorliegen. Es kann aber sein, dass genau das nicht der Fall ist. Man sollte sich auch Folgendes vorstellen: Können Sie sich noch erinnern, was vor zehn Seiten stand? Wenn man die Schreiben nebeneinander legen kann, wird es für den Sachbearbeiter viel präsenter, als wenn er das Schreiben nur im Computer hat. Zudem kann man wichtige Textpassagen für den Sachbearbeiter markieren, um ihm die eigene Argumentation näher zu bringen.

> Hiermit lege ich Widerspruch gegen die Ablehnung mit Schreiben vom ... ein.

Es wird wie in der Betreffzeile deutlich gemacht, worum es geht. Gleichzeitig dient es der Einleitung zur Begründung des Widerspruchs. Mit diesem einfachen Mittel ordnet man das Schreiben schon am Anfang und kann in der Begründung seine Auffassung besser darstellen.

Was kann man tun, wenn ein Antrag abgelehnt wurde?

> Begründung:
> 1. Mit Schreiben vom ... teilen Sie mit, dass ...
> 2. ...

Hier gilt es u.a. die Fristen zu beachten, wie zum Beispiel die 3-Wochen-Frist nach § 13 Abs. 3a SGB V bei Beantragung eines Hilfsmittels nach der Krankenversicherung oder die grundsätzliche Frist von 25 Arbeitstagen bei der Feststellung der Pflegebedürftigkeit und des Pflegegrade ab Antragseingang (vgl. § 18 Abs. 3 SGB XI). Siehe dazu näher die Ausführungen unter „Pflegehilfsmittel nach § 40 Abs. 1 bis 3 und 5 SGB XI" (Seite 161) und „Ergebnis der Begutachtung" (Seite 124).

Auch sollte sich gefragt werden, worauf sich die Ablehnung der Pflege-/Krankenkasse bezieht und von wann der Antrag stammt. Viele Sachbearbeiter vergessen gern, die Daten richtig anzugeben. Man sollte aber immer darauf achten, schon um deutlich zu machen, dass man ordentlich(er) arbeitet. Weiterhin besteht die Möglichkeit, dass man mehrere Anträge gestellt hat.

Außerdem sollte man genau nachschauen, wie die Ablehnung begründet wurde. Dazu empfiehlt es sich, das Ablehnungsschreiben zu kopieren, damit die wesentlichen Stellen markiert und Notizen am Rand gemacht werden können. Vielfach sind die Begründungen sehr spärlich. Hier besteht unter Umständen ein Angriffspunkt. Man kann dann noch offener seine Argumente vorbringen.

Beachte: Es ist kein Fehler, wenn man beim Lesen des Schreibens merkt, dass es kein Jurist geschrieben hat.

Stichwort MDK-Gutachten: Wer hat es geschrieben? Stimmen die Angaben mit den Aufzeichnungen überein? Siehe dazu auch die Ausführungen in Kapitel 2 „Begutachtung durch den MDK oder einen beauftragten Gutachter".

Checkliste für einen Widerspruch

> Ich hoffe, dass nunmehr rasch positiv entschieden wird.

Man erlebt häufig, dass zum Schluss des Widerspruches Abschlussbotschaften, wie „Ich bitte Sie, den Antrag vom ... erneut zu prüfen", stehen. Dadurch wird aber häufig der Eindruck vermittelt ein Bittsteller zu sein. Der Pflegebedürftige begibt sich so in ein Unterordnungsverhältnis zur Pflege-/Krankenkasse. Es darf aber nicht vergessen werden, dass es sich um eine Versicherungsleistung handelt, für die der Pflegebedürftige in der Regel bei der Pflege-/Krankenversicherung eingezahlt hat. Entweder er hat einen Anspruch oder nicht.

Man sollte daher klarstellen, dass man davon ausgeht einen Anspruch zu haben. Siehe dazu u. a. die Ausführungen zum „Sozialrechtliches Dreiecksverhältnis" (Seite 19), „In welchem Rechtsverhältnis befinde ich mich?" (Seite 20) und „Vertragsschluss zwischen Pflegebedürftigen und Leistungserbringer beachten!" (Seite 21).

> Mit freundlichen Grüßen
> Unterschrift des Pflegebedürftigen/Eltern/Bevollmächtigter

Der Sachbearbeiter macht nur seinen Job, also hat er es verdient, dass man die Höflichkeitsformen wahrt. Außerdem sollte nicht vergessen werden, dass man von ihm etwas will und es eine Menge an Entscheidungen gibt, bei denen er einen gewissen Spielraum hat. Es empfiehlt sich daher, ihn nicht zu vergraulen.

Denken sollte man auch an die Unterschrift. Vergisst man die Unterschrift, ist der Widerspruch nicht wirksam übersandt worden. So können Fristen leicht verstreichen. Weiterhin sollte man zum Beispiel als Bevollmächtigter nicht vergessen, seine Vollmacht beizufügen.

Was kann man tun, wenn ein Antrag abgelehnt wurde?

Zum Schluss nicht vergessen!

- **Unterlagen vollständig kopieren und in Ordner oder Hefter einsortieren**

   Bevor man den Widerspruch versendet, sollte man ihn kopieren und in einen Ordner oder Hefter einsortieren. Wenn man zum Beispiel die Unterlagen braucht, weil die Pflege-/Krankenkasse anruft, muss man nur in seine Akten schauen. Dies spart Zeit und gibt Sicherheit.

- **Wann habe ich den Widerspruch abgeschickt oder übergeben?**

   Dieser Punkt dient der Sicherheit bezüglich der Einhaltung der Fristen, wie dem Ablauf der Widerspruchsfrist von 1 Monat.

- **Fristen notieren!**

   Hat man bis zu 2 Wochen nach „Übergabe" des Widerspruchs nichts von der Pflege-/Krankenkasse gehört, sollte telefonisch nachgefragt werden, ob der Widerspruch eingegangen ist. Vor dem Gespräch empfiehlt es sich, seine Unterlagen und die Begründung des Widerspruchs zu lesen. So ist man gut vorbereitet und kann vielleicht die Sache bereits am Telefon klären.

- **Telefonat**

   Bei einem Telefonat mit einem Mitarbeiter der Pflege-/Krankenkasse sollte man nicht davor zurückschrecken dem Sachbearbeiter zu sagen, dass es im Moment unpassend ist (schließlich sind Sie gerade nicht auf das Gespräch vorbereitet und Ihnen fehlen auch die Unterlagen). Manche Bearbeiter suchen einfach nur nach Gründen um ihre Ablehnung zu rechtfertigen. Außerdem empfiehlt es sich, das Gespräch zu notieren und sich ggf. das Ergebnis schriftlich geben zu lassen.

Die Klage

Wird dem Widerspruch des Pflegebedürftigen nicht stattgegeben, bleibt nur noch der Weg über eine Klage beim Sozialgericht.

Die Klage vor dem Sozialgericht und später eventuell beim Landessozialgericht kann vom Pflegebedürftigen selbst eingelegt werden (vgl. § 73 Abs. 1 SGG). Es besteht die Möglichkeit, die Klage schriftlich oder zur Niederschrift des Urkundsbeamten der Geschäftsstelle des Sozialgerichts zu erheben. Somit braucht man aus formellen Gründen keinen Rechtsanwalt, der sich der Sache in diesem Stadium annehmen muss. Erst vor dem Bundes-

Die Klage

sozialgericht in Kassel ist eine anwaltliche Vertretung erforderlich (vgl. § 73 Abs. 4 SGG).

Man sollte aber bedenken, dass vor dem Sozialgericht strenge Formalien gelten. Dies fängt schon mit der Wahl der richtigen Klageart an. Es gibt eine Fülle von Möglichkeiten, an sein Klageziel zu gelangen. Die wohl häufigste Klageart ist die kombinierte Anfechtungs- und Leistungsklage (vgl. § 54 SGG). Sie findet Anwendung, wenn ein Rechtsanspruch auf eine Sozialleistung besteht. Es kann mit ihr die Aufhebung oder Abänderung des die Leistung aufhebenden Widerspruchsbescheids und im zweiten Schritt die Sozialleistung verlangt werden.

Neben der richtigen Klageart sind noch deren Zulässigkeitsvoraussetzungen, wie zum Beispiel die Klagefrist oder die Befugnis, die Klage überhaupt zu erheben, zu beachten. Die Klagebefugnis wird meist gegeben sein, wenn der Versicherte als Pflegebedürftiger einen Widerspruchsbescheid erhalten hat.

Die Klage muss zudem ordentlich begründet werden. Dazu gehört es insbesondere seinen Anspruch auf die Leistung zu formulieren, zu begründen und auf die Argumente der Pflege-/Krankenkasse einzugehen.

Außerdem sind Beweismittel, wie zum Beispiel ein medizinisches Gutachten, der Schriftverkehr mit der Pflege-/Krankenkasse und andere Unterlagen vorzulegen sowie unter Umständen Zeugen zu benennen.

Weiterhin darf nicht vergessen werden, dass man grundsätzlich eine Kopie mit der Klage bei Gericht einreicht. Die Liste der einzuhaltenden Formalien könnte noch weitergeführt werden.

Hinsichtlich der Klageart und deren Voraussetzungen kann der Urkundsbeamte der Geschäftsstelle nur bedingt helfen. Schließlich ist es die Klage des Pflegebedürftigen. Daher empfiehlt es sich, spätestens ab dem Widerspruchsbescheid einen Rechtsanwalt mit dem Spezialgebiet Sozialrecht zu konsultieren. Er ist in der Lage, aus der Sache die Emotionen zu nehmen und den Pflegebedürftigen bzw. seine Angehörigen richtig zu beraten und vor Gericht zu vertreten. Dies hilft unnötige Fehler zu vermeiden. Vor einer Beratung bei einem Rechtsanwalt sollte man auf jeden Fall prüfen, ob man eine Rechtsschutzversicherung hat und ab welchem Verfahrensstadium diese gilt. Es gibt manche Versicherungen, die erst ab dem Klageverfahren einspringen.

Was kann man tun, wenn ein Antrag abgelehnt wurde?

Besteht keine Rechtsschutzversicherung, wird der Rechtsanwalt auch über die Möglichkeit von Prozesskostenhilfe aufklären.

> **Praxis-Tipp: Beratung über die Erfolgsaussichten**
>
> Bei einer Beratung durch einen Rechtsanwalt sollte man sich neben der Kostenfrage auch über die Erfolgsaussichten einer möglichen Klage informieren. Erst dann weiß man, ob eine Klage wirklich Sinn hat. Ein Prozess kann manchmal sehr lange dauern und bedeutet immer Stress. Es empfiehlt sich daher, gut abzuwägen und wenn möglich auch einmal eine Nacht über die Klageeinreichung zu schlafen.

Das Verfahren vor den Sozialgerichten ist für Versicherte, Leistungsempfänger (zum Beispiel Pflegebedürftige) einschließlich Hinterbliebenenleistungsempfänger, behinderte Menschen oder deren Sonderrechtsnachfolger nach § 56 SGB I grundsätzlich kostenfrei, soweit sie in ihrer jeweiligen Eigenschaft als Kläger eine Sozialleistung begehren oder sich gegen deren Entzug wehren oder als Beklagter beteiligt sind (vgl. § 183 SGG). Somit fallen in der Regel keine Gerichtsgebühren und Auslagen, wie zum Beispiel die Kosten für ein medizinisches Gutachten, Entschädigungen für Zeugen oder einen Übersetzer, an.

Dies gilt jedoch nicht, wenn zum Beispiel die Vertagung einer mündlichen Verhandlung durch eine zu späte Übergabe von wichtigen Unterlagen verursacht wurde oder der Rechtsstreit fortgeführt wird, obwohl der Richter eindeutig auf die Aussichtslosigkeit der Klage hingewiesen hat.

Ferner sollte beachtet werden, dass die eigenen außergerichtlichen Kosten, wie die Rechtsanwaltskosten, nicht von der Kostenfreiheit erfasst sind. Sie sind nur dann nicht zu tragen, wenn der Rechtsstreit gewonnen wurde. Die außergerichtlichen Kosten der Gegenseite sind dagegen nicht zu zahlen.

> **Praxis-Tipp: Kostentragung**
>
> Die gesamten Regelungen zur Kostentragung vor dem Sozialgericht sollen dazu beitragen, dass der Pflegebedürftige keine Angst vor einem Rechtsstreit hat und deshalb diesen vermeidet. Die Kosten werden dadurch überschaubar.

Abkürzungen

Abs.	Absatz
BRi-2017	Richtlinien des GKV-Spitzenverbandes zum Verfahren der Feststellung von Pflegebedürftigkeit sowie zur pflegefachlichen Konkretisierung der Inhalte des Begutachtungsinstruments nach dem Elften Buch des Sozialgesetzbuches vom 15.04.2016
BO Ärzte BW	Berufsordnung der Landesärztekammer Baden-Württemberg, geändert durch Satzung vom 17.09.2014 (ÄBW 2014, S. 501), Stand 01.12.2014
BO Ärzte Sachsen	Berufsordnung der Sächsischen Landesärztekammer vom 24.06.1998 in der Fassung der Änderungssatzung vom 30.11.2015 (ÄBS S. 526)
bzw.	beziehungsweise
ca.	circa
d. h.	das heißt
FPfZG	Gesetz über die Familienpflegezeit vom 06.12.2011 (BGBl. I S. 2564), zuletzt geändert durch Artikel 1 des Gesetzes vom 23.12.2014 (BGBl. I S. 2462)
f. bzw. ff.	folgende
ggf.	gegebenenfalls
HilfsM-RL	Richtlinie des Gemeinsamen Bundesausschusses über die Verordnung von Hilfsmitteln in der vertragsärztlichen Versorgung in der Fassung vom 17.12.2015, Bundesanzeiger BAnz AT 23.03.2016 B1
MDK	Medizinischer Dienst der Krankenkassen
mind.	mindestens
mtl.	monatlich
PflegeZG	Gesetz über die Pflegezeit vom 28.05.2008 (BGBl. I S. 874, 896), zuletzt geändert durch Artikel 7 des Gesetzes vom 21.12.2015 (BGBl. I S. 2424)

Abkürzungen

RidoHiMi	Richtlinien des GKV-Spitzenverbandes zur Festlegung der doppelfunktionalen Hilfsmittel und Pflegehilfsmittel sowie zur Bestimmung des Verhältnisses zur Aufteilung der Ausgaben zwischen der gesetzlichen Krankenversicherung und der sozialen Pflegeversicherung vom 11.11.2013
Rundschreiben-2017	Gemeinsames Rundschreiben des GKV-Spitzenverbandes zu den leistungsrechtlichen Vorschriften vom 26.04.2016
SGB I	Sozialgesetzbuch (SGB) Erstes Buch (I) – Allgemeiner Teil – (SGB I) vom 11.12.1975 (BGBl. I S. 3015), zuletzt geändert durch Artikel 3 des Gesetzes vom 19.07.2016 (BGBl. I S. 1757)
SGB II	Sozialgesetzbuch (SGB) Zweites Buch (II) – Grundsicherung für Arbeitssuchende – (SGB II) in der Fassung vom 13.05.2011 (BGBl. I S. 850, 2094), zuletzt geändert durch Artikel 2 des Gesetzes vom 31.07.2016 (BGBl. I S. 1939)
SGB III	Sozialgesetzbuch (SGB) Drittes Buch (III) – Arbeitsförderung – (SGB III) vom 24.03.1997 (BGBl. I S. 594), zuletzt geändert durch Artikel 3 des Zweiten Gesetzes zur Stärkung der pflegerischen Versorgung und zur Änderung weiterer Vorschriften vom 21.12.2015 (BGBl. I S. 2424), Stand 01.01.2017
SGB IV	Viertes Buch Sozialgesetzbuch – Gemeinsame Vorschriften für die Sozialversicherung – (SGB IV) in der Fassung der Bekanntmachung vom 12.11.2009 (BGBl. I S. 3710, S. 3973, 2011 S. 363), zuletzt geändert durch Artikel 28 des Gesetzes vom 20.11.2015 (BGBl. I Seite 2010)
SGB V	Sozialgesetzbuch (SGB) Fünftes Buch (V) – Gesetzliche Krankenversicherung – (SGB V) vom 20.12.1988 (BGBl. I S. 2477), zuletzt geändert durch Artikel 4 des Zweiten Gesetzes zur Stärkung der pflegerischen Versorgung und zur Änderung weiterer Vorschriften vom 21.12.2015 (BGBl. I S. 2424), Stand 01.01.2017

Abkürzungen

SGB VI	Sozialgesetzbuch (SGB) Sechstes Buch (VI) – Gesetzliche Rentenversicherung – (SGB VI) in der Fassung der Bekanntmachung vom 19.02.2002 (BGBl. I S. 754, 1404, 3384), zuletzt geändert durch Artikel 5 des Zweiten Gesetzes zur Stärkung der pflegerischen Versorgung und zur Änderung weiterer Vorschriften vom 21.12.2015 (BGBl. I S. 2424), Stand 01.01.2017
SGB IX	Sozialgesetzbuch (SGB) Neuntes Buch (IX) – Rehabilitation und Teilhabe behinderter Menschen – (SGB IX) vom 19.06.2001 (BGBl. I S. 1046), zuletzt geändert durch Artikel 3 Absatz 12 des Gesetzes vom 26.07.2016 (BGBl. I S. 1824)
SGB X	Sozialgesetzbuch (SGB) Zehntes Buch (X) – Sozialverwaltungsverfahren und Sozialdatenschutz – (SGB X) in der Fassung der Bekanntmachung vom 18. Januar 2001 (BGBl. I S. 130), zuletzt geändert durch Artikel 7 des Gesetzes vom 21.07.2016 (BGBl. I S.1768)
SGB XI	Sozialgesetzbuch (SGB) Elftes Buch (XI) – Soziale Pflegeversicherung – (SGB XI) vom 26.05.1994 (BGBl. I Seite 1014), zuletzt geändert durch Artikel 2 des Zweiten Gesetzes zur Stärkung der pflegerischen Versorgung und zur Änderung weiterer Vorschriften vom 21.12.2015 (BGBl. I S. 2424), Stand 01.01.2017
SGG	Sozialgerichtsgesetz in der Fassung der Bekanntmachung vom 23.09.1975 (BGBl. I S. 2535) zuletzt geändert durch Artikel 2 Absatz 2 des Gesetzes vom 17.02.2016 (BGBl. I S. 203)
usw.	und so weiter
u. U.	unter Umständen
vgl.	vergleiche
VO-Hilfsmittel	Verordnung über Hilfsmittel von geringem therapeutischen Nutzen oder geringem Abgabepreis in der Gesetzlichen Krankenversicherung, Stand 01.01.1995 (BGBl. I S. 44)
z. B.	zum Beispiel

Stichwortverzeichnis

Ablehnung des Antrages 224
- Wirksamkeitszeitpunkt 224

Abtretungserklärung, Entlastungsbetrag 197

Abwehr pflegerischer und anderer unterstützender Maßnahmen 57

Abwesenheitsvergütung 189

Aggressives Verhalten 56

Akteneinsicht 226

Aktivierende Alltagsaktivitäten 194

Alltagshandlungen, Steuerung von 47

Alltagsleben, Gestaltung 84

Alltagsroutine, Umsetzung 84

Altenwohnheim 141, 143

Altenwohnung 141, 143, 196

Ambulant betreute Wohngruppe 154
- Anschubfinanzierung 160
- Teilstationäre Pflege 159

Ambulanter Pflegedienst
- Abrechnung 143
- Investitionskosten 142
- Versorgungsvertrag 139

Angehörige
- als Pflegeperson 206
- Pflegeschulung 221
- Pflegezeit 212

Angehörige, Pflege durch 144

Ängste 57

Ankündigungsfrist
- Familienpflegezeit 218
- Pflegezeit 216

Anschlussversorgung an stationäre Behandlung 188

Anschubfinanzierung für eine Wohngruppe 160

Antrag
- Ablehnung 224
- Antragspflicht 14
- formlose Stellung des 14
- Verschlimmerung des Krankheitsverlaufes 225
- Weiterleitung bei Unzuständigkeit 15

Antriebslosigkeit 58

An- und Auskleiden
- Oberkörper 64
- Unterkörper 65

Arbeitsförderung, Pflegeperson 206, 211

Arbeitslosenversicherung, Pflegeperson 211
- Pflegezeitgesetz 211

Arbeitsunfähigkeit
- Begriff 165

Arbeitsunfall 210

Arztbesuch 75

Aufräumarbeiten 112

Aufstehen von einer erhöhten Sitzfläche 38

Aufwendungen
- Entlastungsbetrag 198

Aufwendungsersatz 23
- Entlastungsbetrag 196

Außerhäusliche Aktivitäten 110, 111

Außerhäusliche Pflege
- Kinder 221

Auszeit vom Beruf 212

Autoaggressives Verhalten 56

Babys
- Begutachtung 123
- Besonderheiten bei Modul 4 (Selbstversorgung) 59
- besonders geschulter Gutachter 117
- Hilfsmittel 174
- Keine Prüfung außerhäuslicher Aktivitäten 110
- Pflegegrad 106
- Pflegegradermittlung 34
- Prüfung außerhäuslicher Aktivitäten 110
- Wiederholungsbegutachtung 108
- Zwischenschritte bei der Pflegegradberechnung 91

Baden 62

Balance 35

Bedürftigkeit, finanzielle 12

Begleitung in der letzten Lebensphase 215

Stichwortverzeichnis

Begutachtung
- Ablauf 120
- Dauer 122
- Einbeziehung der Angehörigen 122
- Ergebnis 124

Begutachtungsfrist 124
- verkürzte 115

Begutachtungstermin 120
- Ankündigung 116
- notwendiger Inhalt des Schreibens 117
- Vorbereitung 117

Begutachtungsverfahren 114

Behinderte Menschen
- Anteile Leistung von Pflegegeld 147
- Einrichtungen 189, 194

Behinderung, Begriff 165
Beitragspflichtige Einnahmen 207
Beratungsbesuch 145
Beratungsgespräch, verpflichtendes 144, 201
Beratungsgutschein 17
Beratungspflicht 16
Beratungstermin 17
Berufskrankheit 210
Beschädigen von Gegenständen 56
Betätigungsdrang 58
Beteiligen an einem Gespräch 54
Betreuungsangebote 199
Betreuungsmaßnahmen, pflegerische 139
Bewegungskoordination 35
Bindungswirkung, Ablehnung eines Antrages 225
Brillenglas 168

Darlehen, Familienpflegezeit 219
Dauerhaftigkeit der Pflegebedürftigkeit 32
Dauerkatheter 70
Depressive Stimmungslage 58
Diät, Einhaltung einer 82
Distanzlosigkeit 58
Doppelfunktionale Hilfsmittel 164, 166
Duschen 62

Ehrenamtliche Pflegeperson 221
Eigenanteil, Hilfsmittel 175

Eigenanteil, vollstationäre Pflege 192
Eilbegutachtung 115, 213
Eingießen von Getränken 66
Eingliederungshilfe 195
Einkaufen 112
Einrichtungseinheitlicher Eigenanteil 192
Einsichtnahmerecht 227
Einverständniserklärung, Begutachtung zu Hause 116
Einzelpunkte 33
Entlastungsangebote
- für Pflegebedürftige 199
- für Pflegende 199

Entlastungsbetrag 196
- Abtretungserklärung 197
- Einsatz für Leistungen der ambulanten Pflegedienste 198
- Kostenerstattung 197
- Übertragung bei Nichtausschöpfung der Leistungen 198

Entlastungsleistung
- Preisvergleichslisten 16

Entscheidungen treffen im Alltag 48
Entscheidungsbedarf, besonders dringlicher 125
Entzug der Leistungen 23
Erinnerungsvermögen 45
Erkennen von Risiken und Gefahren 50
Ersatzpflege 149
Erwerbstätigkeit, Pflegeperson 207
Essen 67

Fahrtkosten 198
Familienpflegezeit
- Ankündigungsfrist 218
- Darlehen 219
- Versicherungspflicht der Pflegeperson 221
- Voraussetzungen 218

Familienpflegezeitgesetz 212
Familienversicherte 13
Familien-Wohngemeinschaft 155
Feststellungsverfahren 114
Finanzierung von Pflegeleistungen 12
Fortbewegen innerhalb des Wohnbereichs 40
Fortbewegung 35

Stichwortverzeichnis

Freistellung 215, 217
Freizeitbeschäftigung 87
Freund
- als Pflegeperson 206

Frist
- Begutachtungstermin 114
- Entscheidung nach Begutachtung 124

Fristüberschreitung 124

Gebrauchsgegenstandsanteil 176
Gefahren erkennen 50
Geistige Funktion, Einschätzung 42
Gemeinsame Wohnung, Definition 157
Gesprächsinhalt folgen 54
Gestaltung des Tagesablaufs 84
Gewichtung der Einzelpunkte 101
Großfamilie als Wohngruppe 156
Grundbedürfnisse mitteilen 51
Gutachten, Inhalte 120
Gutachter
- berufliche Qualifikation 117
- Schweigepflicht 118

Halten einer stabilen Sitzposition 37
Harninkontinenz 70
Haushaltsführung 110, 111
- Hilfen 139, 141

Häusliche Krankenpflege 139
Häusliche Pflege 139, 143
- Ausfall oder Verhinderung der Pflegeperson 148
- Entlastungsbetrag 196
- Ergänzung durch teilstationäre Pflege 185
- Vorrang 132

Hilfebedarf
- dauerhafter 32
- Kinder 91

Hilfebedarf, Ermittlung 17
Hilfe zur Pflege 12
Hilfsmittel 15
- Abgrenzung zum Gebrauchsgegenstand 175
- Antragsablehnung 224
- Antrag und Bearbeitungsfrist 169
- doppelfunktionale 164
- Empfehlung im Gutachten 126
- geringer therapeutischer Nutzen 174
- leihweise Überlassung 163
- nach der Krankenversicherung 164
- Selbstbeschaffung 172
- Wirtschaftlichkeitsgebot 173
- Zuzahlung 174

Hilfsmittelentscheidung, Vermutungswirkung durch Gutachten 128
Hilfsmittellieferant 179
Hilfsmittelverzeichnis 165
Höherstufung
- Ablehnung 224

Höherstufungsantrag 125, 128
Hörhilfen 164
Hörstörung 53, 54

Informationspflicht 16
Injektion 75
Inkontinenzmaterial 69
Interaktion 89
Internat
- Verhinderungspflege 149

Intimbereich, Waschen 62
Investitionskosten 142, 187, 192, 198
Investitionskostenpauschale 142

Jugendwohngruppen 155

Kämmen 61
Katheter 69
Kinder
- außerhäusliche Pflege 221
- Begutachtung 123
- Besonderheiten bei Modul 4 (Selbstversorgung) 59
- besonders geschulter Gutachter 117
- Hilfsmittel 174
- Pflegegrad 103
- Pflegegradermittlung 34
- Wiederholungsbegutachtung 108
- Zwischenschritt bei der Pflegegradberechnung 91

Kinder bis zu 18 Monaten
- Nahrungsaufnahme 74

Kindergarten
- Verhinderungspflege 149

Stichwortverzeichnis

Kindergartenbesuch 143
Klage vor dem Sozialgericht 236
Kognitive Fähigkeiten 41, 53
Kognitive und kommunikativen Fähigkeiten 32
Kombinationsleistung 147
Kommunikative Fähigkeiten 41
Konbinationsleistungen
- Rentenversicherung Pflegeperson 208

Kontaktfähigkeit 89
Kontaktpflege 90
Körperersatzstücke 164
Körperhaltung 35
Körperkraft 35
Körperpflege 61, 140
Kostenerstattung
- Mitwirkungspflichten 23

Kostenvoranschlag, Umbaumaßnahmen 184
Krankenhausaufenthalt
- Weiterleistung von Pflegegeld 147

Krankenkasse 15
Krankenversicherung 12
Krankheit, Begriff 165
Krankheits- oder therapiebedingte Anforderungen, Bewältigung von 75
Kriterien 28
Kurzfristige Arbeitsverhinderung 214
Kurzfristige Pflegebedürftigkeit 213
Kurzzeitpflege 188
- Entlastungsbetrag 198
- Fortgewährung von Pflegegeld 146
- Jüngere Pflegebedürftige 190
- Weiterzahlung von Pflegegeld 189

Leihweise Überlassung, Hilfsmittel 163
Leistungsvergleichslisten 16
Leistungswechsel 148

Medikamentengabe 75
Mehrbedarf 91
Mehrfachpflege 209
Mitteilung von elementaren Bedürfnissen 51

Mitwirkungspflichten 22, 125
- Grenzen 24
- Kostenerstattung 23
- Verweigerungsrecht 24

Mobilität 139
Mobilität, Kriterien 35
Module 28
- Modul 1 – Mobilität 29, 35
- Modul 2 – Kognitive und kommunikative Fähigkeiten 29, 41
- Modul 3 – Verhaltensweisen und psychische Problemlagen 29, 55
- Modul 4 – Selbstversorgung 30, 59
- Modul 5 – Bewältigung von und selbstständiger Umgang mit krankheits- oder therapiebedingten Anforderungen und Belastungen 31, 75
- Modul 6 – Gestaltung des Alltagslebens und sozialer Kontakte 31, 84
- Modul 7 – Außerhäusliche Aktivitäten 110
- Modul 8 – Haushaltsführung 110
- Punktberechnung 33

Motorische Fähigkeiten 35
Motorisch geprägte Verhaltensauffälligkeiten 55

Nachbar
- als Pflegeperson 206

Nächtliche Unruhe 55
Nahe Angehörige 213
Nahrungsaufnahme 67
Nahrungszubereitung 66
Neuantrag 225

Orthopädische Hilfsmittel 164
Orthopädische Schuhe 176
Örtliche Orientierung 43

Partenterale Ernährung 73
Patientenakten, Einsichtnahmerecht 227
Pause vom Pflegealltag 154
Persönliches Erscheinen 23

Stichwortverzeichnis

Pflegebedarf, Checkliste zur Einschätzung 133
Pflegebedürftigkeit
- Begriff 28
- Feststellung 114
- Feststellung bei Babys und Kindern 91
- Feststellungsverfahren 28
- kurzfristiger Eintritt 213

Pflegeberater 17
Pflegeberatung 16, 110, 143, 144
Pflegedienst, Auswahl oder Wechsel 19
Pflegedokumentation 119
Pflegegeld 143
- Fortgewährung bei Kurzzeitpflege und Verhinderungspflege 146
- Kombination mit Pflegesachleistung 147
- Rentenversicherung Pflegeperson 208
- Ruhen 147
- verpflichtender Beratungsbesuch 144
- während Kurzzeitpflege 189
- Weitergabe an Pflegeperson 206
- Zahlweise 144

Pflegegrad
- Abstufung 129
- Schritte zur Ermittlung 32
- Zuordnung der Gesamtpunkte 103

Pflegegrad 1, Leistungsumfang 132
Pflegegradermittlung
- Berechnungsschritte 33
- Module und Kriterien 29

Pflegehilfsmittel 15
- Abgrenzung zu Hilfsmittel der Krankenversicherung 164
- Empfehlung im Gutachten 126
- technische 162
- zum Verbrauch bestimmte 162
- Zuzahlungspflicht 163

Pflegekasse 15
- Abweichende Entscheidung vom Gutachten 124
- Informations- und Beratungspflicht 16
- Strafzahlung bei Fristüberschreitung 124
- Wechsel 129

Pflegemaßnahmen
- körperbezogene 139
- verrichtungsbezogene krankheitsspezifische 139

Pflegeperson 206
- Arbeitslosenversicherung 211
- Beitragspflichtige Einnahmen 207
- Erwerbstätigkeit 207
- Pflegeschulung 221
- sozialversicherungsrechtliche Absicherung 206
- Unterstützungs- und Hilfeleistung für 144

Pflegerisiko 12
Pflegesachleistung
- Erstantrag 125
- Kombination mit Pflegegeld 147

Pflegesachleistungen 138
- Rentenversicherung Pflegeperson 208

Pflegeschulung 221
Pflegestützpunkte 16
Pflegetagebuch 119
Pflegetätigkeitskrankheiten 210
Pflegeunfall 210
- Meldung 211

Pflegeunterstützungsgeld 214
- Zuschuss für die Krankenversicherung 220

Pflegeversicherung
- Antragsprinzip 14
- Aufgabe 132
- Mindestmitgliedschaftszeit 13
- Pflichtversicherte 12
- Rechtsbeziehung zwischen Versicherung, Leistungserbringer, Pflegebedürftigem 19
- Teilleistungssystem 12

Pflegevertrag 19
Pflege-Wohngemeinschaften 155
Pflegezeit
- Ankündigungsfrist 216
- Eilbegutachtung 115, 213
- Voraussetzungen 216

Pflegezeitgesetz 212
Pflichtversicherte 12

Stichwortverzeichnis

Pinzettengriff 122
Positionswechsel im Bett 36
Präsenzkraft 156
Prävention, Vorrang 132
Preisvergleichslisten 16
Prognoseentscheidung 32
Psychische Problemlagen 55

Rastlosigkeit 55
Rechtsbehelfsbelehrung 229
Rechtsbehelfsfrist 224, 229
Rechtsbeziehung 19
Reha-Aufenthalt
– Weiterleistung von Pflegegeld 147
Rehabilitationsempfehlung 125
Rehabilitationspotenzial 121
Rehabilitation, Vorrang 132
Rentenversicherung
– Mehrfachpflege 209
– Pflegeperson 206
Risiken erkennen 50
Ruhephasen erkennen 85

Sachverhalte verstehen 49
Schlaflosigkeit 86
Schlafphasen erkennen 86
Schulbesuch 143
Schule
– Verhinderungspflege 149
Sehhilfen 167
Selbstbeschaffung
– Hilfsmittel 172
Selbstgespräche 56
Selbstschädigendes Verhalten 56
Selbstständigkeit 32
Selbstversorgung 59, 84, 140
Senioren-Wohngruppen 155
Sichbeschäftigen 87
Sitzposition, Halten 37
Sondenernährung 67, 73
Soziale Kontakte 84
Soziale Sicherung, Pflegeperson 206
Sozialgericht, Kosten 238
Sozialhilfe 12, 195
Sozial inadäquate Verhaltensweisen 58
Sozialrechtliches Dreiecksverhältnis 19
Sprechstörung 54

Stationäre Einrichtungen
– zusätzliche Betreuung und Aktivierung 194
Steuern von mehrschrittigen Alltagshandlungen 47
Stoma 72
Stuhlinkontinenz 72

Tagesablauf, Gestaltung 84
Tagesabschnitte erkennen 44
Tages- und Nachtpflege 185
– Ambulant betreute Wohngruppe 159
– Entlastungsbetrag 198
– Investitionskosten 187
– Kombinationsmöglichkeiten 187
Tag-Nacht-Rhythmus, Einhaltung 85
Tag-Nacht-Rhythmus, Störung des 55
Teilleistungssystem 12
Teilstationäre Pflege 185
– ambulant betreute Wohngruppe 159
– Investitionskosten 187
– Kombinationsmöglichkeiten 187
Teilweise Freistellung 215, 217
Therapiebesuch 75
Toilettenbenutzung 69
Transportkosten 198
Treffen von Entscheidungen im Alltag 48
Treppensteigen 41
Trinken 68

Übergangsregelung
– 25-Tage-Arbeitsfrist 125
Überschauen von längeren Zeitabschnitten 88
Umbaumaßnahmen 160, 180
Umgang mit finanziellen Angelegenheiten 112
Umgestaltungsmaßnahmen
– ambulant betreute Wohngruppe 160
Umherirren 55
Umsetzen 38
Umwandlungsanspruch 201
Unfallversicherung, Pflegeperson 206, 210

Stichwortverzeichnis

Unterkunft
– Kosten 12
Unterkunftskosten 187, 192, 198
Unterstützungsangebote 140
Untersuchungen 23
Urostoma 69, 70

Verbale Aggression 56
Verbandswechsel 75
Verdeckte Kosten 19
Verdienstausfall 23
Verhaltensweisen 55
Verhinderungspflege 148
– außerhalb der Häuslichkeit 149
– Fortgewährung von Pflegegeld 146
– Höchstsatzberechnung 151
– Leistungsumfang 149
– stundenweise 154
– Urlaub 154
Verpflegung
– Kosten 12
Verpflegungskosten 187, 192, 198
Verrichtungen des täglichen Lebens 140
Versagung der Leistung 23
Verschlimmerungsantrag 225
Versorgungsplan 18
Versorgungsvertrag 139
Verstehen von Aufforderungen 52
Verstehen von Sachverhalten und Informationen 49
Vertragsschluss 19, 21
Verwaltungsakt, sozialer 224
Vollstationäre Einrichtungen der Hilfe für behinderte Menschen 194
Vollstationäre Pflege 191
– Erstantrag 125
– Vorübergehende Abwesenheit 192
Vornehmen von in die Zukunft gerichteten Planungen 88
Vorranggrundsatz 132

Wahlrecht 19
Wahnvorstellungen 57
Waschen 140
– Haare 62
– Intimbereich 62
– vorderer Oberkörper 60
Wechsel der Pflegekasse 129
Wegeunfall 210
Werkstätten für behinderte Menschen 195
Widerspruch 225
– Muster mit Kommentierung 230
Widerspruchsfrist 229
Widerspruchsgutachten 125
Widerspruchsverfahren 229
– Kostenfreiheit 230
Wiedererkennen von Personen 42
Wiederholungsbegutachtung
– Kinder 108
Wiederholungsgutachten 125, 129
Wirtschaftlichkeitsgebot 173
Wohnbereich, Bewegen im 40
Wohngemeinschaft 155
Wohngruppenzuschlag 155
Wohnheim für behinderte Menschen 195
– Verhinderungspflege 149
Wohnumfeldverbessernde Maßnahmen 161, 180
Wohnung, gemeinsame 157
Wunsch- und Wahlrecht 12

Zahnpflege 61
Zeitliche Orientierung 44
Zubereiten einfacher Mahlzeiten 112
Zulässigkeitsvoraussetzungen, Klage 237
Zurechtfinden 43
Zusätzliche Betreuung und Aktivierung 194
Zuschuss für die Krankenversicherung
– bei Pflegeunterstützungsgeld 220
Zuschuss für wohnumfeldverbessernde Maßnahmen
– Kostenvoranschlag 184
Zuzahlung, Hilfsmittel 174